조선의
사나이거든
풋뿔을
차라

스·포·츠 민·족·주·의·와 식·민·지 근·대

조선의
사나이거든
풋뿔을 차라

— 천정환 지음

푸른역사

■ 개정판 서문

스포츠민족주의, 그 신드롬의 한국 근현대사

또다시 최대의 스포츠 이벤트 월드컵이 열리려 한다. 이번에도 '태극 전사'의 선전이 '전국민적으로' 기원되고 있다 한다. 독점대기업의 월드컵 애국 마케팅도 이미 절정에 올랐다. 2002년 한일 월드컵이 그랬듯 남아공 월드컵도 우리의 '애국심'과 정체성 인식에 영향을 미칠까? 더군다나 이번 남아공 월드컵에는 '북한'도 함께 출전하여 기대를 모으고 있다. '천안함' 사건의 향배와 복잡한 함수관계가 있을 듯하다.

한국에서 스포츠민족주의는 '끝나지 않는 신드롬'으로 이어지고 있다. 물론 다른 여러 나라에서도 그렇다. 이를테면 축구 최강국이기도 한 브라질이 2016년 하계올림픽을 유치하는 데 성공하자, 좌파 운동가 출신이며 민주적 사회주의자라 알려진 대통령 루이스 이나시오 룰라는 "올림픽 유치는 브라질과 1억9천만 브라질 국민, 남미의 승리"라 했다. 룰라의 이런 말은 한국의 군사독재자 박정희나 전두환의 그것과 표면상 다를 게 전혀 없다. 급격하게 발전하고 있는 '국가' 브라질도 올림픽이라는 스포츠 이벤트가 필요했던 것이다. 한국이나 브라질보다 훨씬 이성적인(?) 통치체제와 사회구조를 갖고 있는 것으로 보이는 캐나다나 일본에서도 스포츠는 여전히 민족과 국가의 '힘'의 상징이다. 지난 밴쿠버 동계올림픽 이후 일본에서 '한국 따라 배우기'를 화두로 삼았다는 믿기 어려운 소식도 들려온다.

스포츠는 대중이 사랑하는 것이다. 그래서 지배계급의 도구가 된다. 민족과 국가는 지극히 냉정하고 합리적인 군사적·경제적 질서의 단위다. 그러나 바로 그렇기 때문에 공동체에 관한 환상과 표상과 신화를 끝없이 생산하고, 맹목적인 소속감과 우월의식을 불어넣는다. 스포츠민족주의는 패권국가, 발전주의 국가, 안보국가, 피해자 민족주의 등 근대국가가 취할 수 있는 어떤 다양한 양태와도 잘 연결된다.

이런 '현실' 덕분(?)에 2005년에 초판을 찍었던 책을 2010년에 다시 낼 용기를 낼 수 있었다. 하지만 조금 더 섬세하게 들여다보면 오늘날 한국 스포츠민족주의는 손기정으로 대표되는 일제 시대나, 한국 스포츠 발전에 누구보다 깊은 '애정'을 갖고 있었던 박정희·전두환의 군사정권 시대와는 내용이 다르다. 그 다름은 스포츠의 존재 환경, 그리고 민족주의 구성 요소의 변화에서 비롯됐다. 이 같고 다른 점을 이해하는 일이 중요해 보인다.

오늘날 한국 스포츠의 '현주소'를 가장 화려하고도 명징하게 상징하는 존재는 '피겨 스타' 김연아가 아닌가 싶다. 한국인이라면 누구도, 김연아라는 이 아름답고 새로운 '메이드인 코리아'의 상징에게서 눈을 떼기 힘들었을 것이다.

그녀는 정말 기적 같은 기량과 '세계에' 자랑할 만한 미美를 갖고 있다. 그러나 김연아는 (자신의 의지와 무관하게) 단순한 스포츠 스타가 아니다. 올해 스무 살밖에 안 된 그녀는 한해 수입만 80억 원에 이르는 '인간-기업'이다. 그녀는 삼성·현대·KB 등 한국을 대표하는 모든 독점대기업의 '모델'이다. 그리고 김연아는 오늘날 '미디어 스포츠'(미디어와 자본이 결합하여 만들어내는 스포츠 문화현상)의 화신이다.

동시에 김연아는 오늘날 우리 사회를 지배하는 가장 큰 가치인 루키즘lookism(외모지상주의)의 수혜자다. 그녀는 장미란이나 신지애처럼 다른 종목에서 뛰어난 업적을 이룬 여성 스포츠 스타와는 완전히 위상이 다르다. 그녀는 '톱클래스'의 여배우나 가수 같은 영향력을 갖고 있다. '생긴 것' 때문에 그렇다. 2009년 5월 한 스포츠 신문이 성형외과 피부과 전문의, 방송사 PD, 패션지 편집장, 스타일리스트 등 "전문가 55명에게 이기적인 몸을 가진 남녀 스타들과 운동선수들"을 조사한 적이 있는데, 김연아는 거기서 추성훈·박태환을 제치고 1위를 차지했다. 그 기사에서 김연아의 외모를 묘사하기 위해 사용된 관형어구들을 보라. '가냘픈, 동양적인, 긴(팔과 다리), 늘씬한,

작은(얼굴), 여성스러움, 운동으로 다져진, 우아한, 탄탄한 ……'. 무척이나 흥미롭다. 육체의 '미'를 표현하는 데 필요한, 그리고 때로는 서로 모순적인(동양인은 팔다리가 긴가? 짧은가?) 거의 모든 찬사가 사용됐다. 저 관형어들은 단지 외향에 관한 입에 발린 찬사가 아니다. 오늘날 한국 여성(때로는 남성)이 엄청난 돈과 시간을 들여, 또 처절한 식이조절과 운동을 통해 소유하기를 원하는 이상적인 몸의 상태를 지시하는 언어들인 것이다. 물론 그런 몸을 갖기란 무척이나 어렵다. 이런 사정 덕분인지 김연아는 저지방우유, '연아빵', 생리대, 운동복 등의 광고 모델이기도 했다. 오늘날 개인의 몸은 '자아'의 상태 그 자체다. 김연아의 "이기적인" 몸에는 '우리' 개별자들의 자아 이미지와 욕망이 집단적으로 투사되어 있다.

그런 김연아도 과거의 '국대' 영웅들이 그랬듯, 올림픽 시상대 위에서 눈물을 보였다. 그러나 눈물의 성분은 과거 스포츠 스타들의 그것과 좀 달랐다고 한다. 김연아의 눈물은 가난한 나라 대표의 '애국 애족심' 때문에 흐른 것이 아니라, 성공을 위해 다른 모든 것을 희생한 채 앞만 보며 달리며 고통받아온 자신에 대한 연민에서 나온 것이라는 게 중론이다. 그런 '국민 여동생'을 보면서 (괜히) 눈물을 흘린 한국 사람들도 마찬가지였다. 김연아는 글로벌 생존 경쟁·성공 경쟁의 전장에서 처절하게 싸우는 자식·가족을 둔 한국인들의 좋은 '동일시' 대상이었다. 혹 밴쿠버 시상대의 태극기와 애국가가 김연아와 우리 가슴속에 있는 쾨쾨한 '애국애족' 심을 부추겼다 해도, 그것은 이전과 다른 새로운 버전의 민족주의·애국주의다.

그런데 얼마 전 김연아는 스스로 거기서 한 발 더 나아갔다. 그녀는 자신을 대표상품으로 한 스포츠 마케팅 회사의 대주주가 되었다. 오늘날 가장 궁극적인 성공은 자본주의의 승리자가 되는 일이다. 단지 경쟁에서 '루저'가 되지 않는 것이 아니라, 월등하게 돈을 많이 버는 것이다. 그런 존재야말로 존경과 사랑을 받는 '국가대표'이다. 오늘날 한국의 최고 권력자와 그의 각료들을 보라. 그래서 김연아는 '미디어스포츠'의 화신 그 이상이다. 마치 한국 재벌기업과 그들의 소유주들이 그렇듯, '대한민국 스포츠'가 김연아를 키웠지만 그녀는 그것을 훨씬 넘었다. 김연아는 새로운 글로벌 자수성가형 인간이자 21세기형 '발전'의 상징이다. 그녀는 스포츠를 매개로 한국사회와 자본주의의 모든 것이 황홀하게 조우하는 어떤 '누빔점'이다.

2005년에 처음 발간된 《끝나지 않는 신드롬》은 이처럼 스포츠가 가진 강력한 문화정치의 역능에 주목하여, 근대 민족주의의 성장과 스포츠 발전의 연관성을 고찰하는 것이 애초의 목표였다. 이를 다루다 보니 민족주의와 근대 스포츠 양자가 동시에 품고 있는 공통분모로서 대중과 대중문화의 성장을 언급하지 않을 수 없었다. 또한 그것은 식민지 문화사의 여러 항목을 건드릴 수밖에 없음을 의미했다. 그래서 책은 민족주의·스포츠·대중의 3항을 중심으로, 일제시기 전반을 종횡하게 됐다. 편집자는 '친일과 반일을 넘어선 식민지 시대 다시 읽기'라는 큰 부제를 달아줬지만 책의 집중점이 모호한 게 아닌가 하는 지적도 들었다. 감당하기 어려운 길을 간 셈이다. 그러나 고통스럽지는 않았다. 손기정의 올림픽 우승이라는 미시적인(?) 사건을 축으로, 그와 관련된 전체 시·공간의 컨텍스트를 '스토리텔링'의 글쓰기 방법으로 재구성하는 일은 즐거운 노동이었기 때문이다. 필자의 깜냥으로 힘에 부치긴 했지만, 한국 민족주의의 수행성과 식민지 근대성의 구조를 탐색하겠다는 목적도 꽤 의식했다. 물론 결과가 그리 만족스러웠던 것 같지는 않다.

최근 몇 년 사이에 한국 근·현대사와 (인)문학 담론 지형은 상당히 빨리 바뀌었다. 민족주의 비판 담론과 '식민지 근대성'이라는 명제는 식민지 시대와 근대사를 이해하는 데 있어 근래 가장 큰 주목을 받은 틀이다. 민족주의 비판 담론은 공이 결코 적지 않음에도 많은 비판과 오해를 야기했다. 그중 가장 큰 것은 '민족주의 비판=탈민족주의=탈근대론'이라는 등식의 설정이다. 하지만 민족 문제를 말하는 것이 곧 민족주의자가 되는 일은 아닌 것처럼, 민족주의를 비판하는 것이 곧 서구적 탈민족주의와 탈근대론을 수용하는 것은 아니다. 한국에서의 '민족'과 '국가'가 지닌 절대적인 힘과 양자의 분리불가능함을 성찰하면, 민족주의 비판 담론이 지닌 진정성을 십분 이해할 수 있다. 하지만 지적 나태와 정치적 고루함이 민족주의 비판 담론에 대한 '의도된 오해'를 만들곤 했다.

분명 민족주의 비판 담론은 '현실'에서 여전히 유효하지만, 처음과 같은 폭발력은 없어졌다. 와중에 뉴라이트식 역사관이 이명박정부와 함께 현실의 권력을 갖게 됨에 따라 민족주의 비판 담론의 입지는 또 한 번 재조정되는 것으로 보인다. 그러나 민주주의가 후퇴하고 자본의 위력이 무소불위의 마력을 발휘할수록, 다양한 민중의 역사나 '비판'의 가치를 옹호하는 일은 더 중요해진다.

이 책이 식민지 시대를 좀 더 폭넓게 이해하는 시각을 지니기 위한 교양서로서, 그리고 스포츠와 민족(국가), 미디어와 대중사회 형성에 관한 사례 연구로서 읽기에 괜찮은 면이 있다고 생각했기 때문에 개정판을 내게 됐다. 초판의 오류 몇 가지를 바로 잡고, 필요하다 싶은 대목에 보충 서술을 곁들이면서 최근 식민지 시대 연구의 동향을 의식하려 했다. 그러나 큰 구도 자체는 초판과 다름없다. 식민지 시대의 문화사·문학사를 공부하는 사람으로서, 한일 강제병합 100

주년에 개정판 출간의 기회를 얻은 것을 고맙게 생각한다. 푸른역사 측에 머리 숙여 감사의 뜻을 전한다. 이 책의 초판을 읽고 격려해주셨던 여러 선생님들과 독자들이 떠오른다. 일일이 이름을 들어 감사의 뜻을 전하지 못함을 죄송스럽게 생각한다. 그리고 한국 문화·문학사를 함께 공부하는 정근식, 한기형, 유선영, 박헌호, 김현주, 이혜령, 권보드래, 김건우, 윤해동, 허수, 이용기, 황병주, 윤대석, 류준범, 김백영, 이승희, 이경돈, 정우택, 황호덕, 고지훈, 소영현, 전우형, 이영아, 김지미, 손유경, 박숙자 선생님들과 그외 동학들에게도 이 자리를 빌어 평소의 마음을 전한다.

월드컵 개막을 앞둔 2010년 초여름
천정환

■ 초판 서문
'민족'이라는 신드롬

저 식민지 조선에 우리가 잘 아는 윤치호·여운형·한용운·이광수·서춘·유익한·심훈·김교신·함석헌·이상이 살고 있었다. 전혀 다른 생을 살고 전혀 다른 사상을 가졌던 동시대의 주인공들로 하여금 놀랍게 의견 일치를 보게 한 사건이 있었다. 바로 1936년 8월의 베를린 올림픽과 손기정의 마라톤 우승이었다. 그 대단한 사건 앞에서 윤치호나 유익한이나 이상이나 모두 어쩔 수 없는 조선인이었고 비슷비슷한 종류의 민족주의자였다. 스포츠는 '우리'를 타인들에게 객관적으로 내보이는 계기였고 '민족 실력의 척도'였기 때문이다.

그 여름, 방금 열거한 그들처럼 많이 배우고 똑똑한 당대의 주인공들만 '민족'이 된 것은 아니었다. '타자他者' 그 자체였던 소록도의 '문둥이', 즉 한센씨병 환자들까지 자신의 가혹한 운명을 잊고 손기정의 마라톤 우승에 열광했다. 그들도 손기정 때문에 '민족' 속으로 끌어들여졌다. 마치 2002년의 '월드컵 4강'이 봉천동 달동네 사람들로 하여금 잠시나마 저 청담동의 컨버터블 탄 이들과 '우리는 하나'라는 착각을 만들었듯 말이다.

손기정의 세계제패는 워낙 대단한 일이었기에 1936년의 한국을 지배하던 대일본제국인들에게 '소온키테이 군(손기정 군)'의 우승은 뻗어나가던 일본 '국력'의 상징일 수도 있었다. 일본인들도 손기정의 마라톤 우승에 환호했다.

그러나 조선인 손기정의 우승은 근 50년간 자라나고 있던 조선의 문화적 민족주의의 극적인 완성이었다. 또한 민족적 열등감이 우월감으로 극적인 환치를 이룬 순간이기도 했다. 손기정은 인종적으로 일본인이나 서양인에 못지않은 '강인한' 한국인의 완벽한 표상이 되었다.

이러한 정황을 배경으로 우승을 계기로 1936년 8월에 한반도를 뜨겁게 달군 신드롬이 일어났다. 당시 식민지의 민중들은 충분히 훈련되고 준비된, 민족주의적 관중이었다. 저널리즘이 그 열풍에 불을 지피고 식민지 자본주의가 열풍을 증폭시켰다. 그 대중적 붐 또는 신드롬은 오늘날 우리가 주체가 되거나 관찰할 수 있는 국가주의적 스포츠 열기와 본질적으로 다르지 않다. 식민지 시대 '그때 그 사람들'은 이미 잠재적인 대한민국 또는 조선민주주의인민공화국의 '국민'이었던 것이다. 이승만도 김일성도, 특히 박정희와 전두환도, 스포츠민족주의가 국가에 대해 하는 역할을 잘 이해했고 그 역할을 증폭시키는 데 노력하지 않은 적이 없었다.

이데올로기는 표상이나 의례 같은 매개를 통해서만 성립된다는 단순한 아이디어가 이 책을 쓰게 했다. 이데올로기는 단지 환상이 아니라 현실에서 방향을 갖고 사람들을 움직이는 힘이다. 바로 그러하기 때문에 표상이나 의례 같은 요소가 없으면 이데올로기는 아무것도 아니다. 어떤 담론을 이데올로기로 정립시키는 것은 담론의 '내용'이 아니라, 오히려 거의 보이지 않거나 무의미한 부속품처럼 뵈는, 그러나 실제로는 이데올로기의 '맥락'을 만드는 심성·의례·표상·경험·영웅이다. 민족주의 이데올로기가 거느린 심성과 표상, 그리고 그 작동 방식에 대한 관심이 식민지 시대 조선의 두 신드롬에 주목하게 했다.

1936년 여름의 신드롬은 충분히 발전한 상업적 미디어, 일상화된 유행 현상과 그것을 열심히 추종하는 개인들의 존재, 그리고 민족주의적 대중심리가 넘쳐났기에 가능했다. 초-이성적이며 비-합리적인 우월감과 열등감이 범벅되어 나타나는 대중적 신드롬에는 슬프고도 우스꽝스런 대중의 열망이 있다. 또한 가장 이성적이며 음험한 국가이성 reason of state과 냉철하기 그지없는 자본의 논리가 배후에서 재빠르게 움직이고 있다. 그러한 열망과 배후의 변증을 읽는 일은 모든 문화학자와 사회학자, 그리고 정치가와 사회운동가의 일일 것이다. 실로 '민족'은 20세기의 가장 강력한 신드롬이다.

그런 신드롬이 상존하는 사회는, 이름 붙이면 '민족주의적 대중사회

nationalistic mass society'이다. 언제 한국에서 이런 민족주의적 대중사회 형성의 계기들이 나타났는가를 살피며 거슬러 오르다가 1926년과 만나게 되었다. 그해 봄 물러가던 봉건의 썰물과 밀려드는 근대의 밀물이 만나 거대한 해일을 일으켰다. 조선의 마지막 임금 순종이 죽은 것을 계기로 자본의 힘과 자생적 이념, 근대적 미디어와 전근대적 인간네트워크가 서로 상승작용해서 장대한 사회적 스펙터클과 민족주의적 신드롬을 불러일으켰다.

그러니까 이 책은 1926년과 1936년이라는 기억될 만한 두 해에 대한 책이면서, 한국인의 식민지 경험 전체에 관해 생각해본 책이기도 하다. 역사는 말로 표현 못 할 거대한 전체이지만, 씌어진 '역사'와 우리의 기억은 가장 단조롭고 앙상한 뼈다귀에 불과하다. 일어난 수많은 일들 그리고 그 연관과 단절에 대해 한층 풍부하게 쓰고 그럼으로써 그 속에 살던 사람들의 '마음의 구조'를 읽는 일이 이 책의 목표였다. 필자는 주로 '서사'하는 방법으로써 이 목표에 다가가고자 했다. '서사'는 삶의 변화를 포착하는 데 뿐 아니라 사상을 나타내는 데도 가장 효과적인 수단임을 새삼 느꼈다.

중국과 일본의 힘이 커지면서 다시 동아시아에는 패권과 민족주의의 강풍이 불어닥치고 있다. 민족주의는 인류가 '근대'에 길러낸 가장 위험한 발명품의 하나이다. 민족주의를 국가주의나 애국주의로 바꿔 불러보면, 또는 미국이나 중국 같은 '슈퍼 파워'가 자국의 이익 때문에 하는 짓거리를 상기해보면, 그것이 얼마나 나쁜 것인지 짐작할 수 있으리라.

우리가 저 잔인하고 엉큼한 일제 파시즘과 미제국주의에 밟히고 찢기며 식민지·신식민지 시대를 살아냈다는 '피해 사실'이 민족주의에 대한 아픈 성찰의 의무를 면제해주지 않는다. 오히려, 우리가 파시즘과 제국주의에 맞서 싸워온 위대한 '투쟁 경력'을 가진 민족이라는 사실이 민족주의에 대한 우리의 반성을 진정한 것으로 만든다. 그 성찰의 기준은 심오한 것이 아니다. 보편적 인간권리, 그리고 자본과 전쟁의 논리에 맞서 평등과 자유의 이념을 철저하게 옹호하는 정신이다. 이것과 결합하지 않는 민족주의는 지금 당장 내다버려야 할 쓰레기에 불과하다.

물론 그러한 반성을 우리 혼자 한다고 해서 되는 게 아니다. 오늘날에도 끝없이 미대륙과 일본 열도에서 재생산되는 제국주의와 파시즘은 인간과 민주주의의 적이다. 평화와 자유, 민주주의와 평등을 옹호하는 동아시아의 진보적 민중과 연대하여 제국주의와 우익 국가주의자에 맞서야 한다. 그렇지 않다면 아마 21세기의 우리도 '슈퍼 파워'들의 틈에서 개처럼 굴종하고 박쥐처럼 빌붙으며 살아가야만 할지 모른다. 모쪼록 이 책이 민족주의와 오늘날의 동아시아에 대한 독자 여러분의 생각할 거리의 하나가 되었으면 하는 것이 작은 바람이다.

  책을 쓰는 데 도움을 주신 일장기 말소사건의 주역 이길용 기자의 아들인 이태영 선생님, 사진 자료 사용을 허락해준 〈손기정 기념재단〉, 이 책을 만들어준 도서출판 푸른역사의 편집부에 감사의 뜻을 전한다. 그 자신 역사학자이면서 척박한 인문학 출판계로 뛰어들어 새로운 기운을 불어넣고 있는 백승종 선생님과의 토론은 이 책이 만들어지는 데 큰 도움이 되었다. 든든한 버팀목이자 언제나 백골난망인 아버지, 부산과 서울의 가족들, 진지하고도 억압 없는 삶을 꿈꾸는 〈퍼슨웹〉과 여러 친구들께도 이런 자리를 빌어 평소의 고마운 마음과 사랑을 전하고자 한다. 그리고, 작년 초겨울에 서방극락으로 먼 길 떠나신 어머니의 영전에 이 책을 올린다.

2005년 여름

천정환

■ 연표(1897~1945)

1897년 6월 16일	훈련원 연병장. 관립 영어학교 대운동회
1907~1908년	운동회의 시대(1896~1910년 총 218회의 운동회)
1907년 10월 26일	가을연합대운동회. 통감 이토 히로부미 '격려' 차 참석
1909년 5월 12일	황해도 장연군 사는 성씨 부인(70세) 운동회에 감격해 돈을 기부
1910년 8월 2일	한일합방

3·1운동 발발. 연 200여 만 명 참가. 7,500여 명 학살	1919년 3월 1일
〈동아일보〉, 〈조선일보〉 창간	1920년 4월 1일
조선체육회 발족	1920년 7월 13일
평양 팔천대정에서 일본인·조선인 사이의 패싸움. 일경이 독립군의 총에 맞았다는 소문이 퍼짐	1920년 8월 15일
제1회 전조선축구대회 (배재고)	1921년 2월 11일

1921년 6월 1일	경성의학 전문학교. 일본인 구보 교수가 인종주의적 편견으로 조선인 학생을 절도범으로 의심. 학생과 일본 교수 사이의 몸싸움
1921년 11월 4일	제1회 전조선야구대회 (배재고)
1922년 12월 8일	메이저리그 올스타팀 방한. 전조선군과 시합. 23:6 메이저리그팀 승
1926년 4월 25일	조선의 마지막 왕 순종 승하
1926년 4월 26일	실업자 송학선이 사이토 총독을 살해하려다 일본 우익단체 인민회 이사와 국수회 부회장을 죽인 사건 발생

조선신문사가 주최하고 총독부가 후원한 조선박람회 개최	1926년 5월 13일
권오설, 최린, 김성수 등 만세운동을 계획하고 주도한 민족주의자들 대검거. 선언문 몰수	1926년 6월 6~10일
순종 인산. 6·10만세운동 발발	1926년 6월 10일
계몽주의와 좌파 민족주의를 대표하는 매체였던 월간지 《개벽》의 폐간	1926년 8월
나운규 감독·주연의 〈아리랑〉 종로 단성사에서 개봉	1926년 10월 1일

1935년	영화 〈춘향전〉 개봉
1936년	2·26사건
1936년 7월 이후	한반도에 태풍 상륙. 다수의 사상자 및 이재민 발생
1936년 8월 1일	제11회 베를린올림픽 개막
1936년 8월 9일	베를린올림픽 마라톤에서 손기정 금메달, 남승룡 동메달 획득

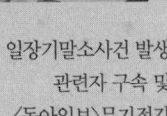

일장기말소사건 발생 관련자 구속 및 〈동아일보〉무기정간	1936년 8월 25일
〈조선일보〉 신년호 1면에 천황부처의 사진과 일장기 게재	1937년 1월 1일
시인이자 소설가였던 자칭 '20세기의 스포츠맨' 이상李箱 사망	1937년 4월 17일
〈동아일보〉 복간	1937년 6월 3일
나운규 사망	1937년 8월 9일

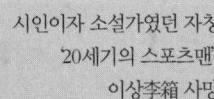

1938년	난징 대학살
1938년 7월 15일	일본 도쿄올림픽 개최권 포기
1940년 8월 10일	〈동아일보〉, 〈조선일보〉 강제 폐간
1941년	진주만 공습
1942년	징병제 실시

미드웨이 해전	1942년 6월 5일
종교가이자 교육가였던 김교신 사망	1945년 4월 25일
해방	1945년

차례 · 조선의 사나이거든 풋뽈을 차라

- 개정판 서문 • 4
- 초판 서문 • 12
- 연 표 (1897~1945) • 18

1장 소화 11년(1936), 손기정 신드롬

불면의 광화문 • 28
1936년 8월 9일 일요일 밤 | 김교신과 이상, 라디오 중계를 듣다

호외 시대와 민족의 스포츠 • 38
신문의 성장과 경쟁 | 민족주의의 우회로, 스포츠

그날 베를린은 무척 더웠다 • 44
운명의 출발 시간 | 운동 기자 이길용 | 기질상 결함 없는 조선인임을 증명함

"조선이 세계를 이겼다" • 58
"이제 죽어도 원이 없다" | "조선 청년의 앞날이 우승하였다"

신드롬 신드롬 • 65
슬푸다!!! | 오오, 조선의 남아여! | 신드롬! 신드롬! | 손기정이라는 표상 | 신드롬, 돈과 결합하다

승리가 남긴 것 • 82
조선인의 승리, 상상적 현실 | 이 민족적 열기를 무엇으로 바꿔낼 것인가 | "제국 일본의 승리?"

2장 운동장에서 민족을 만나다

조선이 암만 해도 나라가 되겠다, 왜? 축구를 잘 하니까 • 90
대군주 폐하 만세! | 운동회의 시대 |
태극기 높이 드니 만만세라 | 스포츠라는 국가 사업

체육 없인 애국 열성도 소용 없다 • 102
이토와 조선군 사령관 하세가와, 조선 운동선수들을 격려하다 |
애국계몽 지식인들의 체육 담론 | 체육, 민의 손으로

운동장 속 '상상의 공동체' • 111
부르주아민족주의자들의 조선체육화 | 지방에서 전국, 전국에서 국제로 |
숙명과의 조우 — 한일 대결 | 엄복동이가 맞아 죽는다

경기장 밖 경기, 패싸움 • 123
3·1운동, 룰 없는 야만적 경기 | 그들은 소시민이 아니다 | 식민지 체제의 뒷골목 패싸움

기억력 좋은 관중 • 132
경기장에서 '우리'가 되는 조선인 | 조선인 '불량학생'

"조선인, 해부학적으로 야만인" • 138
멸시의 인종주의 | 인종주의와 스포츠

세계로, 세계로 • 144
메이저리거들, 조선 땅을 밟다 | 운동회를 넘어 올림픽으로 |
조선의 운동계가 바야흐로 융성하여 그칠 바를 모르니

3장 봉건의 썰물과 근대의 밀물이 해일을 일으키다

1926년 봄, 마지막 왕의 죽음 • 158
수레의 두 바퀴, 민족주의와 대중 | 조선인들, '대중'으로 일어서다 |
발상發喪 | 실업자 송학선, 일인의 배를 찌르다 | 애도의 공간

집단적 슬픔의 성격 • 174
아니 울고 어리하리! | 슬픔의 우상 앞에 무릎을 꿇지 마라! |
슬퍼하지 않고 방탕히 놀다가 뭇매를 맞다 |
분열증, 혹은 일상의 연속 | 즐거운 국상, 슬픈 박람회

1926년 6월의 인간 네트워크와 투쟁 • 195
투쟁 전야 | 권오설 | 6월 6일 일요일, 대검거 | 종로경찰서 풍경 |
인산 리허설의 아침 | 1926년의 의식적·자생적 네트워크

6월 10일 • 217
흰 옷 물결 | 7년 만의 "대한 ○○ 만세"

표상을 둘러싼 투쟁 • 227
흰 옷에 담긴 작은 욕망들 | 스펙터클의 재현 | 일경, 송학선과 권오설을 몰래 죽이다 |
《개벽》의 죽음, 《별건곤》의 탄생 | 1926년의 아리랑

4장 파시즘, 조선과 일본을 집어삼키다

1930년대로 • 244
'문화'라는 우회로 | 양키들을 당당히 물리치는 작은 고추

일장기 말소사건 • 253
'민족'과 '국민' 사이의 간극 | 쾌절장절한 실경 | 와래라노 손기정 | 또 다른 운명의 날

일본, 파시즘이라는 악질에 걸리다 • 264
새 총독 미나미와 정무총감 오노 | 소화유신 | 2·26사건 |
국체명징, 선만일여 : 미나미의 통치 방침

8월 26일, 폭풍우 • 280
성냥개비로 태워버린 고루거각 | 총독부의 실세, 다나카 다케오의 판단 | 동아 정국

돌아선 조선 총독부 • 293
"미친 짓거리" | 〈동아일보〉와 〈조선중앙일보〉의 '반성'

뜨거운 감자, 손기정 • 300
영웅에서 일개 중학생으로 | 〈조선일보〉의 어부지리

5장 스포츠의 죽음, 민족의 일시 사망

소화 12년 새 아침 • 308
김교신의 1937년 | 〈조선일보〉의 1937년 신년호

이상의 1937년 • 320
20세기의 스포츠맨 | 죽음 혹은 부활

종말의 풍경들 • 329
정치의 종말 | '민족의 표현 기관'의 부활, 혹은 죽음 | 전귀戰鬼에 들리다 | 아리랑 가다

파시즘, 스포츠를 '민족'의 손에서 압수하다 • 339
'조선' 대신 '국민' | 일본의 올림픽 반납

식민지 근대성의 전회 • 348
민족 없는 대중사회로 | 식민지 근대성의 완수 혹은 종말 | 문화민족주의의 죽음

죽은 '개구리'를 애도함 • 359
근대 일본의 종착지 | 미망 | 김교신의 죽음

- ■ 에필로그   • 372
- ■ 주   석   • 387
- ■ 찾아보기   • 411

■ 일러두기

- 〈 〉 신문·영화·작품명.
- 《 》 책명.
- 사진 자료 사용을 허락해준 〈손기정기념재단〉에 감사드립니다.

— 1장 —

소화 11년(1936),
손기정 신드롬

불면의 광화문

1936년 8월 9일 일요일 밤

서울에는 비가 주룩주룩 내리고 있었다. 길게 이어진 장맛비였다. 일요일 밤에는 광화문통에도 사람과 차의 통행량이 적었다.

하지만 그날 밤의 풍경은 사뭇 달랐다. 비 때문만은 아니었다. 광화문통은 비에 젖은 채 열에 들떠 있었다. 우산을 받쳐 든 사람들이 삼삼오오 모여들고 광화문통 큰 건물들의 창에는 불이 환하게 켜져 있었다.

광화문은 이날 밤을 지새울 작정이었다. 500년 조선 왕조의 상징 광화문은 조선 정궁 경복궁의 정문이었다. 그 문으로 왕과 그 가족, 만조백관이 출입하며 한반도를 다스렸다. '광화문통'이라 불리는 그 앞길은 왕조의 영광과 치욕이 깃든 역사 자체였다. 그러나 이제 대일본제국 조선총독부의 화강암 건물이 광화문을 딱 가로막고 있었다. 그 길에서 광화문은 보이지 않았다.[1]

광화문통 139번지에 있는 동아일보사 사옥도 불을 환하게 밝혔다. 사람들이 가장 많이 모인 곳은 이 건물 아래였다. 동아일보사 2층 창문 바깥에 꺼내 놓은 스피커에서 흘러나오는 올림픽 실황 라디오 중계방송을 듣기 위해서였다. JODK[2](경성방송국)은 이날 밤 11시부터 제11회 베를린올림픽 마라톤 경기를 중계방송할 예정이었다. NHK(일본방송국)의 아나운서가 베를린 현지에서 진행하는 일본어 방송이었다.

이날 밤, 일본 대표선수단의 일원으로 베를린올림픽(1936. 8. 1~8. 16)에 출전한 손기정孫基禎(1912~2002)과 남승룡南昇龍(1912~2001)이 드디어 "성전聖戰"[3]에 나섰다. 두 사람은 출국 전부터 모든 사람들의 기대를 한 몸에 받고 있었다. 특히 손기정이 그랬다.[4]

손기정은 1933년 10월 조선신궁경기대회 마라톤에서 우승하며 혜성같이 등장했다. 이때 그의 기록은 2시간 29분 34초. '비공인'이기는 했지만 획기적인 세계 신기록이었다. 그리고 손기정은 조선과 일본에서 열린 마라톤대회를 석권하기 시작했다. 그는 특히 큰 경기에 강했다. 1934년 11월 전조선종합육상대회, 1935년 3월 전일본마라톤대회, 1935년 11월 제8회 명치신종대회를 휩쓸어 버렸다. 그래서 올림픽에 나가기 전부터 그는 이미 대스타였다.

그에게 기대를 건 것은 조선인들만이 아니었다. 손기정이 나타나기 전에도 일본은 마라톤 강국이었고 선수층도 두터웠다. 일본은 올림픽의 꽃이라는 마라톤에서의 우승을 꿈꿨다. 하지만 정작 1928년 암스테르담올림픽에서 야마다山田兼松가 4위, 1932년 로스앤젤레스올림픽에서 쓰다津田晴一郎가 5위를 차지하는 데 그쳤다. 마라톤 우승은 일본 체

육계의 '비원悲願'이었다.[5]

베를린올림픽은 절호의 기회였다. 당시 세계 마라톤은 최고 기록 2시간 30분 시대를 길게 이어오고 있었는데, 일본 선수 구스노키楠好藏가 2시간 31분 10초라는 공인 최고 기록을 보유하고 있었다. 그리고 1935년에 이르러 마의 30분대 벽을 처음 깬 것도 손기정과 일본인 선수들이었다.

서구의 언론도 손기정을 주목하고 있었다. 독일의 《올림픽》 지誌는 아르헨티나의 자바라, 남아프리카공화국의 콜레만, 미국의 클렘과 함께 손기정의 4파전을 예상했다. 미국의 스포츠 전문가 M. 스타일스는 자바라와 손기정, 하퍼(영국)의 3파전을 점쳤다.

1936년 8월 1일. 드디어 제11회 베를린올림픽이 개막되었다. 한참 그 세를 뻗어나가던 나치가 준비한 이 대회는 49개 국 4,069명의 선수가 참가한, 그때까지로는 가장 규모가 크고 화려한 대회였다. 동시에 베를린올림픽은 최악의 올림픽이기도 했다. 스포츠가 어떻게 국가주의와 인종주의에 의해 악용될 수 있는지를 가장 분명하게 보여주고, 스포츠가 진짜 전쟁을 흉내낸 것임을 여실히 증명한 '민족들의 제전'[6]이었다.

당시 남유럽 스페인에서는 진짜 국제전쟁이 벌어지고 있었다. 7월에 파시스트 프랑코의 군사가 반란을 일으켰고, 그들과 인민전선 정부군 사이의 내전은 곧 전 유럽으로 확산되었다. 프랑스와 소련이 스페인 정부군을 지원할 움직임을 보이자, 나치 독일은 프랑코를 지원해 긴장감을 높이고 있었다. 올림픽을 개최함으로써 한손으로는 '세계 평화'의 기치를 든 채로 말이다. 올림픽 개막 사흘째인 8월 3일, 독일은 해군 주력함을 스페인으로 파견해 개입의 뜻을 분명히 했다.[7] 전쟁은 결국 일어났고 파시스트와 왕당파를 한편으로 하고 사회주의자와 자유주의자를 한편으로 하는 이 전쟁에서, 50만 명 이상이 죽고 파시스트가 승리했다. 피끓던 청춘이던 조지 오웰(1903년생)도 어네스트 헤밍웨이(1899년생)도, 이 비극적 패배를 직접 눈으로 보고 와서 걸작을 남겼다.

김교신과 이상, 라디오 중계를 듣다

JODK는 1936년 8월 2일 밤부터 조선 전역에 베를린올림픽 실황 중계를 시작했다. 그해 NHK는 올림픽 실황을 사상 처음 중계방송했고, 따라서 JODK도 처음이었다.

8월 2일 밤, 서울 정릉에 살던 양정고보 교사 김교신金教臣(1901~1945)도 중계방송을 듣기 위해서 라디오를 켰다. 농구부 지도교사이기도 한 김교신은 타고난 강골인데다 함흥농업학교를 다니던 시절부터 만능 스포츠맨이었다. 키가 컸던 그는 특히 농구와 테니스를 잘 해서 학교에서나 직장에서 늘 대표선수로 뛰었다. 학창 시절에는 마라톤 선수로도 뛰었기에, 양정고보에서 교편을 잡은 뒤에 손기정과 각별한 관계를 맺게 되었다.[8]

김교신은 도쿄고등사범학교 시절에 일본의 대사상기 우치무라 긴조內村鑑三(1861~1930)의 가르침을 받았다. 우치무라는 원래 감리교도였지만 무교회주의운동을 창도한 인물이었다.[9] 김교신은 가장 진보적인

김교신. 그는 양정고보에 재직하던 시절 손기정 선수와 인연을 맺었다. 일생을 무교회주의 교리 전파에 헌신한 종교가이자 학생들에게 독립정신과 자립의지를 고취시키는 데 힘쓴 교육가이다.

1936년 독일에서 개최된 베를린올림픽. 이 대회에서 처음으로 올림피아의 제우스 신전에서 성화를 직접 채화해 베를린까지 릴레이로 운반하였다. 히틀러는 게르만 민족의 우월성과 국력을 세계에 널리 알리고자 예술과 문화에 큰 비중을 두어 고급스럽고 차별화된 올림픽을 치렀다. 사진은 레니 리펜슈탈 영화의 한 장면.

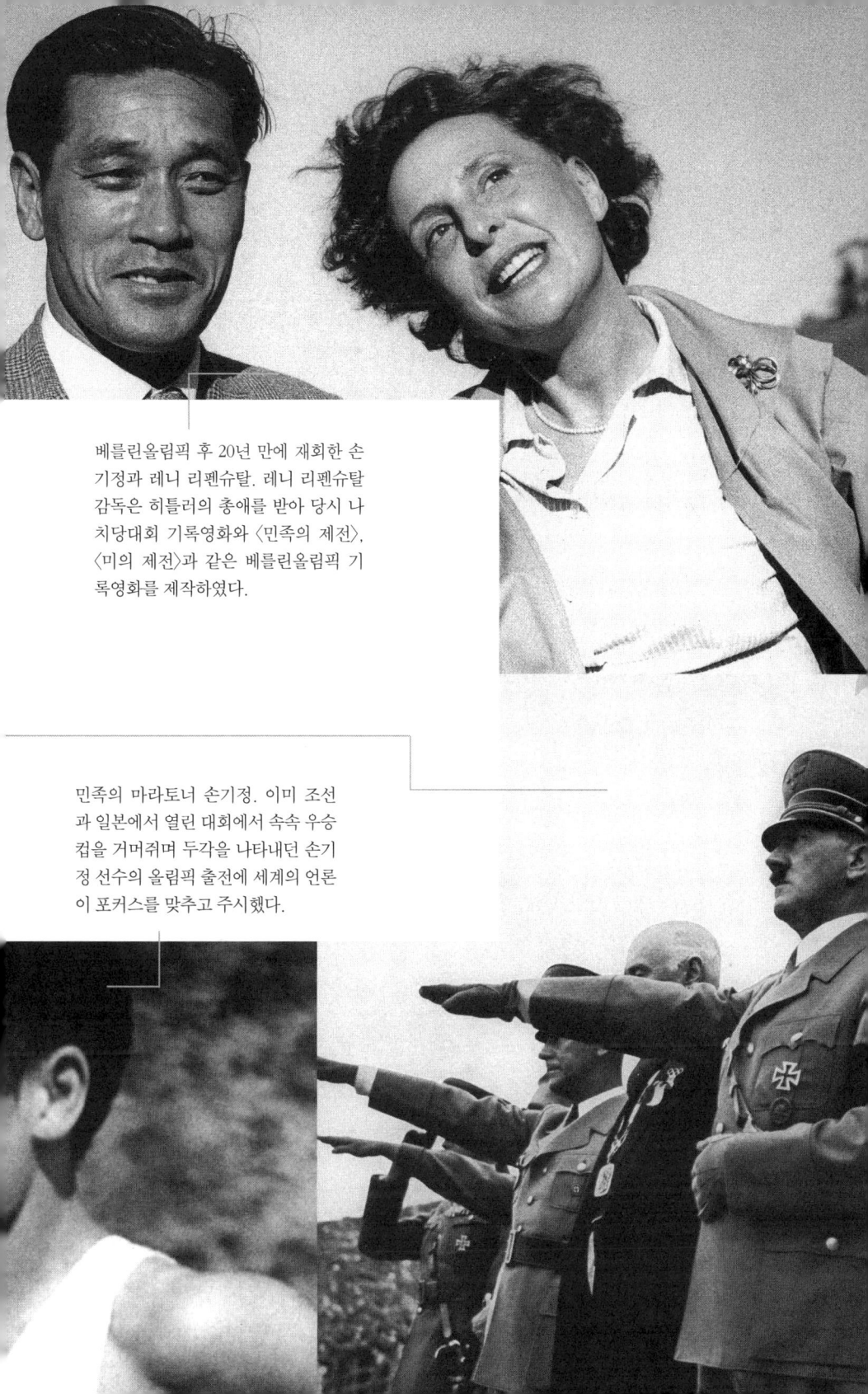

베를린올림픽 후 20년 만에 재회한 손기정과 레니 리펜슈탈. 레니 리펜슈탈 감독은 히틀러의 총애를 받아 당시 나치당대회 기록영화와 〈민족의 제전〉, 〈미의 제전〉과 같은 베를린올림픽 기록영화를 제작하였다.

민족의 마라토너 손기정. 이미 조선과 일본에서 열린 대회에서 속속 우승컵을 거머쥐며 두각을 나타내던 손기정 선수의 올림픽 출전에 세계의 언론이 포커스를 맞추고 주시했다.

기독교 사상의 하나인 무교회주의를 삶의 푯대로 삼기로 했다. 도쿄고 등사범 동기생인 함석헌, 나중에 도쿄대 총장이 된 야나이하라 다다오가 평생의 동지였고, 류영모·이광수와도 사상적 교분을 나누었으며 이찬갑·유달영·윤석중 등이 그의 가르침을 받았다.

조선에 돌아온 뒤로 김교신은 학생들을 가르치며 무교회주의의 전파에 힘을 썼다. 1927년부터는 거의 혼자 힘으로 월간지 《성서조선》을 기획·편집해서 펴내고 있었다. 양정고보에서 김교신의 별명은 '양칼'이었다. 그는 하느님 외에 두려워하는 게 없었고 타협을 모르는 인물이었다.

스물네 살짜리 양정고보생 손기정이 도쿄에서 열린 올림픽 대표 선발 2차 최종예선을 겸한 명치신종대회(1935)에 출전했을 때 김교신도 그곳에 있었다. 역시 이 대회에 '조선 대표'로 출전한 양정고보 농구부 감독으로서였다.[10] 마라톤 경기가 열린 11월 3일, 그는 같은 학교 교사 김연창과 함께 택시를 대절했다. 손기정과 같이 마라톤 코스를 왕복하며 응원하기 위해서였다.[11]

김연창이 택시에 바나나, 사이다, 파인애플과 과자를 잔뜩 실었다. 택시는 차창을 열고 손기정보다 약간 앞서 달렸다. 손기정이 선생님 얼굴이 보이도록 그렇게 해달라고 요청했기 때문이었다. 김연창은 손기정에게 계속 "목마르지 않냐? 배고프지 않냐?"고 외치며 동동거렸다. 손기정은 약간 고개를 가로저으며 말없이 그저 달릴 뿐이었다. 손기정은 물이나 음식을 거의 먹지 않고 달리는 스타일이었다.

김교신도 입을 굳게 다물고 한마디도 하지 않았다. 김연창은 침이 마르고 초조해서 소리라도 지르고 싶었다. 그러나 김교신은 돌부처처럼 등에는 배번 623번을, 앞가슴에는 '양정'의 '養' 자를 새긴 운동복을 입은 손기정의 모습만 좇았다.

이날도 손기정은 큰 대회에서 강한 면모를 유감없이 보여주었다. 손기정은 전반에는 그냥 선두를 따라가다가 후반에 들어서면서부터 무섭게 스피드를 내기 시작했다. 앞서 달리던 나카무라를 제친 것은 반환점을 돌고 나서였다. 그 뒤로는 손기정의 독주였다. 2위 나카무라와 거의 5분 정도 간격을 벌리면서도 그는 스퍼트를 멈추지 않았다.

결국 손기정은 2시간 26분 42초에 결승선을 통과했다. 또 자신의 최고 기록을 약 3분 단축한 세계 신기록. 김연창은 혼자 흥분하다가 옆자리의 김교신을 바라보았다. 여전히 입을 굳게 닫은 김교신의 이마에는 땀방울이 송글송글 맺혀 있고, 눈에는 눈물이 고여 흘러내렸다.

그날 오후 손기정은 2·3위와 함께 서는 시상대가 아닌 특별 시상대에 혼자 올랐다. 세계 신기록 수립을 축하하기 위해 마련된 특별 시상식이 열렸다. 로스앤젤레스올림픽에서 동양인으로는 처음으로 100미터 결승에 진출하고, 이후 세계 신기록을 작성한 요시오카吉隆가 이런 대접을 받은 이래 사상 두 번째였다. 자리가 자리인지라 국내 경기인데도 불구하고 기미가요가 연주되었다. 4만 관중들이 일제히 입을 모아 국가를 따라 불렀다.

"천황의 통치는 천년만년 이어지리라.
모래가 큰 바위가 되고, 그 바위에 이끼가 낄 때까지."

손기정은 노래를 들으며 입을 꾹 다물고 있었다. 머리를 깊숙이 떨구고 왠 까닭인지 닭똥 같은 눈물을 흘렸다.[12] 이런 손기정의 모습은 일본인들의 뇌리에 깊이 새겨졌다.

베를린올림픽 개막의 밤 서울. '20세기의 스포츠맨' 임을 자처하는 또 다른 조선 사내가 술집에서 중계방송을 들으면서 밤새 술을 마시고 있었다. 시인이자 소설가인 이상李箱(1910~1937)이었다.[13]

경성고등공업학교를 졸업하고 총독부 소속의 건축기사로도 일했던 이상은 1934년에 시사詩史상 가장 괴상망측한 연작시 〈오감도〉를 발표했고, 소설도 두어 편 썼지만 그리 알려진 인물이 아니었다. 그러나 이상은 자신을 한국문학사의 기린아로 만든 거의 모든 작품을 바로 그해, 1936년에 썼다. 〈봉별기〉·〈동해〉·〈권태〉·〈종생기〉가 그랬고, 또 올림픽이 열린 그 8월에는《조광》에다 그를 영원히 문학사에 남게 만들 〈날개〉를 투고해놓은 상태였다.

이상은 20세에서 27세까지 불과 만 7년간, 한글 또는 일본어로 쓴 글들로 근대와 식민지의 모순을 꿰뚫었다. 그리고 식민지 근대성을 온몸으로 살아냈다. 그는 민족주의자도, 체제 속에 편입된 예술가도 아니었다. 대신 가난, 봉두난발과 통음, 그리고 폐결핵 각혈이 이상의 것이었다. 그것은 패러독스와 시니시즘(기존의 문화적·정신적, 특히 도덕적 가치를 경멸하는 주의)에 잘 어울렸다. 이상은 요절할 팔자를 타고났다.

1936년 8월 2일, 이상의 여동생 옥희는 오빠를 속이고 K라는 못미더

운 남자와 만주로 도망가버렸다. 당시 유행하던 사랑의 도피 행각, 가케오치かけおち였다. 여동생은 K 혼자 만주로 갈 것이니 오빠는 걱정 마시고 1일 밤에 경성역에서 같이 K를 전송하자고 눙쳤다. 동생 말만 믿고 경성역에 나갔다가 비로소 속은 것을 알게 된 이상은 어쩔 수 없이 혼자 집으로 돌아왔다. 여동생은 다음날 낮 만주로 떠났고 이상은 이러지도 저러지도 못한 채 여동생 소식을 기다리며 어영부영하다 도쿄에서 온 친구들을 만나 초저녁부터 술을 폈다.

술집 라디오에서는 11시부터 올림픽 중계방송이 나왔다. 술기운에 정신이 몽롱해지면서도 라디오에 귀를 기울이던 이상은 고개를 절레절레 저었다. 갑자기 자신의 삶과 도망간 여동생의 인생이 한없이 철없고 비루하게 느껴졌다. 그 느낌을 머릿속에 새기는 순간 자기연민도 꾸역꾸역 솟아올랐다.

라디오 속 세계는 달랐다. 우울하고 처절하게 가난한, 그러면서도 턱없는 욕망에 들떠 미친 서울은 거기 없었다. 거기에는 진짜 '세계'가 펼쳐져 있었고, 팽팽하게 힘이 들어간 약동하는 육체가 있었다. 스포츠맨들은 이상의 시간 감각과 '모던modern'에 대한 사고를 항상 자극했다. 말기 폐결핵을 앓던 이상이 "20세기의 스포츠맨"이라고 자처한 것은 자기 자신과 세상에 대한 지독한 풍자였다.

호외 시대와 민족의 스포츠

신문의 성장과 경쟁

1936년, 라디오가 있는 조선인 가구 수는 전국을 합쳐야 4만을 넘지 않았다. 대신 신문의 시대였다. 대략 〈조선중앙일보〉가 3만 2천여 부, 〈동아일보〉가 3만 1천여 부를 찍고 있었다. 공식적으로 조선어 신문 구독자는 총 10만이 안 됐지만, 가정과 지역공동체에서 신문을 '돌려 읽는' 사람 수까지 감안하면 신문의 영향력은 '10만'보다는 훨씬 컸다.

당시는 소설가 최서해의 말마따나 '호외 시대'였다. 가장 빠르게 정보를 전달하는 것은 라디오가 아니라 신문 호외였다. 주먹만 한 활자와 느낌표 가득한 한 장짜리 호외는 일주일에도 한 두 번씩 출근길과 퇴근길 거리를 덮은 채, 만주의 전황과 도쿄의 쿠데타, 한강의 홍수 소식을 알려왔다.

그해 올림픽에서 신문의 힘은 엄청난 것이었다. 서울에서 읽히던 신문들은 마치 1936년을 위해 태어나고 존재했다는 듯, 할 수 있는 모든

일을 다 했다. 당시 입버릇대로라면, 잇쇼켄메이いっしょけんめい(열심히), 신명을 바쳤다.

무려 일곱 명의 조선인 선수가 올림픽에 출전했기에 조선 민중의 관심은 개막 전부터 자연스레 달아올랐다. 신문들은 그 열기를 이끌고 기름을 부어 타오르게 했다. 속보 체제를 갖추고 회사의 전 역량을 동원하다시피 한 신문사 사이의 경쟁은 치열함 이상이었다.

신문사들의 경쟁을 뒤에서 부추긴 힘은 '자본'이었다. 즉 신문의 근대성은 부르주아저널리즘을 통해서, 나쁘게 말하면 선정주의와 상업주의를 통해서 온전히 구현될 것이었다. 1930년대 이후 조선어 신문들이 표방했던 '주의主義'는 그 자체가 목적이라기보다는 각 신문의 브랜드 역할을 하고 있었다. 〈동아일보〉는 민족주의적인 색채로, 〈조선중앙일보〉는 사회주의적인 경향으로 독자의 눈길을 잡으려 했다.

1933년 금광재벌 방응모가 〈조선일보〉를 인수한 이래 언론의 상업주의적 경쟁은 더 치열해졌다. 방응모는 전례를 찾아볼 수 없었던 공격적인 경영을 통해 〈조선일보〉를 '1등 신문'으로 만들고자 했다. 방응모의 〈조선일보〉는 출발 단계에서부터 〈동아일보〉에서 이광수·함상훈 등과 같은 중진 기자들을 빼가고, 1935년부터는 더욱 공격적인 투자를 했다. 취재용 비행기를 구입하는가 하면, 거대한 최신식 사옥을 새로 짓고, 지면을 10면에서 12면으로 증면했다

결국 1935년 〈동아일보〉와 〈조선일보〉의 감정 대립은 극에 달했고, 두 조직 간에 '전쟁'도 벌어졌다. 보성전문학교 입학 정원 문제로 동아

〈조선일보〉.

1920년 4월 1일자 〈동아일보〉 창간호.

〈조선중앙일보〉. 가운데 앉은 이가 〈조선일보〉 사장 방응모.

1936년, 신문의 힘은 컸다. 신문은 가장 빠르고 대중적인 매체였다. 1933년 금광재벌 방응모가 〈조선일보〉를 인수해 과감히 투자를 함으로써 〈조선중앙일보〉, 〈동아일보〉, 〈조선일보〉 사이에 치열한 3파전이 벌어졌다.

일보 사주 김성수가 총독부의 견책을 받게 되자, 〈조선일보〉가 사설까지 써서 아픈 데를 꼬집었다. 주필 서춘이 〈조선일보〉 신사옥 낙성 축하 광고를 김성수에게 강요했다는 것이 싸움의 배경이 될 '감정'을 만든 일이었다. 보성전문의 동창생과 학생들이 나서서 대대적인 반反조선일보운동이 벌어졌다.[14] 두 재벌 신문의 무한경쟁은 식민지 지식인 사회에 충격을 던져주었다. 언론인 김경재는 이 대립의 본질을 정확히 파악해 이제 조선 신문은 공기公器가 아니라 사기업이자 상업기관일 뿐이며, 그래서 이 대립은 명분 없는 상업주의적 경쟁이라 비판했다.[15]

사세가 약했던 〈조선중앙일보〉도 1935년 이래 재벌 자본을 유치하여 본격적으로 경쟁에 뛰어들었다. 성낙헌·김성권 등 세칭 '성씨 재벌'이 20만 원을 투자해 '규모의 경제'를 실현하려 한 것이다. 그리하여 언론 자본의 경쟁은 팽팽한 3파전이 되었다.

민족주의의 우회로, 스포츠

스포츠는 새로운 오락이자 민족주의의 우회로로서 신문의 경쟁에 아주 적절한 재료가 되었다. 올림픽 보도에 가장 열성적이었던 〈동아일보〉는 독일로 경기를 보러 간 전 마라톤 선수 권태하와 육상경기협회 명예비서 정상희, 그리고 독일 유학생인 유재창 등을 임시 통신원으로 임명하고 베를린에서 활동하는 화가 배운성[16]에게 화보를 촉탁했다. 그리고 때때로 손기정·남승룡 두 선수에게 직접 격려 전보도 쳤다. 개막일

(8월 1일)에 맞춰 〈동아일보〉는 '올림픽 대회'라는 제목의 사설을 써서 "나가서 싸워서 이기고 돌아오라"고 격려했다.

그 여름에 주로 스페인 내전에 관한 뉴스로 1면 탑을 꾸몄던 〈조선중앙일보〉도 크게 다르지 않았다. 사장 여운형이 선수들에게 손수 격려 편지와 선물을 보내고 연일 올림픽 관련 기사를 실었다. 개막일에는 "최후의 영광을 목표로 백련강百鍊鋼의 칠 선수 진두陳頭에 용약勇躍"이라는 제목을 단 큼직한 기사를 내보냈다. 100번 연마된 듯한 일곱 선수가 용감히 싸움터에 나가게 되었다는 뜻인데, 일본 선수단에 낀 조선인 선수가 일곱 명이었다. 손기정과 남승룡 외에도 축구의 김용식, 농구의 이성구·염은현·장이진, 권투의 이규환 선수가 그들이었다.

독자 수가 비교적 적었던 〈조선일보〉도 경쟁에 지지 않으려 애썼다(1930년 현재 〈동아일보〉 공식 발행부수는 37,802부, 〈조선일보〉는 23,486부). 손기정은 올림픽 개막 두 달 전에 경성역에서 베를린을 향해 출발했는데(1936. 6. 3), 떠나기 직전에 조선일보사를 방문해야 했다. 방응모 사장과 임원들은 이날 경성역 앞에 총출동하여 손기정에게 〈조선일보〉 사기社旗를 들고 사진을 찍게 했다.[17]

여건이 됐다면 조선의 민간 언론사들은 아예 독자적인 베를린올림픽 취재단을 꾸렸을 것이다. 그러나 그것은 불가능했다. 조선 언론에게는 총독부라는 넘을 수 없는 벽이 있었다. 그들이 아무리 날고 긴다 한들 식민지의 언론일 뿐이었다. 그리고 매우 불행하게도, 그들에게는 이기기 어려운 또 다른 라이벌이 있었다.

제한된 시간에만 중계방송이나 뉴스를 내보내는 라디오는 사실 아직 경쟁 상대가 아니었다. 조선 언론의 상대는 베를린에 직접 대규모 취재단을 파견하고, 더 발전된 속보 체제를 갖고 있었던 일본 신문사였다. 〈오사카마이니치大阪每日〉와 〈오사카아사히大阪朝日〉를 보는 독자가 국내에도 많이 있었다. 사실상 동아, 조선중앙, 조선이 힘을 합쳐도 그들의 속보 체제, 현장 취재 능력, 기사의 정확성, 그리고 무엇보다 사진을 따라잡을 수 없었다. 그 신문에 실리는 사진들은 일본 기자들이 직접 찍어 베를린으로부터 무선 전송하는 것이었다.[18]

〈오사카마이니치〉와 〈오사카아사히〉도 연일 호외를 발행하며 조선 땅에 올림픽 소식을 알리고 있었다. 8월 2일에는 개막 소식을 전하느라, 8월 3일에는 육상 5,000미터에서 무라타村社가 4위에 입상했다고 호외를 뿌렸다. 8월 5일 다지마田島가 멀리뛰기에서 동메달을 딴 것도 호외거리였고, 8월 7일에 다지마가 3단뛰기에서 금메달을 따낸 것은 말할 것도 없었다.

이러한 열기가 그해 8월 하순, 아무도 예상하지 못한 무서운 결과를 가져왔다.

그날 베를린은 무척 더웠다

운명의 출발 시간

제11회 베를린올림픽 마라톤 출발 시간이 가까워왔다. 〈동아일보〉 사옥 앞 라디오 스피커에서는 NHK 아나운서 야마모토山本照의 말이 속사포같이 쏟아지기 시작했다. 귀를 기울인 조선인들 가운데에는 일본어가 약해서 그 말을 잘 알아듣지 못하는 사람들도 많았다. 게다가 중계방송에는 생소한 스포츠 용어와 독일 현지의 지명 같은 것도 끼어 있었다. 그런 이들은 중간중간 옆사람에게 라디오 중계 내용을 물어봐야 했다.

같은 시간, 신의주 손기정의 집에도 그의 일가친척과 기자들이 모여 있었다. 인근에 살던 신의주 부민府民들도 함께 라디오를 듣고자 왔다. 그뿐 아니었다. 광화문통 외에 종로 대창양화점 앞, 중학동 일대에도 꽤 많은 사람들이 모여 있었다. 거기에도 신문사의 속보소가 있었기 때문이다. 손기정의 후배인 양정고보 육상부 학생들은 황금정(지금의 충정로)의 송도여관에서 합숙하며 라디오를 켜놓고 있었다.[19]

동아일보사 귀빈실에도 초청된 인사들이 둘러앉아 중계방송에 귀를 기울이고 있었다. 양정고보 교장 안종원, 교무주임 서봉훈, 고려육상경기협회 이사 최재환, YMCA 체육부 주임 정권 등 체육계 인사들과 손기정의 양정고보 선배이자 1932년 로스앤젤레스올림픽 마라톤 6위 입상자인 김은배 들이었다. 조선인이 일본 마라톤 대표선수로 올림픽에 출전한 것은 손기정과 남승룡이 처음이 아니었다. 김은배와 권태하가 로스앤젤레스올림픽 마라톤 일본 대표로 출전하여 6위와 9위를 차지했다.

귀빈실의 손님 자체가 기사거리였다. 이들이 손기정·남승룡의 승패 여하에 따라 보일 일거수일투족이 곧 내일 조간의 기사가 될 예정이었다. 그들은 중계방송 때까지 베를린 현지를 답사하고 돌아온 안철영에게 마라톤 코스에 대한 설명을 들으며 초조함을 달래고 있었다.

드디어 운명의 출발 시간. 1936년 8월 9일 밤 11시 2분, 베를린은 오후 3시 2분. 그날 베를린의 날씨는 무척 더워 최고 기온이 30도를 넘었다.

라디오 스피커에서 "탕" 하는 출발 신호 총소리가 들렸다. 스타디움에 모인 10만 관중의 함성이 우웅, 하는 둔중한 소리로 함께 흘러나왔다. 광화문통의 조선인들도 "와!" 하는 함성과 함께 혹은 팔을 처들고 혹은 우산을 아래위로 흔들며 "손 기 정!", "남 승 룡!"을 외치기 시작했다.

손기정은 출전 선수 56명 중 스물두 번째로 메인스타디움을 출발했다. 6킬로미터 지점부터 그는 선두 그룹에서 레이스를 펼쳐나갔다. 초반부터 선두는 로스앤젤레스올림픽 우승자인 아르헨티나의 자바라였다. 자바라는 15킬로미터 지점을 49분 45초라는 경이적인 랩타임으로 끊었고, 손기정은 영국 선수 하퍼와 함께 그보다 딱 1분 늦은 50분 45초에 이 지점을 통과했다. 등수로는 4위였다.[20]

1936년 8월 10일 자정. 선수들이 17킬로미터 지점을 지날 때였다. 아직 초반전이었다. 손기정은 여전히 선두 그룹에서 자바라의 뒤를 좇고 있었는데, JODK의 중계방송이 중단되었다. 방송 사고가 아니었다. 그해 올림픽에서 NHK는 밤 11시, 아침 6시 반 하루 두 번밖에 올림픽 실황을 송출하지 못했다.

중계방송은 다음날 아침 6시 30분이 되어야 속개될 것이었다. 사람들은 방송이 중단되리라는 것을 미리 알고 있었지만, 막상 방송이 끊기자 분통을 터트렸다.[21] 몇몇 사람들은 벌써 삼삼오오 북촌의 골목길로 흩

출발 후 메인스타디움을 가득 메운 관중들 앞을 지나 운동장을 돌고 있는 선수들.

33번을 가슴에 단 자바라를 선두로 메인스타디움을 빠져나가는 선수들. 자바라는 가장 유력한 우승 후보로 꼽힌 선수답게 초반 선두 그룹을 리드해나갔다.

어졌다. 골인 시점까지 대폿잔이라도 기울이고 다시 올 심산이었다. 어떤 이들은 미리부터 카페와 대폿집에 진을 치고 있기도 했다.

김교신도 그날 밤 정릉 자기 집에서 라디오를 켜놓고 있었다. 김교신은 무릎을 꿇고 두 손을 모았다. 그는 양정고보 5학년생 손기정을 위해 하느님께 기도를 올렸다. 라디오 중계가 중단되자 비로소 김교신은 꿇었던 무릎을 풀고 자리에 누웠다. 가슴이 잘 가라앉지를 않았다.

운동 기자 이길용

방송이 중단되자 〈동아일보〉 기자들은 오히려 바빠졌다. 어떤 기자는

4, 5킬로미터 지점의 손기정과 하퍼. 영국의 하퍼 선수가 나란히 달리는 손기정을 경계하듯 쳐다보고 있다.

아르헨티나의 자바라가 먼저 반환점을 돌고 그 뒤로 거의 동시에 반환점을 통과하는 손기정과 하퍼.

전화통을 다시 붙잡고 도쿄와 베를린에 통화를 시도했다. 그리고 몇몇은 퇴근하고, 또 아직 마감하지 못한 이들은 기사를 쓰러 자기 책상으로 갔다. 운동부 고참 기자인 이길용李吉用(1899~?)도 잠시 허리를 펴고 두 팔을 올려 기지개를 켰다. 며칠째 쌓인 과로로 피곤했지만 오늘은 이미 각오를 하고 밤샐 채비를 해왔다. 오늘이야말로 가장 긴장된, 그야말로 결전의 날이었다.

이길용은 배재학당을 졸업하고 일본 도지샤 대학을 다니다가 1919년부터 남만주철도주식회사(만철)의 직원으로 일했다. 1920년 2월, 3·1운동 1주년을 맞아 시위와 철시를 선동하려는 장병준·이동욱·유진상 등의 젊은이들이 있었는데 그 중 이동욱이 이길용의 친구였다. 당시 대전역 개찰직원이었던 이길용은 이동욱에게서 대전 지역에 격문을 배포하자는 제안을 받았다.[22] 이길용은 이 격문을 살포하다 검거되어 1920년 12월 21일 경성지방법원에서 1년형을 언도받고 경성감옥에서 옥살이를 했다. 감방과 재판정에서 그는 1919년 3·1운동의 지도자들과 면식이 생겼고, 특히 고하 송진우와 가까워졌다. 출옥한 뒤에 〈동아일보〉 대전·인천지국에 근무하게 된 것은 그 인연 때문이었다. 그러다 1924년 가을에 조선일보사로 옮겼다.[23] 〈조선일보〉가 월남 이상재를 사장으로 앉히고 대대적인 지면 혁신을 꾀할 때였다. 다시 〈동아일보〉로 직장을 옮긴 것은 28세 때(1927)였다.

이길용은 거의 처음부터 스포츠 취재기자로 현장에서 뛰었다. 스포츠에 대한 남다른 애정 때문이었다. 조선에 스포츠광도 많고 뛰어난 선

베를린올림픽 당시 〈동아일보〉의 체육기자로 활약한 이길용. 스포츠에 대한 깊은 애정과 지식으로 한국의 근대 스포츠 발전에 크게 기여했지만, 그보다 '일장기 말소사건'의 주역으로 더 유명하다.

수도 많지만, 그처럼 다양한 종목에 대해 많이 알고 있는 이는 흔치 않았다. 김교신과는 반대로 키가 작고 홀쭉한 편인 이길용은 뛰어난 스포츠저널리스트였을 뿐 아니라, 타고난 활동가이기도 했다. 그는 〈조선일보〉 기자로 근무하면서 한국 최초로 신문의 스포츠면에 가로쓰기를 도입했다. 그리고 대회를 창설하는 일이나 선수 발굴에도 앞장을 서고는 했다. 특히 양정고보 육상부가 크게 성장하고 전국여자정구대회가 창설되는 데 중요한 기여를 했다. 이길용은 조선 스포츠계의 마당발이자 스포츠 발전사의 산 증인이었다.

1936년 그해, 이길용은 〈동아일보〉에서 베를린올림픽에 관한 보도를 책임지고 있었다. 이길용은 후배 기자들을 지휘해 마라톤을 비롯한 여러 분야의 기사를 쓰게 했다.

"야, 용서야, 윤치호 회장 댁에 간 임 기자 어떻게 됐어? 녀석은 일단 도착하는 대로 전화하라 했는데 와 소식이 없는 거야?"

사회부 편집 담당 장용서 기자가 대답했다.

"전화 왔었어요. 매신(《매일신보》)이랑 조선 기자들도 다 와 있답니다."

한 떼의 기자들이 윤치호의 집에 모여 있었다. 윤치호는 1928년 이래 8년간 조선체육회장직을 맡고 있었다.

이길용 자신은 편집국에 앉아 내일 아침에 뿌려질 호외에 쓰려고 뽑아놓은 문구들을 미리 검토하고 있었다.[24]

손 군 감격의 우승! 마침내 세계 정상에, 2천만의 영예.

세계 제패의 감격, 반도에 울려 퍼지다!!

베를린에 울려 퍼진 감격.

손 군 역주했으나 아쉬운 2위, 자바라 세계 신기록 우승.

손기정이나 남승룡이 우승하거나 못 하거나 간에, 내일 아침에 호외는 뿌려질 예정이었다. 〈동아일보〉뿐 아니라, 모든 서울 시내 언론사가 마찬가지였다.

큰 이변만 없으면 최소한 둘 중 하나는 입상할 것이 분명했다. 이길용이 보기에 손기정은 초인적인 심폐기능과 스피드를 갖고 있었다. 손기정은 1934년부터 1년 반 동안 무려 여덟 차례나 마라톤 풀코스를 완주했다.

기질상 결함 없는 조선인임을 증명함

동아일보사 귀빈실에 모여 있던 사람들도 방송이 중단되자 자세를 고쳐 잡았다. 저마다 커피나 칼피스를 마시거나 담배를 피워 물었다. 현지와의 전화 연결을 통해서 시시각각 속보가 들어오고 있었지만 아무래도 당장은 긴장을 풀어도 좋았다. 귀빈실의 사람들은 로스앤젤레스올림픽에서 자바라와 대결하다 결국 6위를 차지했던 김은배의 무용담을 듣기로 했다. 사실 그의 무용담은 새삼스러울 것이 없었다. 김은배는 손기정이 등장하기 이전까지 손꼽히는 스포츠 스타였다.

김은배가 영웅이 된 것은 제7회 조선신궁경기대회에서 우승하면서부터였다(1931.10.18). 이 대회에서 그는 세계 기록을 무려 5분이나 단축하며 2시간 26분 12초라는 경이적인 기록(비공인)으로 결승점을 통과했다.[25] 일본 최고 기록보다도 무려 9분 12초나 빨랐다. 이 일은 일대 사건이자 큰 충격이었다.

그래서 1931년 10월 20일자 〈동아일보〉의 1면 사설은 "세계 기록 돌파 조선의 자랑"이라는 제목을 달고 김은배의 기록 갱신 앞에 바쳐졌다. 이씨 왕조가 조선 민족을 세계의 벽지에 유폐된 은자로 만들었다는 것, 그러나 스포츠가 이를 바꿔놓고 있다는 것, 그래서 김은배의 세계 신기록 작성은 "조선인의 천품상 또는 기질상의 결함이 없음을 증명하"는 것이라고 사설은 말하고 있었다. 사설의 논조는 상당수 조선인들의 민족적 자의식이며 '마음의 구조'를 대변한 것이었다.

일본인에 의해 주입되거나, 혹은 이광수의 〈민족개조론〉에서와 같이 스스로 내면화시킨 민족적 열등의식을 치유하는 데 스포츠만큼 효과적인 치료제는 없었다. 식민지인들은 제국의 국민들에 비해 지적으로나 육체적으로나 열등해야 했다. 그것은 당대의 사상인 사회진화론의 핵심으로, 아시아와 아프리카의 수많은 나라들에서 여실히 증명되고 있는 '과학적 진실'이었다. 우생학과 인류학은 그런 진실을 탐구하는 학문이었다.

도산 안창호나 이광수 같은 지도자들도 그런 사상을 성찰 없이 복창했다. 이광수의 눈에 비친 일본인은 형형한 눈동자에 예리한 기운이 가득하고 바싹 다문 입에 의지력이 담겨 있으며, 나체를 보면 가슴이 볼록 나오고 양 어깨에 근육이 울뚝불뚝하고 단단하기가 돌 같았다. 그래서 일본인은 책상물림이라도 하루 100리를 달릴 수 있고 전쟁이 일어나면 즉시 총과 배낭을 메고 풍찬노숙을 견딜 수 있다.[26]

이에 비해 조선인은 눈동자는 풀렸고 입은 헤 벌어졌으며, 팔다리는 늘어졌고, 가슴이 움푹 들어가고 걸음걸이에 기력이 없고 안색은 누랬다. 조선인의 용모에서는 쇠퇴할 '쇠衰' 자, 궁색할 '궁窮' 자, 천박할 '천賤' 자가 화인 찍힌 듯 보이는데, 그래가지고야 어떻게 다른 민족과 경쟁하여 살아남겠는가.[27]

그런데 이광수의 이런 열등감과 달리 조선인은 인종적으로 일본인보다 열등하지 않았다. 유감스럽게도 조선인들은 덩치가 작지 않았고 달리기를 잘 했다. 제국의 국민을 조그만 놈들, '왜倭'라 멸시해온 태도는 적어도 스포츠에서 재생되고 있었다. 축구도, 권투와 농구도 훨씬 늦게 시작했지만 조선인 팀은 일본인 팀을 이기곤 했다. 그리고 과학적인 이유를 댈 수는 없지만, 조선인은 특히 마라톤에 소질이 있었다.

1920년대 중반에 마라톤 경기가 26과 4분의 1마일, 즉 42.195킬로미터의 정규 코스 경기로 통일되고 나자, 모든 대회에서 조선인 선수들은 세계적으로 마라톤에서 강세를 보이던 일본 선수들과 호각지세를 이루며 두각을 나타내기 시작했다. 그리고 1930년대기 되자 김은배·유원춘·손기정 같은 육상 천재들이 엄청난 속도로 일본 신기록을 갈아치웠다.

세계 기록 갱신의 그날 이후 김은배는 하루아침에 유명인사가 되었다. 불과 18세 청년의 회고록이 도하 일간지에 실렸고 조선체육회·조선운동기자단·고려육상경기회 및 양정고보동창회 등이 합동으로 김은배에게 특별상을 수여했다(1931. 11. 14). 시상식에는 양정고보 교직원, 학생과 각계 유지들이 참석했고 윤치호·안재홍·송진우 같은 당대의 거물들이 축사를 했다. 결국 김은배는 권태하와 함께 1932년 로스앤젤레스올림픽 일본 대표선수단의 일원이 되었다. 조선 전 지역에 큰 가뭄 피해가 일어났고, 방학을 맞은 대학생들이 대규모 브나로드운동(농촌계몽운동)을 펴러 떠난 한여름이었다.

김은배의 출전은 한국 땅에서 나고 자란 한국인이, 한국인들의 응원을 받으며 올림픽에 처녀 출전한 일대 사건이었다. 물론 국적이 일본인 채로였지만. 이때 동아일보사는 부산에서 신의주까지 전국을 횡단하는 마라톤 경기를 열었다. 김은배·권태하의 올림픽 출전에 맞춘 기획행사였다. 두 선수가 로스앤젤레스에서 뛰는 날 서정국과 황자룡이라는 두 선수가 부산으로부터 전국을 횡단하여 서울로 골인하게끔 예정되어 있었다. 이는 "마라톤 왕국 건설에 더욱 큰 횃불을 들"[28]기 위함이었다.

그리고 1932년 8월 8일 오후. 서울 일대에 올림픽 마라톤 결과를 알리는 호외가 뿌려졌다. 김은배는 6등을 차지했다. 아쉬운 등수였다. 같이 출전한 권태하는 9위, 일본의 에이스 쓰다는 5위였다.

이 세 사람이 팀을 이뤄 펼친 작전은 두고두고 문제가 되었다. 김은배가 세 선수 중에서도 가장 기량이 좋은데, 팀 전술을 지키느라 기회가 있었을 때 앞으로 스퍼트하지 못했다는 것이 조선인들의 불만이었다. 일본에서는 조선인 두 사람이 포함된 팀 구성 자체를 문제삼았다. 더구나 코치 겸 선수였던 쓰다가 나서서 조선인 둘이 짜고 작전을 무시했다고 김은배와 권태하를 맹비난했다. 이 때문에 권태하는 자기들에게 책임을 전가한다면서 분격해 올림픽대회가 끝난 후 일본 선수단과 따로 귀국했다.[29]

권태하와 쓰다의 악연은 상당히 오래갔다. 쓰다가 1936년 베를린올림픽 마라톤팀 코치로 결정되자 권태하가 앞장서서 쓰다 보이콧운동을 벌였다. 그는 쓰다가 코치가 되어서는 안 되는 이유를 중심으로 하여 "베를린 마라톤에서 일본이 이기려면"이라는 제목의 글을 써〈경성일보〉에 투고하고, 일본 체육계의 유력자이던〈도쿄아사히신문〉스포츠 부장 오다 미키오織田幹雄에게도 보냈다. 또한 손기정·남승룡에게도 편지를 보내 쓰다를 팀 코치 자리에서 해임할 것을 요구하라고 조언했다.

권태하의 뜻을 헤아린 남승룡이 선수들이 원하지 않는 코치를 바꿔 줄 것을 요구했다. 받아들여지지 않을 경우 손기정과 함께 대표선수를 사퇴하겠다며 강하게 나갔다. '올림픽 마라톤 우승을 위하여'는 참으로 대단한 명분이었던 것이다. 결국 일본육상연맹은 표면상 '건강 문제'를 들어 팀 코치를 사토로 교체했다.[30]

하지만 일본육상연맹도 팀이 1932년처럼 구성되는 것을 가급적 피하고자 했다. 그러나 불행하게도 가장 나중에 열린 두 번의 선발대회에서 각각 손기정과 남승룡이 1등을 차지해버렸다. 일본육상연맹에는 비상이 걸렸다. 1912년 전라남도 순천에서 태어난 남승룡은 손기정과 동갑나기였지만, 손기정보다 먼저 두각을 나타내었다. 순천보통학교 6학년 때 전라남도 대표로 조선신궁대회에 출전하여 1만m에서 4위, 마라톤에서 2위를 차지하여 이름이 알려지기 시작했다. 조선실업학교 시절에는 서울에서 고향 순천까지 400km가 넘는 길을 마라톤으로 37시간 34분에 완주하는 전설적인 기록을 남기기도 했다.[31] 양정고보로 진학하면서 본격적으로 선수생활을 하여 양정고보 대표로 동경-요코하마 간 역전 마라톤에 출전하기도 했으며 일본인 후원자의 도움으로 메이지 대학을 다녔다.

　1936년 5월 23일에 열린 일본육상연맹 기술위원회는 무려 6시간이나 회의를 하며 격론을 벌였다. 조선인 하나를 엔트리에서 뺄 묘안을 찾기 위해서였다. 그러나 세계 기록을 보유한 손기정을 뺄 수도, 공식적인 최종 선발전에서 1등을 차지한 남승룡을 뺄 수도 없었다. 회의 끝에 희한한 묘안이 나왔다. 최종 선발대회의 1, 2, 3위인 남승룡과 손기정, 스즈키鈴木 외에 4위를 차지한 시오아쿠飽塩玉男도 베를린에 데려가 현지에서 대표 선발전을 한 번 더 치르기로 했다. 일본인 두 명이 포함될 여지를 끝까지 남기자는 것이었다.

　7월 22일, 베를린에서 네 명의 선수들은 30킬로미터 레이스로 최후의 승부를 벌여야 했다. 14킬로미터 지점에서 컨디션 난조로 레이스를 포기한 것은 스즈키였다. 그래서 이미 결정은 났는데, 15킬로미터 지점에서 시오아쿠가 어이없는 짓을 했다. 코스를 이탈해 500미터 정도 짧은 지름길로 달리는 반칙을 저질렀던 것이다. 시오아쿠의 비겁한 행위는 현지까지 따라가 레이스를 지켜보던 권태하에게 발각됐다. 그럼에도 결과는 손기정 1등, 남승룡 2등이었다. 경기가 끝난 뒤, 분격한 남승룡은 "너는 운동선수도 아니다"라며 시오아쿠에게 주먹을 날렸다. 시오아쿠는 잘못을 인정하고 사과했다. 사토 코치도 아무런 말을 할 수 없었다. 이런 곡절들은 끝까지 남승룡이 이를 악물게 했다.[32]

'대일본제국'은 제국의 영광을 위해서라면 식민지의 모든 것을 마음껏 동원할 수 있었다. 그러나 정작 식민지의 아들로서는 제국의 명예를 위해 싸울 기회조차 얻기 힘들었던 것이다.

"조선이 세계를 이겼다"

"이제 죽어도 원이 없다"

8월 10일, 새벽 1시가 되자 광화문은 다시 활기를 띠기 시작했다. 카페와 북촌 골목길로 사라졌던 사람들도 얼큰한 얼굴로 다시 나타났다.

로스앤젤레스대회 우승자인 아르헨티나의 자바라는 1시간 11분 29초의 뛰어난 기록으로 반환점을 돌았다. 20킬로미터까지도 자바라가 1등이었다. 그러나 그것은 2연패에 대한 집착이 부른 오버페이스였다. 자바라는 25킬로미터를 지나면서부터 자세가 흐트러지기 시작했다. 손기정은 꾸준한 페이스를 지키며 하퍼를 뒤에 두고 자바라 뒤를 따랐다. 결국 자바라는 30킬로미터 지점에 이를 무렵 길바닥에 주저앉아버렸다. 이제 배번 382번의 손기정 앞에는 아무도 없었다. 조선 시간 12시 40분경, 31킬로미터부터였다. 이 소식은 새벽 1시가 넘어 조선에도 전해졌다.

손기정이 1위로 달리고 있다는 소식이 날아들자 사람들은 박수를 치며 흥분하기 시작했다. 남승룡 또한 페이스를 올리며 선두그룹에 근접해 있었다. 새벽 1시 반이 가까워오자 처음보다 더 많은 사람들이 모인 듯했다. 손기정이 정말 우승을 할지 모른다는 소식이 퍼져갔기 때문이었다. 흥분은 커져갔다.

어느덧 골인을 했을 시각, 1시 30분이 지났다. 손기정이든 남승룡이든 골인 지점을 통과했을 텐데 아무런 소식이 없었다. 빗속의 사람들은 더 초조해졌다.

"허어, 이거 속타누만."

시간은 시시각각 흘러 2시가 임박했다.

이때 〈동아일보〉 사옥 2층 창으로 여자 아나운서가 모습을 나타냈다.[33]

"손기정 선수가 일착으로 골인해 우승했습니다."

그렇게 제1보는 매우 짧고 간단했다. 말을 듣는 첫 순간 사람들은 서로 어리둥절하여 쳐다보았다. 기대했던 바로 그 소식이건만 진정으로 믿기지는 않았다. 그러나 잠시 뒤에 사람들은 자기 귀에 들어온 말의 의미를 깨달았다.

그들은 우산을 팽개치고 서로를 부둥켜안으며 펄펄 뛰었다.

"만세, 만세, 손기정 군 만세!"

"만세, 만세, 손기정 군 만세!"

광화문은 함성으로 흔들리는 듯했다.

이윽고 3분이 채 지나지 않아 아나운서가 다시 2층 창가에 나타났다. 사람들은 옆 사람의 입을 막으며 아나운서의 입을 응시했다.

결승점을 통과한 후 모포를 어깨에 두른 손기정. 금메달을 땄으나 왠지 표정이 밝지 않다.

손 군 일착! 관객들의 열띤 환호와 박수세례를 받으며 결승 테이프를 끊는 손기정. 2시간 29분 12초라는 올림픽 신기록을 세운 역사적인 순간이었다.

왼쪽부터 남승룡, 시오아쿠, 손기정, 사토 코치.

우승 후 손기정, 남승룡이 일본 언론과 국제통화로 인터뷰하는 장면. 이 기사와 사진이 일본 신문에 대대적으로 실렸다. 손기정의 우승은 조선뿐 아니라 일본의 기쁨이기도 했다.

두 번째 소식은 훨씬 구체적이었다.

"다시 베를린에서 들어온 소식입니다. 손기정 군이 2시간 29분 12초, 올림픽 신기록으로 우승을 차지하였고 남승룡 군도 3위로 들어왔습니다."

사람들의 눈에는 뜨거운 눈물이 맺혔다.

빗물인지 눈물인지 온통 얼굴을 적신 이들도 있었다.

이제 만세 소리는 "손기정 군 만세!"만이 아니었다. "남승룡 만세!"도 들리는가 싶더니 누군가의 입에서 갑자기 "조선 만세!"가 터져 나왔다. 사람들은 잠시 서로의 얼굴을 쳐다보았다. '조선 만세'는 위험하고도 상징적인 말이었다. '조선 독립 만세'를 곧장 연상시키는 까닭이었다. '조선 독립 만세'라는 세 단어의 조합은 1910년 이래, 가장 대중적이면서도 가장 정치적인 구호였다. 노동자 계급의 해방투쟁도, 민족유일당운동도, 여성해방운동도 결국은 이 여섯 음절의 말에 귀속될 것이었다. 3·1운동 이후 서울 한복판에서 "조선 독립 만세!"가 대규모로 외쳐진 것은 1926년 6월 순종 인산 때였다. 1929년 광주에서 시작된 학생 독립운동이 서울로 올라왔을 때도 학생들이 이 구호를 외쳤다. 이럴 때에도 신문은 시위 군중들이 "조선 ○○ 만세!"를 외쳤다고 쓸 수 있을 뿐이었다.

사람들이 모여 있던 종로 대창양화점 앞과 중학동의 속보소 앞에서도 만세 소리가 밤하늘을 울렸다. 양정고보 육상부가 모여 있던 황금정 송도여관은 학생들이 춤을 추고 "만세" 하고 괴성을 질러대는 통에 온

건물이 흔들렸다. 양정고보 교장 안종원은 "이제 죽어도 원이 없겠다"며 울먹였다.[34]

"조선 청년의 앞날이 우승하였다"

그날 새벽 2시 15분. 윤치호(1865~1945)는 서서히 보료에서 몸을 일으켰다. 조선체육회 회장인 윤치호도 와병 중이었지만 이날은 밤을 샜다. 모여든 기자들 앞에서 한마디를 해야 했다. 조선체육회야말로 양정고보와 함께 손기정의 세계 제패를 만들어낸 한 주역이었다.

그해 이미 칠순이었던 윤치호가 걸어온 길은 조선이 걸은 식민지 근대화의 길 그 자체였다. 그는 아주 젊어서부터 '개화파'의 핵심이었다. 신사유람단의 일원이었으며 갑신정변에 참여했다가 중국을 거쳐 미국으로 망명했다. 귀국한 후에는 독립협회의 핵심으로 독립신문사의 2대 사장을 지내기도 했다. 대한자강회 회장과 대성학교 교장을 지냈으며, 105인사건(1911)에 연루되기도 했다. 일제는 진작부터 그런 그를 주목하고 관리했다. 그에게 남작 작위를 수여하기도 하고 중추원 참의를 제안하기도 했다.

윤치호는 서재필과 함께 한국사 최초의 친미親美 지식인이기도 했다. 영어에 달통했던 그는 거의 매일 영어로 일기를 써서 남겨놓았다. 또 그는 조선 감리교의 '대부'로서 YMCA 총무와 연희전문 이사도 지냈다. 그랬기에 아주 일찍부터 스포츠와 인연을 맺을 수 있었다.

말문을 연 윤치호는 다음과 같이 말했다.

"손기정 군이 우승하였다는 것은 곧 조선 청년의 앞날이 우승하였다는 예언이자 산 교훈이라고 굳게 믿는다. 우리 조선의 청년이 스포츠를 통하야 특히 세계 20억을 상대로 하야가지고 당당 우승의 영관榮冠을 획득하였다는 것은 곧 우리 조선의 청년이 전세계 20억 인류를 이겼다는 것이라 우리의 기쁨과 감격은 이 위에서[이 이상] 없다."[35]

신드롬 신드롬

슬푸다!!!

8월 10일. 김교신은 여느 때처럼 5시에 잠을 깼다. 새벽에도 빗줄기는 가늘어지지 않았다. 빗소리 속에 간혹 천둥 소리도 섞였다. 그는 맨손 체조로 잠깐 몸을 풀고는 앉은뱅이책상 앞에 정좌해 《성서조선》의 원고 뭉치를 끄집어냈다. 어젯밤 마라톤 중계방송을 듣다가 교정지를 내려놨었다.[36] 어느덧 6시가 넘자 비가 오는 와중에도 서서히 날이 밝아 왔다. 김교신은 잠깐 기도를 올린 뒤 라디오를 켰다.

NHK와 JODK는 이날 아침 방송이 시작되자마자 손기정 우승의 마지막 과정을 알렸다. 일찍 일어난 사람들이나 경기 결과를 듣지 못한 채 잠을 설친 사람들이 라디오 방송에 귀를 세웠다.

6시 30분 다시 캐스터 야마모토가 나타났다. 야마모토는 비교적 차분하게 출발부터 손기정의 우승이 유력해진 2시간 20분경까지의 레이스 상황을 약 1분간 짧게 요약했다. 그러고 나서 갑자기 한껏 목소리 톤을 올리기 시작했다.

"과연 손 군에게 영광이 돌아갈 것인가. 1만여 명의 독일 청년단, 부인들이 지금 필드에서 매스게임을 시작하려 합니다만, 지금 막 허리를 숙이고 우리의 손 군을 기다리고 있습니다. 드디어 만장한 관중들로부터 박수가 터집니다."[37]

1등 선수가 메인스타디움에 도착하고 있음을 알리는 팡파르가 울려 퍼졌다. 예상대로 메인스타디움 마라톤 문으로 제일 먼저 들어온 선수는 손기정이었다.

"손 군! 역시 일착―着. 손 군 일착. 손 군 지금 막 메인스타디움으로 들어옵니다. 이대로 결승 테이프를 끊겠습니다. 손 군! 결승점을 앞에 두고 선두입니다."

관중들은 기립박수를 보냈다. 손기정과 2위 하퍼의 거리는 무려 2분이었다. 캐스터 야마모토의 목소리는 최고조로 올랐다.

"손 일착! 손 일착! 이제 50미터면 테이프를 끊습니다. 40미터, 30미터, 20미터, 10미터! 손 군 드디어 테이프를 끊었습니다. 당당하게 일본이 마라톤에서 우승했습니다. 당당히 일본이 마라톤 우승입니다."[38]

속보를 들을 수 없었던 많은 조선인들은 그제야 비로소 우승 사실을 알게 되었다. 손기정이 골인한 지 5시간이 지난 뒤였다. 사람들은 뒤늦게 눈물을 흘리며 환호성을 질렀다.

어느 샌가 라디오 앞에 무릎을 꿇고 앉았던 김교신도 울컥 뜨거운 눈물이 치미는 것을 참지 못했다. "주여 감사합니다." 울음이 입 밖으로

흘러나오지는 않았다. 하지만 그의 커다란 주먹 속에는 땀이 가득 배어 있었다.[39]

얼마 후 7시 2분에는 베를린 현지의 일본 방송국 요원이 우승 직후 손기정과 남승룡을 인터뷰한 내용을 내보냈다. 이 자리에서 손기정은 담담하게 일본어로 "자바라를 이겼습니다. 정정당당히 싸워서 결국 승리의 월계관을 조국으로 가져가게 되옴을 기뻐하오며 고국의 여러분께서 성원해주신 힘인 줄 아옵고 간단하나마 이것으로 인사를 대신합니다"[40] 고 말했다.

그러나 우리 시각으로 이날 아침 6시 50분 〈조선일보〉 김동진 도쿄지국장과 한 전화 인터뷰의 분위기는 사뭇 달랐다.[41] 김동진이 "명예의 승전을 무어라고 축하해야 좋을지 모르겠소. 얼마나 기쁘오?"라고 말하자 손기정은 아무런 대답도 하지 못했다. 한동안 아무 말이 없더니, 울음 소리가 수화기를 통해서 흘러나왔다. 손기정은 이 전화 인터뷰 내내 북받쳐 오르는 울음을 참지 못해 계속 떠듬떠듬 이야기했다.

(……) 남형과 내가 이긴 것은 다행이오, 기쁘기도 기쁘나 실상은 웬일인지 이기고 나니 가슴에 북받쳐 오르며 울음만이 나옵니다. 남형도 역시 나와 같은 모양입니다. (……) 우승했다고 반겨하는 축하하는 말을 들으면 들을수록 눈물만 앞섭니다.

〈조선일보〉는 8월 11일자 신문에 이 전화 인터뷰 기사의 제목을 이렇게 뽑았다.

> 세계 제패한 영웅의 가슴도 뜨거운 흥분 식자 쓸쓸한 애수
> 마침내 우승은 했으나 웬일인지 울고만 싶소
> 전파에 흘러온 손 군의 제일성

손기정은 왜 그렇게 슬펐을까? 그는 우승하자마자 전남 나주에 사는 이 모라는 친구에게 엽서를 보냈다. 8월 11일자 소인이 찍힌 이 엽서의 사연은 한글로 단 석자였다. "슬 푸 다." 그리고 손기정은 그 뒤에다

"슬푸다!!?" 이 한마디만큼 손기정의 마음을 압축적으로 표현한 게 있을까. 손기정이 나주에 사는 친구에게 보낸 엽서.

가 "!!?"를 붙여놓았다.

'웬일인지 울고만 싶'은 것이 감정을 숨겨야 했던 조선인들의 심경이기도 했다. 그리고 감정을 숨길 필요가 없는 조선인들은 그런 심경을 아예 드러내놓고, 식민 당국의 탄압을 내면화해서 스스로 그어놓고 있었던 자기 검열의 통제선을 넘어버렸다.

오오, 조선의 남아여!
8월 10일 아침 〈동아일보〉·〈조선중앙일보〉·〈매일신보〉·〈조선일보〉

"금일의 결전을 앞두고", "만리창공 타고 온 손 군 투지". 출전 당일 〈조선일보〉 기자 김동진과 손기정의 국제전화 통화를 보도한 기사(〈조선일보〉 1936년 8월 9일자).

의 호외가 일제히 가두에 뿌려졌다. 〈오사카마이니치〉·〈오사카아사히〉도 마찬가지였다. 평범한 조선인들뿐 아니라, 불교계 지도자 한용운, YMCA 총무 구자옥, 《삼천리》 주간 김동환 등 많은 지도자급 인사들이 다음날 아침의 호외를 통해 소식을 알게 되었다.[42]

시인 심훈도 그랬다. 그는 새벽에 배달된 호외를 보고 울컥하는 심경에 어쩔 줄 몰라 하다가 만년필을 찾았다. 그리고는 호외 뒷장에다 줄줄 써내려갔다.

오오, 조선의 남아여!

그대들의 첩보를 전하는 호외 뒷장에
붓을 달리는 이 손은 형용 못할 감격에 떨린다!
이역의 하늘 아래서, 그대들의 심장 속에서 용솟음치던 피가
이천삼백만의 한 사람인 내 혈관에도 달리기 때문이다.

'이겼다' 는 소리를 들어보지 못한 우리의 고막은
깊은 밤 승전의 방울 소리에 터질 듯 찢어질 듯.
우울한 어둠 속에 짓눌렸던 고토故土의 하늘도
올림픽의 성화를 켜 든 것처럼 화닥닥 밝으려 하는구나!
오늘밤 그대들은 꿈속에서 조국의 승전을 전하고자
마라톤 험한 길을 달리다가 절명한 아테네의 병사를 만나보리라.

"도처에 폭발하는 만세성!" "나의 아들이 우승! 실로 눈물이 앞을 막소." "대적할 선수 없어 손에 돌 쥐고 달려." 손기정 우승을 알리는 〈동아일보〉 호외. 문장마다 벅찬 감격과 기쁨이 넘쳐난다. 〈동아일보〉 8월 10일 호외 2면(위). 아래는 〈동아일보〉 8월 10일 호외 1면.

그보다도 더 용감하였던 선조들의 정령이 가편하였음에
두 용사 서로 껴안고 느껴느껴 울었으리라.
오오, 나는 외치고 싶다! 마이크를 쥐어잡고
전세계의 인류를 향해서 외치고 싶다!
'인제도 인제도 너희들은, 우리를 약한 족속이라 부를 테냐??'[43]

심훈의 시는 거의 모든 조선인의 감격과 흥분을 집약한 것이었다. 반도 전체가 뜨거워지기 시작했다. 먼저 달아오른 것은 북쪽이었다. 이날 낮, 기쁨에 취한 평양 시민 수백 명이 빗속에 가두로 진출해 "손 군 만세"를 외쳤다.

'마라손 왕' 손기정을 배출한 신의주제일보통학교 어린이 600여 명은 이날 오후 3시부터 깃발을 들고 신의주 시내를 행진했다. 신의주체육회가 주최하는 축하회가 이어졌고, 손기정이 한때 급사로 일했던 안동취인소의 직원들도 따로 축하회를 열었다.

남승룡의 고향인 전남 나주에서는 8월 10일 저녁 7시에 '나주 시민 일동'이 베를린의 남 선수에게 축전을 타전했다. 나주 시민들은 11일 오전 10시부터 나주청년회관에서 축하 기념회를 열 예정이었다. 그날 저녁에는 김교신의 동료이자 손기정의 선생인 양정고보 교사들이 모여 거나한 축하연을 열었고, 간도 땅 안동安東에서도 8월 12일 조선청년회가 주최하는 축하회가 열렸다.[44] 부산에서는 부산체육회 주최로 축하회를 열고 손기정 군 어머니에게 축전을 타전했다.[45]

신드롬! 신드롬!

신드롬은 전국적인 큰비 소식과 함께 퍼져갔다. 그해 여름 장마는 거의 두 달간 지루하게 이어지고 있었다. 품팔이를 해서 먹고 살아야 되는 노동자들이 일거리가 없었다. 서울 마포·용산 일대의 지게꾼, 날품팔이들이 굶주리고 있었고 남녘 마산의 노동자들과 그 가족들도 끼니 때 우기가 불안했다.[46] 장마전선은 반도를 오르락내리락하며 떠나지를 않았다. 엎친 데 덮친 격으로 태풍이 북상했다. 한강 상류인 충청도 충주 지방에 7월부터 20일간 계속된 비로 8월 12일 수면이 위험 수위에 다다랐다.

사람들은 1936년의 물난리가 을축년(1925) 대홍수 이래 최대 피해라고 입을 모았다. 8월 14일까지 사상자가 총 265명, 이재민이 6만여 명에 달했는데, 8월 14일부터는 낙동강이 범람하여 삼랑진, 구포, 양산, 김해 일대의 피해가 이루 말할 수 없는 지경이었다.[47] 주요 신문사들은 자체 '구호반'을 꾸려 구호에 나서고 있었다. 그러나 마라톤 우승 축하의 열기는 이와 별도로 계속 특필特筆했다. 특히 〈동아일보〉가 가장 열성이었다. 〈조선중앙일보〉는 상대적으로 '이성'을 갖고 있었으며 〈조선일보〉는 중간이었다.

8월 13일부터는 드디어 손기정과 남승룡의 화보가 주요 신문들의 전면을 차지하기 시작했다. 〈동아일보〉는 올림픽대회 기록영화 상영회를 준비하고, 마라톤 개선 선수를 기리고자 '스포츠 조선 세계 제압가'를 공모했다. 채택된 노래에 "악단 권위의 작곡을 붙여가지고 방송, 취입,

연주 방식으로서 삼천리 방방곡곡에 이를 퍼치려[퍼뜨리려]"할 예정이라고 했다. 또한 '축승란(祝勝欄)'을 따로 만들어 13도 각지 인사들의 축전·축문 등을 모아 실었다.

신문사마다 각 단체와 개인 독자들이 보낸 축전이 쌓여갔다. 손기정과 그 노모가 가난하다는 소식이 알려지자 각계각층에서 성금도 답지했다. 양정고보 앞 철공소에서 일하는 노동자 김제환은 "손기정 군의 승리에 기쁨을 마지 못하여 적은 것이나마 전하려 한다"며 10원을 내놓았

금의환향하고 돌아와 일본 고베 항에 내린 올림픽 육상 메달리스트들. 위에서 두 번째가 3단뛰기에서 금메달을 딴 다지마, 세 번째가 손기정, 앞에서 두 번째가 남승룡이다.

올림픽에서 우승 후 손기정이 가족 및 동네 주민들과 찍은 기념사진. 손기정의 세계 쟁패는 조선과 일본 열도를 들끓게 했다. 전국에서 축하회가 열렸고 유명 인사들의 축전·축문이 이어졌다.

다. 오사카에 사는 손윤현이라는 한 노동자는 "나는 조그만 공장의 직공이라 축전을 놓을 돈이 없다. 그러나 몹시 뜨거운 공장 안에서 흐르는 땀보다 더 뜨거운 눈물이 몇 번이나 흘렸는지 모른다. 내 평생 소원이나 달성한 듯 외지에 있어서 남보다 더 서러운 마음을 담았다"면서 〈동아일보〉에 축전을 보냈다.[48]

'축하'를 통해서 사람들이 모이고, 또 그를 통해 무엇인가 남기고자 하는 흐름도 이어졌다. 함흥 시민들은 예산 2만 원으로 기념 체육관을 건립하기로 했다(8. 9). 평안남도 안주군에서는 기념 축구대회를 개최했고(8. 22), 대구(8. 23), 경기도 개성과 함경도 북청(8. 25)에서는 각각 축하 마라톤대회가 열렸다.[49] 가난한 조선의 소년들은 손기정 같은 세계적인 마라톤 선수가 되겠노라고 뜀박질을 시작했다.

한편 대표적인 연극 극장인 동양극장은 청춘좌가 긴급히 만든 연극 〈손기정 만세〉를 무대에 올렸고(8. 23),[50] 단성사와 제일관에서는 오사카아사히사가 제공한 올림픽 실황 뉴스영화를 상영하고 있었다.[51]

귀국한 손기정 선수 일행을 맞이하러 나온 환영 인파. 깃발에 "마라톤 패권 획득"이라고 적혀 있다.

손기정이라는 표상

그랬다, 조선이 전 세계를 이겼다. 조선 반도 전체가 약 한 달간 뜨거운 열풍에 휩싸였다. 유난히 비가 많이 왔던 그해 여름, 조선 사람들은 수해 속에서도 노인부터 코흘리개까지 모두 '손기정'을 입에 달고 다녔다.

시상대 위에서 월계관을 쓴 머리를 숙인 채 일본국가를 들으며 묵묵히 서 있던 손기정의 모습은 1930년대 조선 민족의 표상이 되었다. 그것은 "수난의 (여)왕"(함석헌)이라는 근대 초기 조선 민족의 자아 이미지와 정확히 맞아떨어지는 것이었다. 손기정이 만든 신드롬은 차라리

시상대에 오른 손기정과 남승룡. 손기정은 머리엔 승자의 월계관을 쓰고 가슴 한가운데 선명한 일장기를 올리브 나무로 가리고 섰다.

한풀이였다.

사회주의와 결합해 비타협적인 '민족 해방 투쟁'을 전개한 소수의 민족주의자를 제외하면 일제 치하 조선의 민족주의는 이미 해외로 망명하여 없거나, 실력양성론과 결합한 사실상의 독립유보론이었다. 반도 안에서 원수인 일제와 정치적·군사적으로 대결하는 것은 불가능했다. 민족개량주의자들은 '문화'니 '교육'이니 하는 간접적인 그리고 환상적인 '실력'만을 기르고자 했다. 그래서 다름 아닌 스포츠가 문화민족주의가 발견한 가장 좋은 민족 실력 배양의 수단이었다. 그리고 손기정은 오래 준비된, 바로 그 스포츠를 매개로 한 문화민족주의의 정화精華였다.

학습되거나 훈련되지 않는 정서란 없다. 이데올로기는 단지 체계화된 사고나 이해관계의 반영물이 아니다. 이데올로기는 현실의 경험을 통해 학습되어 필요한 때에 정서적 반응으로 표출하며 이성을 압도해버린다. 그리고 표상과 의례를 매개로 하지 않는 이데올로기란 없다. 모든 이데올로기는 숭고한 영웅과 높이 펄럭이는 깃발, 그리고 아름답고 장중한 노래와 의식을 필요로 한다. 대중문화는 표상과 의례를 제공하는 데 가장 좋은 수단이다. 영화와 연극, 대중매체는 모두 손기정이라는 영웅의 탄생과 신드롬의 확산에 단단히 한 몫을 했다.

신드롬, 돈과 결합하다

올림픽과 손기정이 새로운 대중적 표상이 됨에 따라 자본은 이를 돈

벌이의 수단으로 이용하기 위해 나섰다. 호남은행 두취(은행장)였던 현준호는 손기정·남승룡의 학자금을 책임지기로 했으며, 종로 한경선양화점에서는 손기정에게 평생 신을 구두를 제공키로 했다.[52] 이런 사실들이 연일 신문에 크게 보도되었다.

일본 대기업도 손기정 신드롬을 마케팅에 이용했다. 유명한 맥주 회사인 아사히 맥주는 "(게양대)에 올라간 히노마루日の丸, 울려 퍼지는 기미가요君が代"를 메인카피로 뽑아, "집집마다 우량 아사히アサヒ로 축배!"하자며 일장기와 올림픽 스타디움 사진을 광고 배경으로 올렸다.[53] 손기정의 우승을 비롯한 일본의 승승장구로 맥주 판매량이 상승한 것이다. 긱코만 간장キッコマン醬油은 손기정이 결승 테이프를 끊는 유명한 사진을 광고 배경에 깔았다.

'세계 제패 축하' 문구가 큰 광고마다 삽입되기 시작했고, 눈길을 끌기 위해 오륜 마크와 일러스트도 사용했다. 대표적인 레코드 브랜드인 오-케 레코드는 9월의 신보를 소개하는 광고를 하며 오륜 마크를 사용했다.[54] 특히 당대 신문의 주요 광고주이며 '건강한 신체'와 직접 연관된 사업을 하는 제약업계의 광고 경쟁이 뜨거웠다. 제약회사들은 올림픽 승리를 연상시키는 카피와 일러스트를 사용하는 정도를 넘어 좀 더 적극적으로 신드롬을 이용하고자 했다. "피부병에 외용 상비약"인 '히후미 一二三'는 8월 25일자 〈동아일보〉에 전면 광고를 하면서 육상선수가 달리는 일러스트를 사용했으며, '외용약 묘후妙布'는 다음날 조간 6면에 전면 광고를 하면서 주먹만 한 활자로 "손·남 양 선수의 세계 제패

"올림픽 전사 손·남 양 선수의 세계 제패를 축하합시다!!" '외용약 묘후 妙布' 광고. 1936년 8월 26일자 〈동아일보〉.

'피부병에 외용 상비약'인 '히후미 一二三' 광고(오른쪽) 1936년 8월 25일자 〈동아일보〉. 상단에 마라톤 세계 재패를 축하하는 문구가 삽입돼 있다.

를 축하합시다"라고 박았다.⁵⁵

8월 14일 평화당주식회사는 건강 보조 식품으로 유명한 자사 제품 백보환百補丸을 광고하며 "세계 제일" 네 글자와 올림픽 메달을 상단에 크게 뽑고 그 아래에 "손기정 군 만세"를 썼다. 그리고는 "만인의 사랑을 받는 백보환은 올림픽 선수들도 이미 복용하고 있으"며 "금회 독일 백림올림픽 선수들도 애용"하고 있다고 선전했다. 이것이 허위 과장 광고가 아니라는 증거까지 들었다. 〈조선중앙일보〉 여운형 사장이 백보환 11통을 올림픽 출전 조선인 선수들에게 신문사 운동부를 통해 발송했다는 것이다.⁵⁶ 그러자 "일립一粒 강장제. 네오스 A. 동경 소재 아르스ァル ス 약품부"는 상대적으로 점잖게 올림픽을 이용하는 광고를 했다.

입추를 맞은 8월 25일자 〈동아일보〉 백보환 광고에서는 손기정의 상품화가 절정에 오른다. 이날 광고는 "금회 독일 백림올림픽 선수들이 애용한 보약은 사실 백보환뿐이며 백보환은 보혈 강장제로 과연 세계 제일"이라는 문구를 싣고, "백보환의 효력을 아직도 모르고 의심하고 복용치 않는 사람은 건강할 운이 없다"고 위협조로 썼다.

허위 광고를 잘 안 하기로 유명한 유한양행은 이러한 치열한 이전투구에서 한 발 비끼는 척하는 것이 오히려 자사 이미지에 도움이 된다고 판단했다. 손기정·남승룡이 거둔 성과가 시중 신문의 광고처럼 무슨 보제補劑나 강장제를 복용해서 얻어진 것이 아니고 자기 회사의 네오톤ネオトン 보제를 먹어서 그렇게 된 것도 아니라며 은근히 평화당을 비판했다. 두 선수의 우승은 약의 힘이 아니라, "그들의 강건한 신체적 자질,

견인불발堅忍不拔한 의지력, 세계 제패라는 최대 목적에의 불요불굴적 정열에서 울어난 열렬하고 지순하고 찬연한 결정"일 뿐이다. 하지만, 이것이 "우리 유한양행의 정신과 이상과 실제에 합치됨을 발견할 때 충심으로 양 군의 세계 제패에 만강滿腔의 경의를 드리지 않을 수 없다"는 것이다.[57]

손기정 신드롬은 그처럼 민족주의와 자본주의가 만들고 증폭하고 유지했다. 손기정 덕분에 일어난 그 신드롬은 민족주의와 자본주의가 만들고 증폭하고 유지했다. 신드롬은 일제의 힘에 의해 종식된 후에도, 큰 후유증과 넓은 공통의 '기억'을 만들 것이었다. 그러나 그것은 단지 당대의 자본과 민족에 의해 이용당하기만 한 것이 아니라 올림픽과 스포츠에 대한 새로운 가치와 상징을 창출해냈다. 또한 '자본-민족(국가)-미디어'의 삼각체제에 의해 유지 재생산되는 스포츠민족주의의 한국적 틀을 주조했다.

승리가 남긴 것

조선인의 승리, 상상적 현실

"남이라면 왜 그리도 두려워하였는가. 자기를 잊어서까지 남을 두려워할 것이 무엇이더냐."

1936년 8월 13일자 〈동아일보〉 사설의 첫 대목이다.[58] 남들이 우리 조선인을 어떻게 생각할까, 를 상상하는 것이 손기정에 의해 촉발된 감격의 한 본질이었다. 앞에서 본 심훈의 시도 손기정의 승리 앞에서 "인제도 인제도 너희들은, 우리를 약한 족속이라 부를 테냐"[59]라고 외치고 싶다 하지 않았는가.

20세기 초, 조선인들의 자아인식은 철저히 '타자의 시선'에 근거한 것이었다. 그 타자란 문명개화한 '서구 열강'과 그 대리자인 일본이었다. 잘난 타자들이 모여 '우승열패'를 경쟁하며 만든 '세계'를 어느 날 알게 되었는데, 거기에 조선은 아예 없었다. 또는 조선은 그 '우승열패'에 출전하자마자 패퇴한 열등아였다. 그런데 손기정의 세계 제패는 이 모든 것을 바꿔놓았다. 무엇보다 그것은 이제까지의 비겁하고 약한 '나'와 단절하고 '나'를 바꿀 것이기 때문이었다. 경쟁에서 당당히 승리한 경험은 민족적 자아를 '새 혼'으로 갈아 끼우고 재출발시키는 계기가 될 것이었다. 세계는 힘 없는 조선인에게 두려운 존재였으나 이제 두렵지 않았다.

올림픽은 '세계인의 잔치, 평화의 제전'이라는 미명을 쓰고 있지만, 전쟁으로 점철된 현실 세계가 스포츠라는 상상의 전투장으로 축소된 장에 지나지 않았다. 모든 신문이, 그리고 일반 조선인들이 축전을 보내면서 '정패, 제패, 성전' 따위의 말을 사용한 것은 우연이 아니었다. 그리고 단지 손기정의 우승을 묘사할 때만 전쟁과 관련된 단어가 사용된 것은 아니었다. 모든 스포츠 경기는 전쟁과 결부된 상상력을 불러일으켰다. 세계가 '우승열패'의 원리로만 움직여서는 안 된다는 사고는 난징과 아우슈비츠, 히로시마에서 수백만이 더 죽고 나서야 생겨날 수 있었다.

그런데 그 전투의 장에 참가할 수 있는 것은 식민지가 아닌 독립국가들이었기에, 열등한 조선인은 출전할 수 없었다. 한데 일곱이나 되는 조선인이 출전했고, 끝내 세계 정상에 섰으니 세계는 조선을 다시 볼 것이었다.

조선에서 가장 신중하고 냉혹한 현실주의자였던 윤치호조차 그것은 분명 '조선인의 승리'라고 말했다. 그러니 보통의 조선인들이야 오죽했겠는가. '삼천리 강산' 한 귀퉁이의 신의주라는 국경 마을에서 태어난, 우리처럼 흰 옷 입고, 가난 때문에 신문을 배달했던, 조선말을 쓰고 우리 학교를 다니는 그런 청년이 우승했다. 못난 우리는 '감격'의 눈물을 흘리면서 그와 함께 어깨를 걸고 싶었다.

그러나 '조선인의 승리'는 조선의 태극기를 내세우지 못한 채 '일본의 승리'로 공표됐다. 그런 점에서 조선인의 승리는 엄밀한 의미로는 한낱 '상상적 현실'이자 '심리적 현실'에 지나지 않았다. 다시 말해 '조선인'은 올림픽에 출전하지 못했다. 단지 일본 선수단이 출전했을 뿐이었다. 그리고 손기정의 우승은 제국의 돈과 실력에 의해 가능했던 것이 아닌가. 승리의 기쁨이 조선 민족에게는 현실이었지만 베를린에서 금메달을 딴 '기테이 손'은 분명 일본 선수였다. 베를린 하늘에 올라간 것은 히노마루였으며, 무섭고도 기괴한 '민족' 지도자로서 멋모르는 일본과 조선 청년들의 존경을 받았던 히틀러 총통과 악수한 이도 일본인 청년이었다. 베를린올림픽 일본 선수단 중에 조선이라는 식민지의 청년이 끼어 있었는지, 그 중 어떤 선수가 무슨 종목에 출전했는지 미국인이나 불란서 사람들이 알았겠는가.

이 민족적 열기를 무엇으로 바꿔낼 것인가

그러면 식민지인 채로, 그냥 세계에 이름을 떨치면 되는가? 감격하고 있는 조선 민중을 어디로 이끌 것인가? 이 에너지와 민족적 열기를 무엇으로 바꿔낼 것인가? 환각 속에서도 일부 조선인들은 손기정의 승리가 환각일 뿐 승리 자체는 아니라는 것을 어렴풋이 알고 있었다.

그래서 승리의 감격은 두 방향을 타고 갈라졌다. 조선의 민족주의자들이 택한 방향의 하나는 추상적인 것이었다.

〈동아일보〉1936년 8월 13일자의 사설 제목은 '청년들아 일어나자'였다. 일어나서 어디로? 일어나서 무엇을? 1919년과 1926년처럼 여기서 독립 만세를 부를 것인가, 아니면 저 동북 만주의 김일성이나 화북의 김두봉 부대 청년들처럼 총이라도 들라는 것인가?…… 이에 대해서는 그들은 말하지 않았다. 그저 일어나서 '세계'로 가자는, 막연한 구호일 뿐이었다.[60]

이런 무책임하고 추상적인 의기분발이 아니라면, 대중의 열기는 스포츠 그 자체 안에 그냥 잘 보관되면 될 것이었다. 이는 첫 번째 방향과 달리 아주 구체적이라서 지금 당장 조선 총독 각하에게도 건의할 수 있는, 그리하여 오히려 아무 의미가 없다고도 할 수 있는 요구였다.

8월 13일자와 정반대의 8월 15일자 〈동아일보〉의 사설이 그러했다. 그 제목은 '체육관을 건설하라 — 세계 제패의 차 기회에'였다. "조선인들은 민간 체육회 기구의 통일을 기원해 온 바였는데 이번이 찬스다. 그리고 합동으로 체육관을 건립하면 조선인 체육의 총참모부가 될 것이고 또 거기에서 대선수가 길러질 것이다. 그래서 4년 후 도쿄에서 치러질 올림픽에 더욱 힘 있게 참여하게 되기를 바란다"는 논조였다. 하나 4년 뒤에도 일장기를 달고, 일본인 선수인 채 도쿄올림픽에 참여해야 한다는 사실에 대해서는 언급하지 않았다.

《삼천리》가 실시한 설문조사에[61] 응한 지도자급 인사들도 딱 그 정도를 이야기했다. 〈조선중앙일보〉 편집국장 윤희중, 〈조선일보〉 주필 서춘, 이화여고보 교장 김창제, 조선물산장려회 정세권, 조선야소교장로 총회장 정인과 등이 모두 이구동성으로 '체육관 건립'을 말했다. 더 많은 손기정이 나오면, 총독부의 차별 정책이 시정되고 '내지內地'의 내각 대신들도 조선인들을 특별히 생각해줄 것인가? 그리고 조선인들도 마음을 열고 대일본제국의 신민이 되려 할 것인가?

결국 기념 체육학교, 도서관, 체육관의 건립 같은 조선인의 현실적인 소망조차 모두 물거품이 되었지만 조선인들은 손기정의 우승이 그저 '2천만 조선인의 승리'라고 굳게 믿고 있었다. 승리감에 도취한 조선인들은 이런 생각을 총독부와 내지의 일본인들이 어떻게 받아들일까를 생각하지 않았다. 총독부는 점점 기분이 나빠지고 있었다.

"제국 일본의 승리?"

서구인에 대한 깊은 신체적 열등감을 갖고, 스포츠를 국가의 사업으로 키운 것은 일본도 마찬가지였다. 패망 전의 일본은 1920년 앤트워프올림픽에서 은메달 2개를 따면서 올림픽에서 입상하기 시작하여, 1932년 로스앤젤레스올림픽에서 금메달 7개, 은메달 7개, 동메달 4개를 따는 최고 성적을 올렸다. 이런 호성적은 그들이 목매던 '탈아입구脫亞入歐'를 성취하고 있음을 세계 특히 유럽과 미국의 백인들에게 내보인 증거였을 뿐 아니라, 뻗어나가던 '대일본제국' 국력의 상징이었다. 더구나 일본은 1940년 올림픽을 도쿄에 유치해놓고 있었다.

그래서 베를린올림픽에 대한 일본인들의 기대도 당연히 높았다. 베를린대회에서 일본은 차기 올림픽 개최국답게 여러 종목에서 선전을 했다. 수영에서 얻은 네 개의 금메달을 포함하여 총 여섯 개의 금메달, 장대높이뛰기 등에서 네 개의 은메달, 남자 넓이뛰기 등에서 무려 열 개의 동메달을 땄다. 전체 순위는 7위였다.

열도의 일본인들은 손기정의 우승을 어떻게 생각했을까? 그들은 '손기정·남승룡의 우승은 일본 선수단의 쾌거이자 1억 일본인의 승리'라 생각했다. 우승 소식이 전해진 8월 10일 아침, 도쿄의 주요 일간지들도 경쟁적으로 호외를 냈다.

"二十四年の待望の實現! 孫マラソンに優勝す"
이십사 년 기다린 꿈의 실현! 손, 마라톤에서 우승
"マラソン世界制覇! 孫選手の力走"
마라톤 세계 제패! 손 선수의 역주
"覇業成る! マラソン門に到着の孫選手"
패업 성취! 마라톤 문에 도착하는 손 선수[62]

각각 〈도쿄호오치신문東京報知新聞〉·〈도쿄아사히신문〉·〈요미우리신문〉의 호외에 대문짝만 하게 뽑혀 나온 '미디시미다시(표세)'들이었다. 또한 도쿄의 주요 언론은 조선 언론보다 한 발짝 빠르고 정확하게, 베를린에서 전송된 사진과 손기정·남승룡·사토 코치의 인터뷰를 8월 10일자 조간에 실어 보냈다.

이런 보도 태도는 일반적인 일본 독자의 반응과도 일치했다. 한마디로 손기정의 우승은 〈요미우리신문〉의 말대로 "일본인의 피와 살로 세계 제패를 이룩한 역사적 환희"[63]라는 것이었다.

일본인의 승리? 당연히 조선인들도 그렇게 생각해야 했다. 그러나 이 또한 어이없는 착각이었다. 어떤 정신 나간 조선인이 그렇게 생각했겠는가? 우승한 당사자부터 전혀 그렇게 생각하지 않았다. 월계관을 쓴 채 시상대 위에 서 있던 손기정의 표정은 결코 자랑에 찬 승자의 것이라 할 수 없었다.

양쪽 사정을 두루 눈치 채고 있었던 조선체육협회 회장이며 총독부 학무국장인 도미나가富永는 일본의 승리이자 조선의 승리라고 절충하고 싶어했다.

> 전 일본 스포츠계가 대망하기 오래였던 마라톤 세계 정패가 드디어 우리 조선 건아 손·남 양 선수의 손으로 성공되었다 함은 참으로 기쁘다. 백림의 하늘 높이 대일장기가 둘씩이나 나부끼게 된 것은 일본의 영예는 물론 약진 반도의 위대偉大를 말하는 것이다.[64]

그러나 '일본의 영예이며 동시에 조선의 위대함'이라는 이 역사적 사건은 '내선융화', 혹은 '내선일체'에는 전혀 도움이 되지 않는 데로 귀결되고 말았다.

2장

운동장에서
민족을 만나다

조선이 암만 해도 나라가 되겠다, 왜? 축구를 잘 하니까

대군주 폐하 만세!

1897년 6월 16일 오후였다. 서울 동대문 남쪽, 훈련원[1] 주변은 사람들로 복작거렸다. 이날 훈련원 연병장에서는 큰 행사가 있었다. 관립 영어학교 학생들이 대운동회를 열었던 것이다. 정오가 지나면서부터 행사에 차출된 훈련원 군사들이 천막과 차양, 의자와 탁자, 보자기에 싼 음식 따위를 나르느라 정신이 없었다. 조선군 장병들 사이로 키 큰 코쟁이들이 오락가락하는 모습도 보였다. 영어학교와 영국공사관에 근무하는 서양인들이었다. 군사들은 훈련원 연병장 주변을 빙 둘러 붉은 깃발을 꽂았다. 귀빈들이 훈련원으로 들어가는 문과 대청 앞은 조선, 영국, 미국 국기로 장식하였다.[2]

오후 4시가 되자 각국 공사관·영사관의 외교관들과 그 부인들이 조선 군사의 호위를 받으며 입장하기 시작했다. 가마를 타거나 직접 말을 몰고 온 그들은 영어학교 교사들과 관헌들의 안내를 받아 중앙에서부터 착석했다. 좌석이 차고 나자 조선 관료들과 훈련원 장교들도 자리를 잡았다.

나팔 소리가 울리더니 드디어 이날 운동회의 선수이자 주최자인 영어학교 학생들이 입장했다. 총을 메고 각반(방한과 보호를 위해 발목에서부터 무릎 아래까지 감은 띠)을 착용한 모습으로 손님들이 있는 대청까지 발맞춰 행진했다. 평소에 영어학교 생도들은 제식 훈련을 받고 있었다.

학생 대표가 큰 소리로 중앙 대청의 손님들에게 경기 시작을 보고했다. 그러자 운동회 전체의 진행을 맡은 영국공사관 서기관 월리스가 영어로 이를 통역해 외쳤다. 같은 공사관 직원인 터너와 허치슨이 각 종목의 심판을, 헬리픽스가 경기 결과를 기록하고 게시하는 일을 맡았다.

이날 운동회에서는 총 12개 종목의 경기가 열렸다. 첫 번째 경기는 "300보 달음질"이었다. 이 경기는 "장성한 사람들"과 "좀 어린 사람들"로 나눠 따로 치렀다. 나이가 꽤 들어 보이는 20명이 출발선 앞에 섰다. 갓을 벗은 상투 바람이었다. 화약총 소리가 땅, 나고 순식간에 등수가 정해졌다. 송경선 생도가 일등이었다. 영어학교 전체에서 제일 걸음 빠른 청년답게 송경선은 "600보 달음질"에서도 우승했다. 이어 "좀 어린 사람들"의 300보 경주가 있었고 공 던지기, 멀리뛰기 경기가 이어지며 행사는 일사처리로 진행되었다. 학생들은 경기 방식과 룰에 익숙한 모습이었고 영어도 잘 했다. 그들은 경기를 진행하는 월리스나 심판들과 영어로 의사소통을 해 내빈들과 구경꾼들의 감탄을 자아냈다.

이날 운동회에는 높이뛰기, 1,350보 달음질 같은 필드와 트랙 종목 등 정식 육상 경기 종목과는 다른, 그야말로 '운동회'다운 종목도 있었다. "사람 둘이 세 다리 달리기"라든지 12명이 한 편이 된 "동아줄 당기기"가 있었고 외국인 내빈들이 출전한 "300보 달음질"도 열렸다. 이날 운동회의 마지막 하이라이트는 "당나귀 타고 달리기" 경주였다. 이 경주에는 20필의 나귀가 동원됐다. 말보다 몸집이 왜소하다곤 해도 나귀 20필이 한꺼번에 달리기 시작하자 연병장이 진동하고 먼지가 가득 일었다. 관중들도 모두 박수를 치며 환호를 보냈다. 이한구라는 생도가 이 경기에서 일등을 차지한 가운데 이날 운동회 경기는 모두 끝났다. 따갑던 태양은 서산 위로 옮아가 있었다.

연병장 바깥으로 물러나 있던 조선 학생들이 다시 모자를 쓰고 도포를 입은 모습으로 열을 지어 등장했다. 그들의 얼굴은 햇볕에 그을리고 눈은 모두 이글이글 빛났다. 내빈들과 관중들은 모두 힘껏 박수를 쳤다. 연병장 주변에 모여든 조선인 구경꾼들도 어느덧 1,000여 명이나 되었다.

시상식이 열렸다. 예정에 따라 시상을 맡은 영국 총영사 부인 '손죠' 씨가 자리에서 일어나 앞으로 나왔다. 손죠가 각 종목 수상자들의 이름을 하나하나 부르자 호명된 학생들은 재빨리 내빈석 앞으로 뛰어나와 장갑을 낀 손죠의 손을 가볍게 잡고 난 뒤 포장된 상품을 받았다.

이날 상품은 은으로 만든 회중시계·시곗줄·장갑·주머니칼·명함갑 들로, 조선에서는 구하기 어려운 진귀한 것들이었다. 대회를 주최한 영어학교와 영국공사관의 외국인들, 그리고 이들과 친분이 있던 조선인 개화파 인사들이 무려 300원이나 되는 돈을 추렴해 상하이까지 가서 직접 새로 사온 것이었다.

이윽고 시상식도 다 끝났고, 오늘의 모든 행사가 마무리될 때가 왔다. 학생들이 모자를 벗어서 발치에 내려놓았다. 그리고 목청껏 외쳤다.

"대군주 폐하 만세!"

내빈석에 있던 조선 관헌들은 흠칫하며 일어나서 모두 따라 손을 올렸다.

"대군주 폐하 만세! 대군주 폐하 만세!"

관중들도 함께 만세를 외쳤다. 어떤 이들은 노을 속에서 얼굴을 붉게 물들이며 감격의 눈물을 흘렸다. 학생들의 만세 소리는 어느 샌가 "천세千歲"로 바뀌어 있었다. 그들은 내빈과 영어학교, 영어학교의 선생들을 위해서 천세를 외쳤던 것이다.[3]

눈물을 흘리는 사람들은 조선에게도 희망이 있고, 이 나라가 구각을 벗고 새로운 역사를 시작할 수 있다는 가능성을 본 듯했다. 조선 젊은이들이 문명개화한 서양인들 앞에서 체육으로 기를 뽐낸 일은 아무리 보아도 조선이 세계 무대에 선다는 신기원 같았다.

많은 조선 사람들에게 오늘과 같은 운동회는 평생 보기 힘든 대단한 구경거리이기도 했다. 내빈과 구경꾼들이 저마다의 길로 흩어지면서 영어학교와 학생, 교사들을 칭찬했다. 1897년 6월의 영어학교 운동회는 본격적인 운동회 시대를 예고하는 상징적인 개막식이자, 육상경기 대회의 꼴을 취한 최초 행사로 그 조선인들의 머리에 오래 기억될 것이었다.

운동회의 시대

대한제국기(1897~1910)는 운동회의 시대였다. 황실과 정부가 그 흐름을 선도했다. 최초의 근대적 운동회는 1896년 5월 31일 관립 소학교 학원들이 훈련원에서 연 것이다. 이날도 정부 고관들과 교사들이 운동회가 끝난 뒤 애국가를 불렀다.[4]

이후 각 학교에서 운동회를 여는 일이 점점 빈번해지더니, 마침내 1898년 5월 28일 시내 6개 관립 외국어학교가 연합해 사상 초유의 대운동회를 열게 되었다. 대한제국 중앙 정부의 대신·협판·국장 등 관료들이 모두 이 대회에 찬조금을 냈다. 각 부처의 주사들까지 모두 1원씩 염출해 식당을 운영하고 거기서 남은 수익금을 서울 거주 빈민의 진휼전 보조금으로 사용할 예정이었다.[5]

이날 운동회가 연합행사다 보니 자연히 참가한 학교, 학생 수와 관중의 규모가 매우 커졌고, 서양 각국 공사관 직원들도 다수 참관했다. 참가 학교별로 복색도 달라 일어학교는 청색, 영어학교는 홍색, 아어(러시아어)학교는 녹색, 한성사범학교는 자주색, 법어(프랑스어)학교는 황색, 한어(중국어)학교는 주황색 띠를 사용하여 구분했다. 연합운동회가 개최된 훈련원 대청 동북 삼면은 각국 국기로 단장하고 중앙에 "대한국기"를 높이 세웠으며 그 양쪽으로 참가 학교의 교기를 세웠다. 대청 앞에는 "구름 같은" 차일을 치고 의자를 놓아 고관들과 초청된 외교관 부처의 자리를 마련했다.

구경꾼도 수천 명이 모여들어 이날 동대문과 훈련원 주변은 매우 혼잡하였다. 순검들이 경비와 정리 업무를 맡았는데, 그날 순검 김진명은 몰래 입장하려는 일반 관중들을 과잉 단속해 물의를 일으키기도 했다. 있을 법한 일이었지만 당시 언론은 외국인 손님들도 보는 앞에서 추태를 보였다고 야단이었다.

이날 종목은 "철구鐵球(대포알 던지기)"와 "방울 던져 맞친 것", "넓게 뛰는 것", "높이 뛰는 것" 등의 필드 종목과 "440보 달음박질", "100보 달음박질", "220보 달음박질"이 체급별로 열렸고, "줄다리는 것"과 "당나귀 달리는 것" 외에 씨름도 포함되어 있었다. 이날 입상한 학생들에게는 책상·수첩·자명종·주머니칼·연필·연필집 등과 함께 담배(지권련)와 물부리(담배 파이프), "서양 먹통"이 수여되었다.

이렇게 관립학교 연합운동회는 대한제국 정부가 주최하는 공식행사이자 국제적인 성격의 연례행사가 되었다.[6] 군악이 연주되고 정부 고관들과 황실 인사들이 참석하고, 애국가와 '황제 폐하 만세'가 제창齊唱된 이 운동회는 대한제국 시기에 수없이 열리게 되는 민간 운동회의 범례가 되었다.

태극기 높이 드니 만만세라

1896년 12월 3일자 〈독립신문〉 1면의 논설은 영어학교 학생들에 관한 이야기였다. 글은 이렇게 시작된다.

"어떤 사람들은 말하기를 조선이 암만 하여도 나라가 안 되겠다고 하여도 우리는 말하기를 조선이 암만 하여도 나라가 되겠다고 하노라."

〈독립신문〉의 논설자가 '암만 해도' 조선이 당당한 근대적 독립국가가 될 수 있다고 생각한 근거는 조선 인민이 일본 인민과 비교해 조금도 손색이 없는 "인종"이라는 것이었다. 일본도 30년 전에는 서양인들에게 "야만"으로 대접받았으나 개혁과 개방으로 오늘과 같은 괜찮은 나라가 되었는데, 우리 조선 사람이라고 해서 결코 그보다 못할 이유가 없다며 두 가지 증거를 들었다. 첫 번째는 배재학당 학생들이 토론 방법을 익혀 서구 사람 못지 않게 민주적으로 당당히 자기 의사를 표현하고 토론한다는 것이었고, 두 번째가 바로 축구였다. 영어학교 학생들이 오후면 운동장에서 공을 차는데, 달리기나 이기고자 투쟁심을 내는 활달한 거동이 일본 학생들보다는 "백 배 낫고" 미국·영국 아이들과 "비스름하다"는 것이었다.

스포츠는 그처럼 서구와 우리를 비교하고, 우리와 일본을 비교하는 잣대였다. 또한 스포츠는 서쪽의 문명국으로부터 바다를 건너온 가치여서 선진 문명 자체와 동일시되었다. 기독교가 문명을 상징한 것과 비슷한 일이기도 하다. 황성기독교청년회(서울 YMCA) 같은 단체와 기독교 신자들이 스포츠 보급에 열심이었던 것도 우연이 아니었다. 기독교와 연관된 서양인, 그리고 그들과 친분을 맺고 있던 조선인들이 스포츠를 보급하고 육성하는 중심 세력이었다.

1895년에 공포된 첫 번째 학부령學部令(현 문교부령)에는 이미 체조가 법정 교과목에 포함되었다. 관립학교는 국가 체육의 전진 기지인 셈이었다. 그리고 그 다음에 생겨난 민간의 신식 학교를 통해서도 체조와 축구, 야구가 보급되기 시작했다. 심지어 신식 서당에서도 체조를 가르치는 경우가 있었으나, 유감스럽게도 체육을 가르친 서원이나 향교는 없었다. 체육을 가르치지 않는 그들은 '문명'에서 탈락하고 있었다.

1906년 3월에 '대한체육구락부'라는 자생적인 체육단체가 결성되었다. 이 단체는 자주 황성기독교청년회와 축구시합을 했다. 12월 15일에도 훈련원에서 두 단체의 축구경기가 있었는데, 이날 대한체육구락부 팀이 '운동가'를 불렀다[7](뒷면에 있음). 그 노래는 황제에 대한 충성과 문명 그리고 독립을 '운동' 속에 잘 버무렸다.

스포츠라는 국가 사업

일본에서도, 그리고 유럽과 미국에서도 스포츠는 국민국가 만들기와 제국주의 강화라는 욕망을 실현하는 도구로 이용됐다. 거의 모든 대륙에서 전통과 국민의식을 주조해내기 시작하던 19세기 중후반, 근대 스포츠도 급속도로 퍼져갔다.

일본에서는 메이지 시대가 운동회의 시대였고, 일본 근대화의 선구자

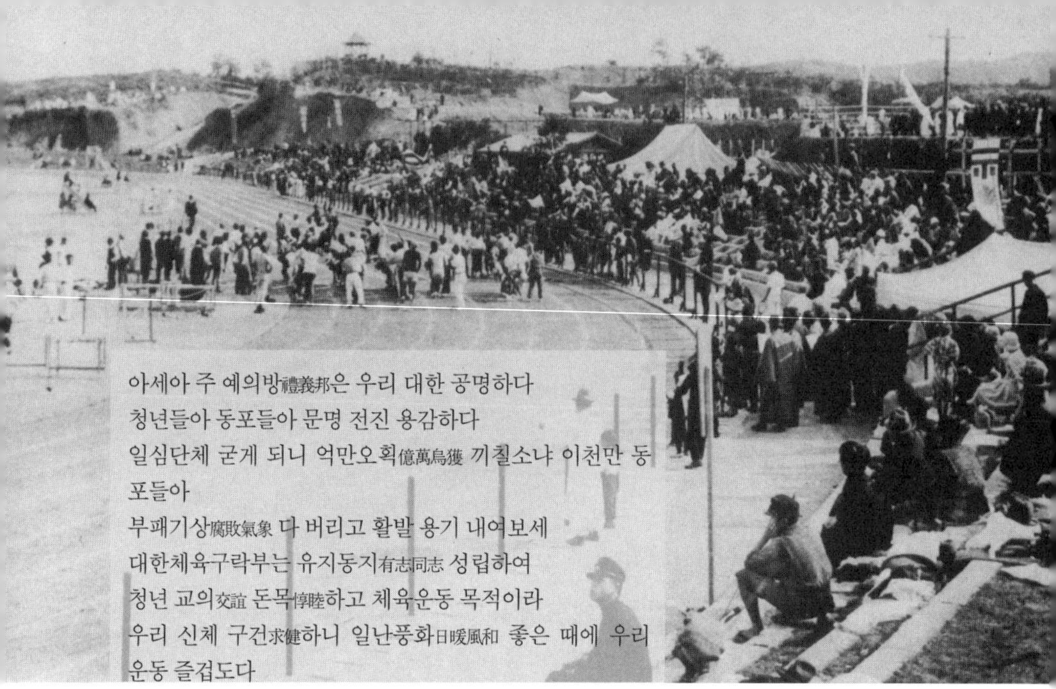

아세아 주 예의방禮義邦은 우리 대한 공명하다
청년들아 동포들아 문명 전진 용감하다
일심단체 굳게 되니 억만오획億萬烏獲 끼칠소냐 이천만 동포들아
부패기상腐敗氣象 다 버리고 활발 용기 내여보세
대한체육구락부는 유지동지有志同志 성립하여
청년 교의交誼 돈목敦睦하고 체육운동 목적이라
우리 신체 구건求健하니 일난풍화日暖風和 좋은 때에 우리 운동 즐겁도다

산악 같은 불변심은 제국 독립 기초로다
수신제가 근본되고 충군 애국 강령이다
일등 훈장 낙훈樂薰롭고 유방면세流芳面世 불후로다
우리 황상 성은으로 여민동락與民同樂 금일이라 동서양에 빛내도다
천만천만 천천세요 태극기 높이 드니 만세만세 만만세라[8]

동대문 근처에 있던 서울운동장에서 열린 운동회. 서구에서 건너온 스포츠는 선진 문명 그 자체였다. 국가는 스포츠를 통해 백성을 '국민'으로 육성했고, 국민들은 국가의 스포츠 보급 사업에 자연스럽게 동화되어 스포츠 민족주의를 체득했다.

대한체육구락부 회원들이 편을 갈라 축구 경기를 하고 있다(1906). 당시에는 이와 같이 체육단체와 신식 학교의 교육을 통해 스포츠가 보급되기 시작했다.

후쿠자와 유키치福澤諭吉가 스포츠의 보급과 확산에 이론적 기반을 제공했다.[9]

국가가 스포츠 보급에 앞장섰던 유럽의 사정도 별반 다르지 않았다. 때묻지 않은 아마추어 스포츠 정신의 정화라는 올림픽도 '순수'와 거리가 멀었다. 프랑스의 쿠베르탱 남작이 올림픽이라는 고대 희랍의 초종족적 페스티벌을 부활시키려 했을 때 애초의 목적 자체가 '평화'보다는 '전쟁'에 가까웠다. 쿠베르탱은 보불전쟁에서 패한 프랑스 국민의 사기진작을 위해 올림픽대회를 창시했던 것이다.[10]

그리하여 근대의 스포츠는 애초에 '순수'와는 거리가 멀었다. 스포츠는 의미와 표상과 이데올로기 안에서만 자라났다. 또는 스포츠는 여러 가지 의미들과 결혼하여 표상과 이데올로기를 낳고 키워냈다. 그 의미들 가운데에서도 가장 중요한 것은 '국가'와 '민족'이었다. 스포츠는 국민국가가 원하는 바요, 국민국가가 추진해야 할 사업이었다.

국가는 스포츠를 통해 백성을 '국민'으로 만들기를 원했고, 백성들은 스포츠라는 재미있고 새로운 의례 혹은 놀이를 통해 자연스럽게 국가라는 틀 속으로 자신을 가두었다. 국가와 학교의 울타리 안에서 스포츠민족주의는 무럭무럭 자라나기 시작했다.

근대 국민국가로 다시 태어나려 했던 조선도 스포츠가 국가를 위해 기능하기를 바랐다. 그런데 중요한 것은 1890·1900년대의 운동회에 내포된 민족주의와 1920년대의 스포츠민족주의가 섬세하게 다르다는 점이다. 1890~1900년대의 운동회는 위기에 처한 국가의 정세에 맞는

'충군애국'이라는 표상과 기표를 만들어가고 있었다. 이에 비해 1920~1930년대 스포츠민족주의에서의 '민족'은 달랐다. 국권을 침탈당한 한국의 근대 민족주의는 대타자, 즉 아버지의 기표를 잃어버린 채 전개될 운명을 지니고 있었기 때문이다. 하지만 처음부터 그랬던 것은 아니었다. 한국 근대 민족주의가 최초로 형성된 1890년대 말, 그 '누빔점quilting point'은 '황제 폐하'였다. 아버지가 놓일 그 자리에 아버지는 있었다.

국가에 의해 설 땅을 확보한 초기 스포츠는 국왕에 대한 충성을 맹세하는 의례를 동반했다. 대운동회가 관립영어학교에서 처음 열리고 〈독립신문〉에 대서특필된 것은 전혀 우연이 아니다. 영어학교는 1895년에 공포된 근대적 교육령에 의해 설치된 학교로서 서구적 근대 교육제도를 이식해보는 일종의 실험실이자 전시장이었다. 영어학교 학생들은 근대적 군사 훈련도 받았는데 그 근본 핵심은 운동회나 다를 바 없이 충군애국忠君愛國이었다. 1896년 5월 25일에 고종이 친히 지켜보는 가운데 이들은 러시아공사관 마당에서 군사 훈련을 시범했다. 영국인 해군장교가 학생들을 조련했고, 왕은 그를 친견하여 상품을 내렸다. 외국어학교에서 자라는 학생들은 국가가 키우는 예비 관헌이자 황제의 근위대였던 것이다. 따라서 연합운동회가 끝날 때 외쳐진 "대군주 폐하 만세"는 당연한 절차였다. 황제와 그 아들 또한 1909년까지 거의 매년 연합운동회에 힘써 참석했다.

스포츠는 충군애국의 수단으로 간주돼 황실의 적극적인 후원을 받았다. 그러나 언젠가부터 황제 폐하를 위한 만세 소리가 울려 퍼지는 운동장엔 일본제국이 보낸 조선 통감의 격려사도 등장했다. 역사의 물줄기는 크게 구부러지기 시작했다.

체육 없인 애국 열성도 소용 없다

이토 히로부미와 조선군 사령관 하세가와,
조선 운동선수들을 격려하다

1907년 10월 26일, 가을 연합대운동회가 열렸다. 여기에는 조선을 방문한 일본 황태자 '전하'와 '동궁', 즉 조선 황태자가 함께 참관할 예정이었다. 그래서 이 운동회의 준비는 여느 대회와는 또 달랐다. 학부에서 절차를 정할 위원을 정하고 연일 회의를 소집하였다. 그러나 일본 황태자는 일정이 바뀌어 일찍 출국한 탓에 이 대회에 참관하지 못했다.[11]

오전 9시 30분 무관 복장을 한 조선 황태자가 시종무관장 조동윤이 모는 마차를 타고 대한문을 지나 행사장으로 출발했다. 황태자는 미리 돈 500원을 학부에 하사해 학생들에게 줄 상품을 사는 데 보태도록 했다. 황태자 일행이 지나는 연도 좌우에 순사들이 늘어서서 "인민의 훤화喧譁를 금지"했다. 즉 길가 시민들이 떠들거나 소란을 피우지 못하도록 단속한 것이었다. 운동장에는 참가 학생들이 미리 집합해 도열해 있었다. 동궁이 운동장에 '임어'하자 참가 학생들과 관중들은 일제히 경례를 했다. 동궁도 손을 들어 답례했다.

무려 15개 종목이 열린 이날 행사에 대해 말들이 많았다. "머리 깎지 아니한 학생"은 참례하지 못했고, 황태자와 학부대신 명의로 하사한 선물이 모자라거나 못 쓰게 된 것이 많아서 학생들이 불만을 터뜨렸다.[12]

또한 행사의 주관자인 학부대신 이재곤李載崑이 무슨 생각에서인지 기생 둘을 데리고 행사장에 나타나 말썽이 났다. 궁내부 주전원主殿院 과장 이겸재가 순검을 시켜 기생을 내쫓으려 하자, 학부대신이 "내가 데리고 온 기생이니 그만두라" 했다. 이겸재는 주눅 들지 않고 "운동회가 원유회가 아니오, 하물며 황태자 전하께옵서 친림하시는 운동회에 웬 기생이냐"며 대신에게 맞짱떴다. 여론도 학부대신을 비판했다.[13]

일본 황태자가 참석하지 못한 대신, 그날 운동회장을 방문한 것은 이토 히로부미伊藤博文 조선 통감과 하세가와長谷川 조선 주둔군 대장이었다. 순종이 그랬던 것처럼 이들도 경찰의 엄중한 경호를 받으며 운동장에 나타났다. 다음 해에 열린 연합운동회에도 이 두 사람이 친히 참석하고 '격려'했다.

조선 청년·학생들의 무武와 충忠을 고취하기 위한 운동회에 제국의 통치자들이 참여한 것은 아이러니가 아닐 수 없었다. 1907년과 1908년, 반도 곳곳에서는 의병 투쟁에 나선 조선 민중들과 일본군이 '진짜' 무와 충을 겨루고 있었기 때문이다.

애국계몽 지식인들의 체육 담론

국권 상실의 위기가 구체화되던 1905년 이후 '체體'라는 완전히 새로운 가치는 지知·덕德과 같은 전통적 덕목과 어깨를 나란히 할 정도로 중요해졌다.[14]

1907년, 김희선은 《서우西友》에 〈체육의 필요〉를 기고해 애국계몽기 지식인들이 가지고 있던 체육에 대한 전형적인 생각을 피력했다. 그는 국민 교육 중에 필요한 두 가지가 "학육學育"과 "체육"이라면서, 체력이 온전치 못하면 심력心力이 약할 것이고, 심력이 약하면 학문상 큰 손실과 장애가 있으니 결국 지식의 활동이 체육에 좌우된다 주장했다.[15] 체육에 1차적 중요성을 부여한 것인데, 이는 전통적인 유교적 세계관에서는 발견되기 어려운 새로운 사고방식이었다.

김희선은 이러한 생각을 당시 국제정세와 국가적 위기의 문제에 연결시켰다. 그는 우리 "국민"[16]이 수백 년 동안 문약文弱에만 빠져 있는 바람에 임금에 충성하고 애국하는 마음은 있으나 용감하게 분발하는 마음은 전혀 없다고 했다.

> 오호라, 범 우리[我] 동포 형제여. 세계 열국의 독립사와 중흥사中興史를 읽어보시오. 학육도 학육이지만 결국 독립과 중흥의 최후 수단은 무예였고, 무예적으로 나가는 경우에도 체육이 없다면 애국의 혈성血誠이 있어도 소용없다.[17]

김희선은 곧 이 단계의 '체육'을 상무尙武정신과 연결시켰다. 상무는 조선의 통치 이념인 '숭문崇文'에 정확히 반대되는 개념이며, 문약의 병폐를 치료하기 위한 약으로 간주되었다. 문약 때문에 나라가 망했다는 식의 생각은 이미 상식의 하나로 자리잡아갔는데, 대한제국은 조선과 달리 적극 체육을 장려했다. 가장 민족주의적인 색채가 분명했던 박은식·신채호 등 〈대한매일신보〉의 논객들은 운동회를 크게 보도해 "문약지폐"를 치유하고 상무정신을 고취하려 했다.[18]

이런 맥락에서 운동회의 입장식에 선수들이 총을 메고 나타나고, 운동회에 대포알 던지기 같은 종목이 끼어 있었던 것은 자연스러운 일이었다. 1890년대와 1900년대에 걸쳐 속속 생겨난 각급 학교들에도 체육(체조) 과목이 포함되었고 이를 가르칠 교사가 따로 없었기에 교사는 군인들로 충당되었다.

무를 닦고 몸을 만들어서 과연 무엇을 할 것인가? 1907년은 을사조약에 의해 외교권을 상실한 지 이미 2년째가 되는 해이자, 조선 군대가 강제로 해산된 해이다. 돌아가던 형세에 비하면 사실 문약에 대한 반성은 전혀 예지도 선견도 아니었다.

상무는 기실 체육에 대한 예찬이나 무장 투쟁에 대한 기억을 환기하는 것에서가 아니라, 직접적인 무장 투쟁을 통해서만 실천될 것이었다. 그러나 삼남의 일부 유생과 농민들이 일본군과의 투쟁에 나섰을 뿐 당시 주류 사회는 대부분 이런 무장 투쟁을 소란이나 폭동으로 간주하거나 '비현실적'이라 생각했다. 그래서 이 단계의 체육 담론은 당시 지식인 담론의 지배적 형태가 그러했듯이 서양 국민의 애국주의를 예로 끌어들일 수밖에 없었다. 생각과 현실이 따로 놀았던 것이다.

체육, 민의 손으로

국가의 힘이 점점 약해지는 한편, 스포츠 자체의 재미가 크게 알려지자, 스포츠는 점점 '민民'의 손으로 넘어갔다. 1900년대 중반 이후 각지의 사립 학교들도 봄·가을로 운동회를 열기 시작했다. 1896년부터 1910년까지 총 213회의 기록에 남은 운동회가 열렸는데, 1907~1909년에 가장 활발했다.[19] 운동회가 그야말로 전국에 각계각층으로 번져갔기 때문에 운동회의 선수로 나서서 땀을 흘리며 달린 이들은 번듯한 신식 학교에 다니는 청년학생들뿐만이 아니었다. 점잖은 궁의 관리와 법관들, 시골의 농투성이들, 그리고 양반집 규수였던 여학생들까지 운동회의 선수들이었다.

1909년 5월 12일자 〈대한매일신보〉에 의하면 황해도 장연군에 사는 성씨 부인이 나이 일흔에 운동회를 보고 감격해, 인근에서 열리는 운동회마다 열성적으로 돈을 기부하여 칭찬을 받고 있다 했다. 같은 해 6월 황해도 신천군에서 열린 학교연합운동회에서 신천 군수의 부인이 관중들 앞에서 여자 교육의 시급성에 대해 연설했다.[20]

여성을 포함한 모든 계층이 '운동'하는 세태를 의식하여 1910년 6월 8일 〈대한매일신보〉 1면의 사회풍자란 '헛수작'에는 "아, 제기랄, 참,

1906년 5월 4일
동소문 밖 봉국사(奉國寺)에서는 관립법어학교 운동회가 열렸다. 이날 종목 중에 축구가 있었다.

1906년 6월 10일
대한체육구락부가 발족하고 이를 축하하는 운동회가 개최되었다.[21]

1908년 5월 3일
대동전문학교가 성균관 비천당에서 고종 황제가 친히 관람하는 가운데 '운동식'을 열었다. 또 평양 각 학교가 서울에서 열릴 관·사립학교의 춘계대운동회에 파견할 선수 200명을 선발하는 대회를 연 날이기도 했다.[22] 명신여학교는 이날 복서농상소에서 운동회를 열었다.

1908년 5월 3일
경희궁 안에서 여학교 운동회가 열렸는데 총리대신 이완용이 경비 50환을 보조했다.

1909년 4월 24일
서대문 밖 서릉리에서 '법관 운동회'가 열렸다. 5월 9일에는 내부 경시청이 장충단에서 운동회를 열었는데 관리 300명으로부터 회비 각 1원씩을 거뒀다.

1910년 2월 6일
일본인 신문기자가 발기해 한강에서 '빙상운동회'가 열렸다. 일본군 사령관과 관련된 일본인들 수백 명이 이를 구경했다.[23]

1910년 5월
서울 배오개와 왕십리에서 영업하는 담배 장사들이 연합운동회를 준비하였다.[24]

각 학교 각 관청 각 교회 각 사회 심지어 각 조합 그 외에도 망둥이 꼴뚜기 집게발이 딸각발이 등 모두 운동회를 하더마는 우리 노동자들은 운동 한 번 못하고 밤낮 이렇게 허덕거리다 죽는단 말인가"라는 말이 나온다. 그러나 1909년 4월 3일에 용산인쇄국 노동자 800여 명이 공덕리에서 운동회를 연 적이 있었다.[25]

이 땅에서 축구·야구·농구 같은 중요한 팀 스포츠 종목의 첫 번째 공식 경기는 서양인들에 의해 치러졌다. 물론 축국蹴鞠·탑국 등으로 불린 공차기는 아주 오래전부터 있었다. 1896년 5월 관립영어학교 학생들이 "발 공치는 법"을 배웠다는 것과, 1906년 5월 4일 관립법어학교 교사 프랑스인 마텔Martel(마태을馬太乙)에게 축구를 배운 학생들이 학교 운동회에서 축구를 했다는 기록이 남아 있다.[26] 축구는 어떤 종목보다 더 빨리 가난한 조선인들을 사로잡아 전국으로 축구가 보급되었다. 길례태吉禮泰라 불린 황성기독교청년회 초대 총무 미국인 질레트Gillett는 미국산 스포츠인 야구와 농구를 조선에 퍼뜨렸다. 그는 황성기독교청년회원과 관립덕어德語(독어)학교 간의 최초의 야구시합을 조직했고(1906. 2. 17), 1907년 봄에 역시 황성기독교청년회 회원들에게 농구를 가르쳤다는 기록을 이 땅에 남겨놓았다.

스포츠 보급이 계속 열기를 뿜는 가운데 대한제국은 식민지로 전락했다. 1910년대, 이제는 일제가 학교 체육을 장려하고 나섰다. 체육을 키우고, 체육이 충성을 바쳐야 할 '국가'가 이제 조선에서 일본으로 바뀐 것이다. 일제는 체육을 조선 민족이나 이미 망해버린 대한제국과는

YMCA야구단의 지방 원정을 앞두고 찍은 기념사진. 우리나라에도 원래 '축국', '탑국'과 같은 공차기 운동이 있어왔지만, 오늘날의 축구는 서양 선교사들에 의해 보급되었다. 질레트 선교사(앞줄 맨 오른쪽)는 야구와 농구를 가르쳤다.

황성기독교청년회 초대 총무였던 질레트가 건립한 황성YMCA회관. 1908년에 완공되었다.

가슴에 '1912'라는 숫자를 단 황성YMCA야구단. 황성YMCA야구단이 우리나라 스포츠 사상 최초로 해외 원정을 떠난 해를 뜻하는 숫자다. 이듬해 총독부가 식민지 조선인의 체육을 '민족'에서 분리시키는 와중에 민간 체육의 한 축이던 YMCA는 일제의 탄압을 받았다.

상징적 의미에서조차 철저히 분리시키고자 노력했다.

총독부는 대한제국 시대부터의 연합운동회의 성격을 변화시키고, 105인사건을 빌미로 민간 체육의 한 축이던 YMCA, 즉 황성기독교청년회를 탄압했다. 기독교인이자 한국 스포츠 발전에 지대한 공을 세운 윤치호는 투옥되었고 질레트는 미국으로 추방되었다.[27] 1915년에 발포된 조선총독부령 제24호의 사립학교 규칙에 따라 사립학교 체조 교사로 포진한 구한국 군인은 일본인들로 대체되어야 했다. 이런 과정을 겪으며 '황제 폐하 만세'와 함께 무武와 한 덩어리로 엉켜 있던 '체육'이나 '운동'은 한편으로는 점차 자율성을 획득해서 '스포츠'로 변화될 것이었다. 그리고 그 스포츠는 1910~1920년대를 거치며 1890~1900년대와는 다른 방식으로, 다시 '국가'와 '민족'과 결합될 것이었다.

운동장 속 '상상의 공동체'

부르주아민족주의자들의 조선체육회

1920년 7월 13일 드디어 조선체육회가 발족했다. 경성직물회 사장 유문상劉汶相, YMCA야구단 출신 이원용李源容 등이 앞장을 섰고, 〈동아일보〉와 문화민족주의자들의 후원이 바탕이 됐다.[28]

90여 명의 발기인이 모였는데 교육계와 언론계 인사들을 망라했다. 당시 〈동아일보〉 주필이던 장덕수가 발기인 모집에 앞장을 섰다. 설립 총회에서 보성전문학교 교장 고원훈, 장덕수, 조선은행 행원 임경순, 변호사 이승우, 보성고보 교장 정대현, 유문상, 이원용 등이 이사진으로 선출됐고, 휘문고보 교장 임경재가 평의원회 회장직을 맡았다.

조선체육회 창립에 즈음하여 나온 〈동아일보〉 사설 '조선체육회에 대하야'(7. 16)의 부제는 '민족의 발전은 선상한 신체로부터'였다. 이 축하 사설은, 조선에 통일된 체육 후원·장려 기관이 없다는 것은 "국제연맹의 규약으로써 세계 인민의 건강 증진을 규정하며 세계적 경기 대회가 연년히 도처에 개최되는 차시에" 개인들의 유감이며 실로 조선 민족 단체의 일대 수치라 했다.

　조선체육회 회장은 초대 장두현, 2대는 고원훈, 3대 최린, 4대 박창하, 5대 이동식 등으로 이어지다가 신흥우(7·15대), 윤치호(9대), 유억겸(8·10·12대) 등 기독교 계통의 부르주아민족주의자들이 회장직을 맡게 된다. 모두 기호畿湖 지방 출신에다 YMCA에서 활동한 인사들이었다. 이들과는 계보가 전혀 다른 여운형(11대)은 해방 이후 회장을 맡았다. 신흥우가 1925년에 회장직을 맡은 이래 윤치호·유억겸 회장으로 이어진 기간은 무려 13년. 조선체육회가 해체된 1938년까지다. 한국에서 체육이 근대 스포츠로서 완전히 자리를 잡고 꽃을 피운 전체 기간이라고 할 수 있다. 한국 스포츠 발전에 기독교 계통의 부르주아민족주의자들이 결정적인 역할을 했음을 여실히 보여주는 증거다.[29]

1920년 11월 4일
제1회 전조선야구대회
배재고보 운동장

1920년 5월
평양운동단과 진남포금강단의 축구시합
대구 계성학교와 마산 창신학교의 축구시합
평안도 선천에서 신성중학과 평양 숭실전문의 야구시합

1920년 6월
대전청년구락부와 논산청년구락부의 야구시합

1921년 2월 11일
제1회 전조선축구대회
배재고보 운동장

1921년 5월 14일
전주청년회와 광주청년회의 축구시합

1921년 4월
경남 마산구락부와 의령청년단의 야구시합
부산 동래청년구락부와 구포청년회의 야구시합

1921년 10월 15일
전조선 정구대회
보성고보 코트

1921년 5월 21일
평양 YMCA가 창설한 전국축구대회에서 서울의 휘문고보 우승

1921년 7월
호남야구대회

1922년 6월 8일
제1회 황해도축구대회

1922년 8월 13일
함경도 청진에서 북선北鮮 축구대회

1924년 6월 14일
제1회 전조선육상경기대회

지방에서 전국, 전국에서 국제로

'상상의 공동체'는 운동장에서 넓어지고 단단해지고 있었다. 각종 경기와 체육대회를 통해서 같은 복장을 입은 신의주와 부산, 함흥과 목포 사람이 만나고, 평양과 서울이 같은 룰을 지키며 대결해 '조선 최고'를 가릴 것이었다.

조선체육회가 주최하는 '제1회 전조선' 야구·축구·정구·육상 경기대회가 잇달았다. 당연히 이들 '전조선' 대회는 '지역'을 바탕으로 한 것이었다. 물론 지역 간 팀 대결은 1910년대에도 있었지만, 1920년대 지방 팀이 활발하게 생겨나면서 더 본격화되었다. 비록 조선 백성들에게 국가는 없었지만, 적어도 경기장에서 국기를 단 유니폼과 그를 응원하는 흰 옷 입은 동포를 상상하는 것은 어렵지 않았다. 스포츠 선수들이 바다를 건너다닐 때 그 '상상'은 더욱 확실하고 구체적인 현실이 되어갔다.

도쿄 유학생 야구팀이 최신식 유니폼과 스파이크를 신고 나타나 국내팀들에게 충격을 준 1909년 이래,[30] 도쿄 유학생팀은 늘 조선인 전체에게 뜨거운 관심의 대상이었다. 1920년 7월 20일 도쿄 유학생 야구·축구·정구 선수단이 엄청난 환영 속에 귀국해 3·1운동의 기억이 남아 있던 전국의 도시들을 열기로 채웠다. 이들의 순회 목적은 '계몽' 그 자체였다. 연설·토론회나 연극과 함께, 운동경기는 신문명과 근대성을 전파하는 하나의 수단이었다. 이들은 이후 해마다 팀을 조직해서 '고토故土'의 팀들과 경기를 가졌다. 1922년 8월 3일에는 상하이동포학생축구단이 고국의 팀과 경기를 하기 위해 귀국했으며, 1923년 7월 5일에는

하와이 이주노동자 2세 학생들이 야구팀을 만들어왔다.[31]

그리고 그 다음 해, 1924년 6월에 중앙YMCA야구단이 이들을 답방했다. 이 팀의 주장은 윤치영이었다. 그는 윤치호의 사촌동생이자 윤보선의 삼촌뻘이며, 대한민국이 생긴 뒤에는 이승만의 측근으로 내무부장관과 국회부의장, 공화당의장을 맡았다. 당시 그는 중앙고보의 야구 코치도 맡고 있었는데, 윤치호가 하와이로 가서 시합도 하고 이승만을 만나보라고 했다. 윤치영이 이끈 팀은 하와이 동포의 열렬한 환영을 받으면서 하와이의 일본인팀과 경기를 했다. 결과는 4대0 패배였다.[32]

숙명과의 조우 ― 한일 대결

스포츠경기 때문에 조선인들이 외국에 나가는 일도 차츰 늘어났다. 그 또한 스포츠로 '민족'을 일깨우고 아로새기는 데 일조할 것이었다. 그러나 세계로 나가기 전에 조선인들은 먼저 일본인들과 맞닥뜨려야 했다.

1910년대 이래 조선인들은 조선에 와 있던 일본인들, 그리고 '내지'의 일본인팀과 수없이 많은 시합을 치르게 된다. 스포츠에서도 일본인들이 던진 자극은 언제나 울분과 발전의 동력이 되었다. 조선의 스포츠는 그들과 교류하고 경쟁하며 커갈 것이었다. 그것이 운명이었다.

1911년 유학생 야구팀과 황성기독교청년회팀이 연합팀을 조직해서 일본인들로 구성된 동양협회전문학교 경성분교팀과 시합을 가졌다. 그리고 이 연합팀이 선수를 보강해서 1912년 10월에 일본 원정길에 나섰

조선에서의 일본인들끼리의 경기

식민지에 진출한 일본인들은 우선 자기들끼리 열심히 경기를 하고 단체도 만들었다. 경성은행 등에서 여러 종목의 실력 있는 아마추어팀들이 나타났고 경성일보사와의 경성은행 등이 중요한 스폰서 역할을 했다.

1911년
경성일보사가 주최한 제1회 경룡京龍정구대회가 열렸다. 같은 해에는 대구에서 일본인들의 우인구락부友人俱樂部가 정구대회를 열었는데 대구 농공은행, 조선은행 대구지점, 경북도청 등의 선수들이 참가했다.

1917년 7월 16일
저녁 7시 반, 와세다 대학 야구팀이 남대문역에 도착했다. 대일본제국의 영토가 되어가던 만주 대륙의 각지를 돌며 장춘長春, 만철팀 등을 연파하고 난 뒤였다. 당시 아시아에서는 와세다 대학에 맞설 팀이 없었다. 이들은 서울에서 일본인들로 구성된 용산철도팀, 그리고 재조 일본인연합팀과 경기를 치뤘다. 여행과 시합으로 인한 피로에도 불구하고 이들은 단단히 한 수 가르쳐준 뒤 도쿄로 돌아갔다. 조선신문사가 연 이 경기는 한국에서 열린 최초의 유료 입장 경기였다.[33]

1915년
경성공론사 주최로 소년야구대회가 열렸으며, 그해 경룡정구대회는 벌써 제7회를 맞고 있었다.

1918년
메이지 대학과 호세이 대학팀이 역시 일본인팀들과 경기를 하고 돌아갔다. 당시 일본인 야구팀은 경성구락부와 경성은행팀이 주로 활약했는데 이들은 일본의 대학팀보다는 명백히 한 수 아래였다. 그러나 이들도 조선 학생팀보다는 확실히 윗길이어서 경신학교나 경성의전 등은 그들의 상대가 되지 못했다.

1916년 10월 31일
다이쇼大正 천황의 생일인 천장절 경축일에는 승마대회도 열렸다. 조선의 산하가 좋고 야생 동물이 풍부해 사냥을 좋아하게 된 재조在朝 일본인들이 수렵회를 조직한 것도 이 무렵이었다. 모두 '그들만의 리그'였다. 그리고 조선과 일본 내지의 일본인들이 제국의 본토와 '외지'를 오가며 경기를 하기 시작했다. 왜성구락부, 경성우편국팀의 일본인들은 1911년부터 내지인팀을 불러다 야구 경기를 시작했다.

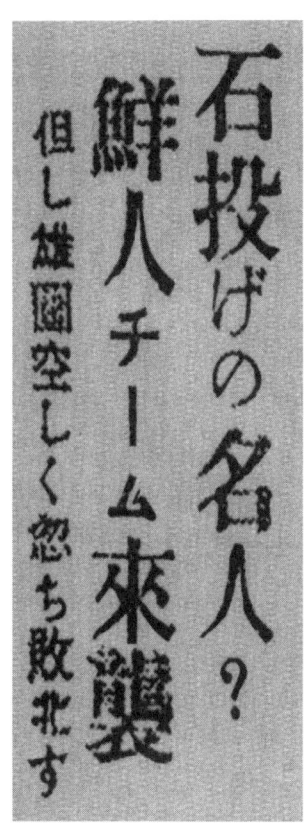

"돌팔매의 명인 조선 야구단이 오다!" 황성YMCA야구팀이 일본에 원정을 가게 되자 일본 현지 언론들은 대서특필하며 지대한 관심을 보였으나, 조선팀은 기대에 한참 못 미치는 형편없는 경기를 보여수며 참패했다.

다. 기록상 조선에서 야구경기가 처음 열린 것은 1906년 2월 11일 황성기독교 청년회팀과 관립영어학교팀의 경기였으므로, 따지고 보면 그로부터 약 6년 뒤였다.

당시 도쿄의 〈고쿠민신보國民新報〉는 "돌팔매의 명인 조선 야구단이 오다石投げの名人朝鮮野球團來る"라는 제목의 기사를 뽑았지만, 벌써 수십 년의 연륜을 쌓고 있는 일본 정규팀과 겨룰 만한 실력은 아니었다. 첫 경기인 최강 와세다 대학과의 경기에서 무려 23대0으로 패했다. 메이지 대학에 11대1로 패배한 것을 비롯, 도지샤 대학(10대1), 마포중학麻布中學(7대3)에 연거푸 지다가, 단 한 번, 정칙영어학교에 6대2로 이길 수 있었다.[34] 23대0은 1910년대 초의 한국과 일본의 차이, 이미 근대화에 성공한 나라와 이제야 근대화를 시작한 나라 사이에 존재하는 힘의 차이를 나타내주는 숫자라 할 수 있겠다. 이 일은 조선인 선수들에게 큰

자극이 되었고, 이후 조선과 일본의 야구 교류는 더 활발해졌다.

일부 온건한 일본인들은 이러한 체육 교류가 한일 간의 상호 이해를 증진시키고 서로의 존재에 대해 환기시켜 결국 '내선일체'에 도움이 되리라고 믿었다. 예컨대, 누가 시킨 것도 아닌데 최초로 《조선야구사》(1932)를 쓴 오오시마大島勝太郞 같은 일본인이 그렇게 생각했다.[35]

하지만 이는 순진한 스포츠맨의 착각에 불과했다. 식민지에서 탄생한 순간 한국 스포츠의 숙명은 결정되었다. 꼭 더 필요했던, 혹은 일방적인 게임으로 끝난 진짜 한일 대결을 보충하고 대리 충족하기 위해, '한일대결에서는 무조건 이겨야 한다'는 숙명 말이다.

1913년 4월 13일 〈매일신보〉와 〈경성일보〉가 공동 주최한 전조선자전거대회가 열렸다. 엄복동嚴福童이라는 대스타가 등장한 바로 그 대회였다. 일본의 일급 선수들이 현해탄을 건너올 만큼 이 대회의 열기는 대단했다. 총독부 기관지인 〈매일신보〉가 웬일인지 대결의식을 부추겼다. 우승이 내지인 선수에게 돌아가면 "조선 선수의 대수치"요, 조선인 선수가 우승하면 "내지인 선수의 대수치"라는 것이었다. 일본인 선수들은 조선인 선수들에게 우승을 빼앗기지 않기 위해서 "자양물滋養物"을 먹고 "적의適宜한 운동"을 하였으며, 재조 일본인 상점과 유지들이 막대한 후원을 하고 선수들의 동기 유발을 위해 부상副賞도 엄청나게 내걸었는데, 조선인들은 그렇지 못해 안타깝다는 말도 썼다.[36]

1911년에 창단된 서울 오성학교야구부는 조선인 학생팀 중에서, 용산철도는 서울의 일본인팀 중에서 최강이었다. 1913년에 이 두 팀은 여러 번 격돌했는데 그때마다 연륜이 짧은 오성이 졌다. 그러나 1년 만에 다시 가진 시합에서는(1914. 10. 10) 달랐다. 14대13으로 오성학교가 극적인 역전승을 거뒀다. 스코어가 말해주듯 이날 경기는 너무 뜨거웠다. 오성은 8회까지 10대13으로 리드당했으나, 투수력이 바닥 난 '철도'를 두들겨 9회에 대거 4점을 뽑아 극적으로 역전했다. 야구장에서 가끔 '운명의 9회'에 벌어지는 거짓말 같은 일이 일어난 것이었다. 분을 참지 못한 일본인 응원단이 단장短杖을 휘두르며 경기장에 난입했다.[37]

조선인과 일본인들은 운동장에서 서로가 서로의 숙적임을 금세 알아차렸다. 총독부의 고위관리들이 입버릇처럼 지껄이던 '우호 증진'은커녕 인종주의적 사회진화론에 감염된 일본인들은, 운동장에서조차 '열등한' 조선 인종에게 지는 것을 참지 못했다. 그러나 조선인들도 '왜놈'들에게 지기 싫어하는 것은 마찬가지였다.

1919년 2월 18일 조선체육협회가 일본인들의 힘으로 출범했다. 공식성을 띤 가장 큰 체육단체였다. 조선신문사에 사무실을 둔 이 협회의 초대 회장에는 조선은행 총재였으며 〈경성일보〉 고문이었던 미노베 도시키치美濃部俊吉가 취임했다. 설립 당시 협회의 회장부터 간사까지 전원이 일본인이었다. 조선체육협회도 '전조선'을 상대로 대회를 개최할 것이었으므로 자연히 조선체육회와 경쟁하는 관계가 되었다.

엄복동이가 맞아 죽는다

그러나 아직 피터지는 '숙명의 대결'은 시작되지 않고 있었다. 조선인이 스포츠 분야에서 본격적으로 등장한 1920년대를 거치며 그 대결은 일상화될 것이었다.

1920년 5월 3일 만화방창한 봄날, 경복궁 마당에서 '경성시민대운동회'가 열렸다. 종목은 단 두 개. 마라톤과 사이클이었다. 그보다 한 해 전인 1919년 봄에는 3·1만세운동의 여파로 야시장도, 운동회도 열리지 못했다. 그래서인지 시내는 구경 나온 남녀노소들로 인산인해를 이뤘다.

즐거운 잔치를 중단시킨 불상사는 이튿째 사이클 경기에서 벌어졌다. 1913년 이래 이미 전국적으로 이름이 알려져 있던 엄복동이 출전한 시합이었다. 여덟 명이 한 조가 되어 트랙을 돌다 선수들끼리 부딪쳐 두 명을 빼고 다 넘어졌다. 엄복동과 일본인 선수 한 명이 남아 트랙을 돌고 있었다. 하지만 엄복동이 일본 선수보다 몇 바퀴나 앞서 있었기에 관중들은 여유 있는 우승을 기대하고 있었다. 그런데 무슨 까닭인지 갑자기 심판이 경기를 중단시키고 경기 무효를 선언했다.

엄복동이 분을 이기지 못하고 본부석으로 뛰어들었다. "이것은 꼭 협잡으로 나를 1등을 아니 주려고 하는 교활한 수단이라" 부르짖으며. 그리고는 앞뒤 안 가리고 우승기 있는 곳으로 곧장 달려가서는 "이까짓 우승기를 두었다 무엇 하느냐"며 깃대를 잡아 꺾어버렸다. 그러자 곁에 있던 일본인들도 가만히 있지 않았다. 일제히 달려들어 엄복동을 집단구타했고 마침내 엄복동은 피를 흘리며 쓰러졌다.[38]

1920년대 스포츠 스타였던 엄복동. 엄복동이 민중의 사랑을 받았던 데에는 물론 일본 선수를 넉넉히 능가하는 뛰어난 사이클 실력도 실력이겠지만, 일제의 불의를 참지 못했던 그 때문이 아니었을까. 개인 소장 사진.

이를 목격한 근처의 조선인들이 "엄복동이가 맞아 죽는다"고 외쳤다. 그러자 조선인 관중들도 앞뒤 가리지 않았다. 그들은 운동장 안으로 물결같이 달려들었다. "욕하는 자, 돌 던지는 자, 꾸짖는 자, 형형색색 분개한 자들 때문에" 대단한 규모의 난투극이 벌어질 지경에 이르렀다. "다행히 경관의 진력盡力으로" 군중은 해산했지만 대회는 중단되었다.[39]

1910~1920년대 사이클 스타 엄복동은 "떴다 보아라 안창남(한국 최초의 비행사), 내려다보니 엄복동"이란 노래에 실려 조선인들의 사랑을 듬뿍 받았다. 그는 숙명적 대결의 승자로 기억된 영웅이었다. 숙명을 헤쳐나가며 승리했기에 조선인들은 엄복동을 사랑할 수밖에 없었다.

경기장 밖 경기, 패싸움

3·1운동, 룰 없는 야만적 경기

인류가 스포츠를 굳이 '평화'에 연결시켜온 역설은 바로 스포츠가 그 본성상 전쟁의 대체물이며, 전쟁의 보완물이기 때문일 것이다. 경기장은 금 그어진 전장이다. 그 전장 안에서 최소한의 룰을 지키되, 최대한 속이고 억누르고 꺾고 좌절시키는 일, 그것이 스포츠다. 그래서 경기장은 매우 위태로운 경계다. 선수나 관중이 현실과 가상의 경계를 잊을 때, '난동'과 '폭력'이 터져나온다.

식민지의 일상을 살아가는 보통 조선인들이 일본을 어떻게 생각하고 있었을까? 또는 일제가 평범한 조선인들을 얼마나 제 편으로 만들 수 있었을까? 이런 견지에서 볼 때 1910년대부터 1920년대까지 일본의 지지 기반은 허약했다. 목숨을 걸고 생의 안위 전체를 포기하고 벌이는 '독립운동'이나, 급진적인 휴머니즘에 근거한 '민족해방운동'은 일제의 식민지 정책이 지닌 편협함과 그 정책이 만들어낸 모순의 실증적 산물이다.

그 모순이 일상적으로 재생산되고 있음을 가장 거대한 폭발로 보여준 것이 3·1운동이었다. 3·1운동이야말로 숙명의 스포츠이자 룰 없는 야만적 경기였다. 힘없고 순진한, '불령不逞'과 거리가 먼 일상의 조선인들도 '평화 시위'라는 자학적인 룰을 만들어 참여할 수밖에 없었다. 그리고 일제는 가장 가학적인 룰로 그 경기장에 나섰다.

1919년 3월 1일부터 3개월간, 2,023,089명이 이 룰 없는 경기에 참가해 공식적으로 7,509명이 죽었다. 공공연한 살인·고문·방화의 난무 속에 15,961명이 부상당하고 46,948명이 잡혔으며, 교회당 47개, 학교 2개, 민가 715채가 불탔다.

'만세운동'이란 무엇인가? 그 운동의 방식이란 상당히 노예적이다. 비폭력 무저항 시위이며, 구호도 '만세'라 한껏 추상적인 그 운동은 도덕적으로 높은 이상에 기반한 듯하지만, 실은 아무런 물리적 저항력이 없기 때문에 가능한, 또는 없어야만 가능한 운동이다. 적에 맞설 만한 최소한의 무력만 있으면 '비폭력'은 선택되지 않는다. 빈 몸, 맨손으로 대검과 소총으로 완전 무장한 적 앞에 나선다. 그 적은 타협할 의사가 전혀 없거니와, 무자비한 폭력을 휘두른 경력이 있으며 본성이 '반평화적'이라 잘 알려져 있는데도?

그렇게 만세운동에 나선 조선 민중들은 무차별 학살을 당했다. 위험한 줄 알면서도 행동한 이 민중들은 숭고하다. 하지만 이 방법만이 올바르다며, 그렇게 나서서 학살될 것을 계획하고 선동하는 지도자나 이데올로그들의 심리란 무엇이냐? 그래서 윤치호 같은 현실주의자는 3·1운동의 비현실성을 비웃었다. 오늘날 남북한에서 각각 가장 존경받는 양김, 즉 김구나 김일성 같은 민족주의 지도자는 테러나 무장 항쟁에 나섰던 이들이다. 물론 당대의 윤치호같은 사람은 이들을 야만인으로 간주했다. 그러나 경기도 안성군 원곡면, 황해도 수안군 수안면, 평안북도 의주군 옥상면 등지에서는 자발적인 민중 폭력이 행사되어 일본군과 공권력을 물리치기도 했다. 경기도 안성에서 벌어진 만세시위는 조선 전체에서 가장 격렬하고도 조직적인 것이자, 격한 '폭력'을 동반한 것이었다. 1천여 명의 시위대가 식민 경찰의 주재소를 습격·방화하여 잿더미로 만들었다. 우편소와 일본인 사채업자의 집을 부수었으며, 면사무소와 전화선·전신주도 파괴했다.[40] '병력'과 하급관료들은 도주하여 이틀간 '해방구'가 되었다. 그야말로 "봉기" 내지는 "폭동" 수준의 이 사건에 대해서 일제는 "내란" 혐의를 적용했을 뿐 아니라, 4월 9일 헌병대를 파견하여 잔혹하게 보복했다.[41] 24명이 살해되고 361명이 피검되었다.

그들은 소시민이 아니다

1919년 봄 아우내 장터의 군중 행동이 곧 1920년 봄 경복궁 마당에서의 군중 소란과 똑같은 것은 아니다. 하지만 양자는 깊은 관계가 있다.

동서고금과 경기 종목을 막론하고 경기장에서 패싸움을 벌이거나 소동을 일으키는 종류의 인간들은 결코 잘 배우고 많이 가진 자들이 아니다. 주로 중간층 이하의 남성이 그들이다. 경기장의 관중 소동은 도시의 일상을 살아가는 민중의 심성을 잘 보여준다. 경기장에서 엉뚱하고도 무계획적으로 터져 나오는 '감정'이야말로, 민족주의라는 미정형의 용광로 바닥에 가라앉은 침전물이거나 혹은 그 뜨겁게 끓는 용광로 위에서 부글거리는 거품이다. 심성心性 없는 주의主義는 없다.

일상의 조선인들은 권력을 가진 일본인들 앞에서는 굽실거릴 수밖에 없었고, 뺨을 '올려붙이는' 일본인들의 손모가지에 그냥 뺨을 맡기고 살아야 했다. 특히 일본 경찰은 손버릇이 나빴다. 거리에서든 경찰서에서든 장소를 가리지 않고 함부로 조선인의 뺨을 쳤다. 오죽하면 '뺨 잘 때리기로는 나막신 신은 깍정이를 따라잡을 사람이 없다'는 속담이 남아 있겠는가. 범죄자나 독립운동에 가담한 조선인들만이 아니었다. 지극히 평범한 일상인이

1919년 고종 황제의 인산을 맞아 일으킨 3·1만세운동. 그저 일제에게 핸롬 맨주먹으로 대항할 수밖에 없었던 만세운동은 조선인들에게 있어 숙명의 스포츠이자 룰 없는 야만 경기였다.

나 가히 제국의 시민이라 불릴 만한 식민지의 상층계층 사람들도 쉽게 고등계 형사나 순사들에게 폭력의 대상이 되었다.[42] 그들은 무소불위의 폭력 앞에서 쉽게 머리를 조아리고 굽실댔다. 뺨을 맞는 행위는 조선인의 몸에 닥쳐오는, 식민지 파시즘의 일상적 구현이었다.

얻어 맞고 굽실대며 산다고 인종적 편견이나 민족적 차별에 대한 불만이나 감정이 없을 수 없었다. 그렇게 살다가 집단 속에 몸을 숨길 수 있을 때, 또는 인간으로서 최소한의 정의감과 양심을 위협당할 때 불만은 폭발했다. 식민지 시대, 배우지 못했지만 가난하고 젊은 노동자들이나 학생들은 곧잘 앞뒤 가리지 않고 그 분노를 폭발시켰다. 특히 1920년대에 인간 이하의 차별을 받아온 재일 노동자들이 일본인 노동자들과 싸움을 벌이는 일이 잦았다.

그저 사회면에 조그맣게 보도되거나 또는 아예 기삿거리도 안 되는 것이 조선인 노동자와 일본인 노동자 사이의 패싸움이다. 평소의 불만이 원인이 되거나 사소한 시비 끝에 주먹다짐을 벌이고, 때로는 낫 같은 흉기도 동원되어 큰 사건으로 발전하기도 했다.

체계적인 사고와 학습, 생을 걸려는 희생정신을 필요로 하는 민족해방운동에의 투신은 누구나 쉽게 택할 수 있는 길이 아니다. 그래서 우발적인 소요나 범죄, 패싸움과 자살 등의 '일탈'이 식민지 체제의 또 다른 '바깥'을 형성하였다

식민지 체제의 뒷골목 패싸움

식민지 체제의 일상 바깥과 경기장은 담벼락 하나를 사이에 두고 있다. 패싸움은 특히 팀 스포츠의 족보 확실한 할아버지이자, 살아 있는 사촌형 같은 것이다.

1920년 6월 12일 일본 효고현兵庫縣 입화촌立花村이라는 동네에서 생긴 일이다. 쌀장사하는 이케나가池永重吉는 자기 집 앞을 지나던 조선인 철도 노동자 다섯이 말다툼하는 광경을 목격했다. 이케나가는 오지랖 넓게 싸움을 말리고 화해시키려 했다. 그러자 조선인들이 자기네끼리 하던 싸움을 그만 두고 '싸움을 하든지 화해를 하든지 우리가 알아서 할 테니 너는 신경을 끄라'고 했다. 이케나가가 발끈하면서 싸움은 엉뚱하게 이케나가와 조선인 사이로 번졌다.

몸싸움이 벌어지자 근처 사는 일본인들이 이케나가의 역성을 들었다. 점점 일본인들의 수가 늘어나 무리를 이뤘다. 조선 노동자들이 죽기살기로 기를 쓰고 대항했으나 "원래 사람 수효가 적은 까닭으로" 무수히 맞았다. 결국 그들 중 하나가 인가에서 죽창을 찾아내 맞서자 일본인들은 마을에 비상사태라도 난 듯 근처 절과 소방서에 있는 종을 울렸다. 종소리를 듣고 근동의 "수천 명" 일본인들이 낫과 죽창을 들고 몰려들었다.

결국 "한동안 피 냄새 나는 민족전쟁이 일어났다."[43] 그곳 주재소 다카기高木 순사가 황망히 경찰서에 보고해 순사 수십 명이 출동했고, 관련자를 잡아들여 사태는 진정되었다. 조선인 노동자 김도원과 두 사람이 경찰에 잡혔는데 그중 하나는 생명이 위독했고 나머지 조선인 둘

은 달아났다.[44]

그야말로 우연한 기회에 일본에 대한 반감이 폭력화되기도 했다. 1920년 8월 인천 출신의 '야소교' 전도사 이창회라는 사람이 하숙집에서 친구와 술을 마시다 서대문경찰서 형사들에게 사기 혐의로 체포된 사건이 있었다.

술이 거나하게 취한 이창회는 자기를 연행하러 온 형사들에게 그런 죄를 지은 적도 없고 경찰서에 갈 생각도 없다면서 "술이나 한 잔 하자"며 엉겼다. 형사들은 공무로 왔으니 그럴 수 없다면서 창회를 포박하려 했다. 그런데 이창회가 힘이 장사인 데서 사단이 벌어졌다. 술 탓에 호기가 발동한 그는 도무지 형사들의 말을 들은 척도 안 했다. 형사들은 한참을 승강이 한 후 그의 손목을 포승줄로 묶었다. 그런 뒤에도 몸싸움 끝에 겨우겨우 서소문 밖 네거리에 있는 파출소까지 끌고 왔다.

파출소에 온 창회는 "취흥이 도도하여" "아무 죄가 없는데 무슨 연고로 잡아왔느냐고 대언장담하며" 형사들을 발길로 차 쓰러뜨렸다. 창회가 도저히 감당할 수 없는 역사力士라는 것을 다시 실감한 형사들이 파출소 밖으로 도망갔다. 이 광경을 흥미롭게 지켜보던 조선인 구경꾼이 무려 700~800명이나 됐다. 조선인 군중들이 달아나는 형사들 뒤통수에다 대고 "저 놈들 잡아라!" 소리치며 웃었다. 창회는 포승을 풀고 형사들을 쫓아갔으나 잡지는 못했다. 다시 파출소로 돌아온 그는 닥치는 대로 파출소 문짝과 유리창을 깨부쉈다. 파출소 순사들은 모두 도망가고 없었다. 창회는 맨손으로 유리창을 깨다 얼굴과 손에 유리가 박혀 유혈이 낭자했다. 그는 달아난 형사들을 잡으러 서대문경찰서로 간다며 더욱 호기를 부리다 출동한 형사대에게 잡혀갔다.[45]

식민지의 국민으로 산다는 것, 조선 민중은 결코 행복하지 않았고 쌓이는 게 많았다. 그래서 그야말로 사소한 일을 빌미로 패싸움이 벌어지기도 했다.

전남 광주에서는 일본인 노동자와 인근의 조선인 노동자들 사이에 담배 한 개비 때문에 패싸움이 났다(1921. 7. 13).[46] 도쿄 양국교兩國橋에서 불꽃놀이 행사가 있었는데, 근처 술집에서 조선인 청년 10여 명과 일본인 스모선수들 사이에 패싸움이 일어났다(1921. 7. 31). 당연히 사소한 시비가 발단이었다. 화로와 맥주병이 날아다니는 등 큰 싸움으로 번지자 경관 10여 명이 출동해서 사태를 진압했으나, 십수 명이 부상했다. 일본 사카이 시와 나가노 현, 그리고 도쿄에서 각각 조선인 청년과 일본인 청년 사이에 큰 패싸움이 있었고(1921. 8), 부산 영도(1921. 9), 일본 나고야에서도 비슷한 일이 있었다(1921. 11).[47]

1920년 8월 15일 밤에 평양에서 번져간 소문은, 이런 사건에 관련된 조선 민중들의 감정 혹은 정치적 무의식political unconsciousness이 어떤 것이었는지 잘 보여준다. 바로 1년반 전, 학살을 경험했던 그들은 자신을 보호해줄 '힘'이 필요하다는 것을 몸으로 느끼고 있었던 듯하다. 그날 밤 10시쯤 평양 팔천대정八千代町에서 조선인과 일본인들 사이에 큰 패싸움이 벌어졌다. 언제나 그렇듯 사소한 시비가 원인이었다. 양편이 서로 가세해서 싸움에 나선 자와 구경꾼이 수백 명이나 되었다. 일본인 순사가 군중을 진정시키려 했으나 사태가 가라앉지 않자 육혈포로 공포탄을 수차례 쏘았다. 그제서야 비로소 군중들은 겁을 먹고 흩어졌다.

그런데 다음날 전혀 엉뚱한 풍문이 나돌았다. 독립군과 일본 경찰이 충돌하여 일본 경찰이 독립군의 총에 맞아 죽었다는 것이다.[48]

기억력 좋은 관중

경기장에서 '우리'가 되는 조선인

경기장은 일상 가까운 곳에 있지만 결코 일상적인 공간은 아니다. 그런 점에서 연극장·영화관과 비교될 만하다. 공장·사무실·집이 아닌 그곳에는 툭 터진 광장이나 푸른 잔디밭, 무대와 은막이 있다. 거기에 환상과 스펙터클과 백일몽이 펼쳐진다.

연극이나 영화를 함께 보면서 웃고 우는 순간 사람들은 집합적인 주체가 된다. 운동경기를 관람하는 개인들도 군중 속으로 자기 몸을 숨겨 일상의 질서에서 해방되거나 혹은 개인으로부터 소멸된다.

그래서 경기를 보는 사람들은 억눌려 있던 감정을 부담없이 폭발시킨다. 눌린 것이 많고 달리 풀 기회나 장소가 없을수록 감정 분출은 강도가 높고 전혀 예상할 수 없이 느닷없다. 억압된 감정은 상대 선수나 심판, 심지어 때로는 '우리 편' 선수를 욕함으로써 우회로를 찾아 해소되는데, 어느 순간 배관이 막히거나 흐르는 양이 너무 많으면 터진다.

경기장이 근대 도시의 가장 중요한 스펙터클이 될 수 있는 데에는 이런 이유도 있다.

관중은 적어도 경기장 안에서만큼은 시키는 대로 말 잘 듣고 쥐꼬리만 한 월급 봉투에도 만족하는 소시민이 아니다. 광장의 경험은 공동체의 경험이자 해방의 경험이므로, 그들은 기꺼이 '정의'와 '우리'를 위해 치사한 악당들이나 이민족과 싸우려 한다. '우리를 위한 싸움'을 통해 그들의 치사하고 졸렬한 자아가 승화되는 느낌을 갖는다.

패싸움과 마찬가지로 경기장 소요 또한 피지배자인 조선인들이 결코 마조히스트가 아니라는 점을 보여준다. 그들은 그저 '유령 같이' 흰 옷이나 입고 다니며 저항의 방법으로 기껏 '만세'나 생각해내는 가난한 평화주의자가 아니었으며, 때리면 맞는, 또는 북어처럼 맞아야만 말 잘 듣는 '엽전'이 아니었다.

1922년 3월 5일 대전에서 대전청년회와 대전중학교의 정구경기가 있었다. 청년회팀은 조선인, 대전중학팀은 일본인으로 선수단이 짜여 있었다.[49] 대전청년회가 대전중학을 리드하고 있었는데, 응원하던 조선 학생과 일본인 학생 사이에 싸움이 벌어졌다. 기시마木島라는 일본 학생이 이봉주李鳳周라는 조선 응원단의 청년을 못마땅하게 여기다 쉬는 시간을 틈 타 갑자기 그에게 달려들어 유술柔術로 넘어뜨리고 코피를 터뜨린 것이다. 말리는 주변 사람까지 깁이 던져 큰 소동이 일었다. 심판과 나이 든 축들이 나서서 학생들을 겨우 떼놓고 경기를 속개시켰는데 결국 조선인의 대전청년회가 이기는 바람에 양측은 다시 붙었다. 이제 싸움은 정말 큰 패싸움이 되어 부상을 당해 피를 흘리는 학생이 속출했다.

그리고 경성시민대운동회사건이 지난 뒤 꼭 3년이 된 1923년의 봄날, 또다시 엄복동을 두고 조선인과 일본인들 사이에 패싸움이 벌어졌다. 그날은 경성윤업회京城輪業會가 주최한 전조선자전거경기대회 마지막 날이었다. 이날 관중이 무려 4~5만에 달했기 때문에 본정경찰서에서는 경관 100여 명을 보내 경계 태세를 갖췄다.⁵⁰

관중이 그렇게 많았기 때문인지 이날 소요는 전혀 엉뚱한 데서 시작되었다. 일본인 관중 하나가 술에 취했는지, 술병을 경기장으로 던지고 있었다. 주변의 조선인이 그 일본인을 향해서 그러지 말라고 타일렀는데 일본인은 되레 욕설을 퍼부었다. 조선인 관중들 중 누군가가 '저 자식 엄복동이가 1등 하려는 거 또 방해하려 저러는 거 아냐'라고 삐딱하게 해석했다. 술에 취한 일본인도 얌전히 있지 않았다.

조선인들이 하나 둘 그 일본인 주위에 모여들었는데, 관중 틈에 있던 조선인 젊은이가 앞으로 쑥 나서더니 문제의 일본인을 확 밀어버렸다. 종로 청진동에 살던 노동자 손룡근(24세)이었다. 곧 패싸움이 벌어졌다. 옷차림이 달라서 금방 양편은 표가 났다. 수적으로 불리해 뒤로 밀리던 일본인들이 돌을 던지자 곧 무수히 많은 돌팔매가 조선인들 측에서 날아갔다. 급기야 경찰이 나서 손룡근 등 폭력에 적극 가담한 조선인 일곱 명을 잡았다.

그 일본인이 진짜로 엄복동의 승리를 방해하려고 술병을 던졌는지는 불분명하다. 그러나 조선인 관중들은 분명히 1920년의 일을 기억하고 있었다. 그래서 그들은 그 일본인의 행동을 그렇게 해석했을 것이다.

대중들은 뭐든지 잘 잊는다. 그러나 스포츠 경기장의 관중들은 좀 다르다. 그들은 기억력이 좋다. 광장의 경험은 일상 바깥에 있기 때문에 잘 잊혀지지 않는다. 잔디와 조명, 함성과 동작들은 공감각이 되어 경기장의 상황을 번연계 깊이 저장한다. 그들은 영웅과 배신자, 우리 편과 적을 구분하여 머릿속에 잘 기억했다가 훗날 반드시 엄정한 절차를 거쳐 용서하거나 보복한다. 경기장의 관중은 주체이며, 스스로 그렇게 느낀다. 그러니 어찌 조선인들이 엄복동을 민족의 스타로 사랑하지 않을 수 있었겠는가?

조선인 '불량학생'

1935년 여름 경성운동장 테니스 코트에서 있었던 일이다. 그날 일본인 학교 제일고녀와 조선인들이 주로 다니는 숙명여고의 농구시합이 있었다. 조선인 남자 고등학생 50여 명이 이 경기를 보러 왔다. 그들은 고래고래 소리를 지르며 숙명여고를 응원했다. "숙명 파이팅! 숙명 파이팅!"

남학생들의 일방적인 응원 때문에 경기고녀 일본인 여학생들이 위축되었는지, 숙명이 점점 리드하기 시작해 점수 차가 걷잡을 수 없이 벌어졌다. 그러자 경기고녀 측이 가만히 있지 않았다. 농구협회도 가세하여 경기를 중단시켰다. 응원이 시끄러워서 경기에 지장을 준다는 것이었다. 심판은 일본인들이었다.

경기가 중단되자 응원석에 앉아있던 한 남학생이 경기 본부석을 향해서 "なぜ, 試合を中断させるか！(왜 경기를 중단하는 겁니까)"라고 거세게 항의했다. 고교생치고 나이가 좀 많아 뵈는 학생이었다. 그러자 다혈질인 듯한 한 일본인이 응원석 쪽으로 후다닥 달려와서 남학생에게 "應援を中断しろ！(응원을 그만둬라)"라고 위압적으로 말했다. 그러나 남학생은 눈을 똑바로 뜨고 사내에게 대들었다. 말다툼은 곧 멱살잡이가 되고 사내는 자기보다 체구가 훨씬 좋은 남학생에게 넥타이를 붙잡혀 휘둘리기도 했다. 소란은 진정됐지만 경기는 결국 중단됐다.

하지만 그것으로 끝이 아니었다. 복수가 기다리고 있었다. 다음날 학교에 간 남학생은 교장실에 불려갔다. 총독부 학무국에서 연락이 왔는데 남학생과 몸싸움을 한 전날의 사내가 "불량학생"을 조치해달라고 '꼰지른' 것이었다. 그 일본인 사내는 조선농구협회 사무국장이었다. 학교 측은 난감해하다가 학생을 위해 변호를 해주고 1주일 정학 처분을 내렸다.

전날의 그 남학생 응원단은 양정고보 육상부와 럭비부 선수들이었다. 그리고 정학을 맞은 나이 많은 고등학생, 그는 바로 스물넷 먹은 양정고보 4학년 손기정이었다.[51] 그 다음해 베를린 하늘에 일장기가 휘날리게 할 바로 그였다. 그때부터 손기정이 열혈 민족주의자였는지 알기 어렵다. 다만 분명한 것은 손기정의 가슴에도 식민지 피지배민으로서의 일상적 울분이 그득했다는 것이다. 그는 대일본제국의 영웅이기에 앞서 반항적인 조선인 '불량학생'이었다. 대놓고 저항하지 못하지만,

마음속엔 아니꼽다는 생각과 차별에 대한 울분이 가득한 피식민자를 끝없이 만들어내는 것이 일제의 식민주의였다.

"조선인, 해부학적으로 야만인"

멸시의 인종주의

1921년 6월 1일 경성의학전문학교에서 일어난 사건은 1920년대 일본인과 조선인들 사이에 패싸움이 왜 그토록 빈번히 일어나는지를 잘 보여준다. 근거 없는 차별 뒤에는 비이성적인 멸시가 있고, 그 멸시 배후에는 저질스런 인종주의 이데올로기가 있고, 다시 그 이데올로기는 이른바 '과학'이 배후조종하고 있었다.

5월 26일 목요일 오후 1학년 해부학 강의 시간이었다. 일본인 교수 구보久保 박사가 담당하는 이날 수업에서는 본과생 다섯, 청강생 여학생 하나, 특별과 넷이 인간 해골 실물을 관찰하였다. 본과생은 모두 조선인, 특별생은 일본인들이었다.

사단은 다음날 일어났다. 구보 교수가 해부실에서 인간 두개골 하나가 없어진 것을 발견하고는 전날 수업에 참석했던 본과 조선인 학생을 의심했다. 구보는 증거도 없이 조선인 학생들을 추궁하면서 다음과 같은 말을 했다. "너희들 조선 사람은 원래 해부학상으로 야만에 가까울 뿐 아니라 너희의 지난 역사를 보더라도 정녕 너희들 중에서 가져간 것이다." 인종적 열등함이 의심의 근거라는 것이다. 조선인이 인종적으로 열등한 민족이라는 것은 해부학을 전공한 과학자도 믿는 '과학적 사실'이었던 것이다.

그러나 조선인 본과 학생들은 근거 없는 의심과 사소한 일로 "국민성"[52]을 문제삼는 구보에게 정식으로 항의하기 위해 학생 대표들을 보냈다. 하지만 구보 교수는 이에 전혀 반응이 없었다.

조선인 학생들이 "설욕을 하지 아니하여서는 안 되겠다"고 강당에 모두 모였다. 그런데 우치다上田를 포함한 일본인 교수 두어 명이 조선인 학생들의 모임을 제지했다. 조선인 학생들의 거센 항의에 일본인 교수들은 폭언을 쏟아냈고, 종내는 격분한 학생과 선생들 사이에 몸싸움까지 벌어졌다.

이날 회합에서 조선인 학생들은 다음과 같이 결의했다. 구보 교수가 조선인은 해부학상으로나 국민성으로나 야만됨을 면치 못한다 했는데, 마땅히 학생 일동 앞에서 그 학리學理를 강의해줄 것. 앞으로 구보 교수의 강의는 듣지 않을 것이니 속히 조치해줄 것. 이상의 문제가 해결되지 않으면 동맹 휴학할 것.

1920~1930년대 일본인들은 조선인을 '요보'라 불렀다. 조선인들이 많이 쓰는 '여보'란 말에서 나온 이 말은 '조센징'보다 좀 더 풍자적이고 무시하는 뉘앙스를 갖고 있다.[53] 즉 '조센징'의 상대어가 '왜놈'이라면,

'요보'는 '쪽발이'나 '게다짝'의 상대어인 것이다.

해부학적으로도, 역사적으로도 증명된 '사실'이라면 일본인들이 '요보'들을 멸시하는 것은 당연한 일이었다. 그런데 문제는 상당수 '무식한' 조선인들이 스스로 인종적으로 열등하다는 것을 인정하려 들지 않았다는 것이다. 특히 일본인에 비해서 더더욱 그랬다. 왜 그랬을까. 역사적으로 일본인들은 조선인들이 보기에도 왜소해서 '왜놈'이었고, 당시에도 객관적으로 그들은 조선인들보다 별로 크거나 운동장에서 특별히 빠르지 않았다.

서구인들에게 깊이 인종적 열등감을 느꼈던 일본인들은 그 심경을 조선인을 비롯한 다른 아시아인들에 대한 우월감으로 전이했다. 열등감뿐이거나 아예 월등히 뛰어나 상대가 안 된다면, 싸움이 일어날 리 없다. 조선인과 일본인들은 열등감과 우월감이 뒤범벅된 채 서로를 째려본다. 이성적으로 앞뒤를 재는 정신은 연기처럼 날아가고 마음속에서 뜨거운 것이 치밀어 오른다. 맞장을 떠야만 해결이 날, 싸움 나기에 최적의 상태인 것이다.

인종주의와 스포츠

그러나 조선인들이 서양인들에 비해서는 작고 폼이 안 난다는 사실은 누구나 인정하는 듯했다. 조선체육회의 결성을 축하하는 〈동아일보〉 사설(1920. 7. 16)은 "보라, 서양인의 체격과 오인〔우리〕의 그것과를, 또는 그의 '에너지'와 오인의 그것과를. 그 추함과 그 열함이 어찌 이에까지 과대誇大하였던고"라고 한탄했다. 하루 이틀 된 한탄은 아니었다. 일부 조선인들도 일본인처럼 서구인을 통해서 못난 자신을 새롭게 발견했다. 서양인은 확실히 조선인보다 우수한 인종인 듯했다. 중력과 공기 저항을 이기고 타인과 몸으로 경쟁하는 스포츠는 인종의 우열에 관한 가장 확실한 잣대였다. 스코어로 매겨지고 1등과 2등이 가려지는 것보다 합리적인(?) 척도는 드물다. 조선인들이 열등한 제 모습을 발견하게 한 것이 스포츠였기에, 그것을 치유하는 데도 스포츠 보다 더 좋은 방책이 있을 수 없었다.

'사나이거든 풋뿔을 차라'는 《개벽》(1920년 11월호)에 실린 기사의 제목이다. 더없이 함축적인 제목이 달린 이 글은, 조선 사람이 어렸을 때부터 업혀 길러지고 꿇어앉는 습관이 있어서 다리도 짧고 양복을 입어도 폼이 안 난다고 했다. 그래서 한창 인기를 끌고 있던 야구도 좋고 정구도 좋지만, 특히 축구를 권장하노라 했다. 축구를 하면 다리가 길어지고 튼튼해져서 민족적인 신체 결함을 고칠 수 있다는 것이다. 그리고 민족적인 신체 결함을 고쳐야 하는 궁극적 이유는 우리도 서양인만큼 커지고 튼튼해져서 "진충보국盡忠報國", 즉 충성을 다해 나라에 보답하기 위해서이다. 나라가 없는 1920년 현재, 그것이 과연 어느 나라인지 밝히지는 않았지만, 대일본제국이 아니었음은 말할 나위가 없다.

한편 이 글의 논조에는 전국적으로 운동회가 한창 열리고 최초의 체육 국가주의가 형성되던 1907~1908년에 비해 생각이 좀 달라진 부분도 있다. 그래도 '국망國亡'이 기정사실이 아니었던 1907~1908년에는 우리가 서구인보다 부족한 것은 국가에 대한 '열혈熱血'이라 생각하는 경향이 있었다. 즉 근대적 민족주의와 '국가'에 대한 자각이 부족하다는 의식이었다. 그러나 이제 보니 다른 문제도 있다. 물리적으로 혹은 생래적으로 우리는 서구인에 비해 키가 작고 등이 굽었으며 다리에 힘이 없다. 그래서 약하다. "민족의 발전은 건장한 웅강雄強한 신체로부터 래來한다고. 이는 역사로서 가히 증證할 수 있"는 "진실"이었다. '보국'은 결국 '민족 발전'에 개인들이 기여할 바였던 것이었다.

그런데 서양인에 비해 열등한 것은 조선 사람뿐만이 아니었다. 영국의 여성 탐험가 이사벨라 비숍이 쓴 것처럼, 서양인의 시각에서 볼 때는 근대 초의 일본인들에게도, 아니 상대적으로 덩치가 큰 조선인보다 훨씬 심각한 "신체적 결함"이 있었다. 비숍의 관찰에 따르면, 일본 남자들은 굽이 3인치(약 7센티미터)가 넘는 "나막신"을 신고도 5피트 7인치(약 170센티미터)를 넘는 자가 거의 없고, 일본 여자들은 "너무 얄팍하고, 너무 노랗고, 너무 못생"겨서 "그럭저럭이라도 예쁘다고 할 수 있는 얼굴을 찾아볼 수 없"었다. 게다가 꼴같잖게 걸친 서양옷이 일본인의 "비참한 체격과 옴폭한 가슴 그리고 안짱다리"를 더 두드러지게 만들 뿐이었다.[54]

이런 시각이 어찌 일본인들에게 '내면화'되어 있지 않았겠는가? 진작 '탈아입구'라는 짝사랑에 빠진 일본인 스스로 자기들 다리가 '숏'하며 안짱다리이기까지 하다는 것을 자주 의식하지 않을 리가 없다.[55]

일본 근대 문학의 거장인 나츠메 소세키는 1900년대 초 영국에서 유학 생활을 하고 있었다. 영국인들은 남자나 여자나 할 것 없이 모두 자기보다 키가 커 소세키의 머리는 그들의 어깨 정도밖에 닿지 않았다. 어느날 거리를 걷는데 자기처럼 '빈티나게' 생기고 키 작은 남자가 마주 걸어왔다. 오오, 영국 남자 중에도 저런 볼품없는 놈이 있었구나 하고 "반갑게" 생각했다. 한데 그것은 "거울에 비친 자신의 모습"[56]이었다.

일본인의 자의식에 대한 상징적인 이야기다. 그들 스스로도 이 문제를 두고 고민을 많이 했다. 일본이 스포츠에 열중한 데는 이런 까닭도 있었을 테다. 그들의 열등감을 고칠 환상적 충족은 필요하였던 것이다.

결국 서구인들에 대한 신체적 열등감은 일본인과 한국인 일부의 공통의 것이었다. 손기정이 우승한 그 새벽, 그런 사정을 잘 알고 있는 윤치호는 손기정의 마라톤 우승이 "광의로 보아 황인종의 자랑이며 백인의 종種 우월성을 타파한 일"[57]이라고 평가했다.

서양인들의 인종주의는 황인종과 백인종을 대립시켰고 그런 점에서 보면 모든 황인종이 힘을 모아 백인의 아시아 침략에 대해 함께 대항해야 할 것 같은 착각을 불러 일으켰다. 그러나 제국 일본은 기실 '바나나'였을 뿐이다. 개항 초기 서양인들은 일본인들을 '원숭이'라 불렀다 한다. 자신들을 흉내내기 급급한 일본인들을 얕잡아 본 것이다. 일본인들은 황인종의 탈을 쓴 또다른 인종주의자였을 뿐이다. 식민지의 일상은 종족적으로 유사성이 높다 할 황인종인 일본인과 조선인의 인종적 갈등을 쉼 없이 재생산했다. '조센징'과 '쪽발이'는 지금도 숙명의 대결을 계속하고 있다.

세계로, 세계로

메이저리거들, 조선 땅을 밟다

정치적 이해관계와 민족적 감정을 직접 다투지 않아도 되는 이민족과의 스포츠경기는 '우호'를 증진하는 역할도 가끔 한다. 물론 그 경우에도 스포츠는 국경과 인종을 환기한다.

한반도 전체에서 야구열이 높아가던 1922년 12월. 실로 엄청난 일이 있었다. "세계에 이름 높은 전미국직업야구단", 즉 미국 프로야구 올스타팀이 도쿄를 들렀다가 서울도 방문한 것이었다.[58] 이 "동양만유東洋漫遊"팀은 메이저리거와 트리플 A 선수가 섞인 팀으로서 미국 서해안 지방의 퍼시픽코스트리그Pacific Coast League 선수들이 주축이었다. 일본을 방문한 후 만주를 거쳐 상하이로 갈 예정이었던 이 팀이 일본을 돌며 대학과 실업팀과 경기를 갖는 사이에 조선체육회에 비상이 걸렸다.

당시 조선 야구계는 이미 "흥륭興隆 시대"[59]를 맞고 있었다. 조선인의 적성에도 맞았는지 야구는 축구라는 운명의 라이벌과 함께 가장 빠르게 성장한 종목이다. 관중의 규모도 경기의 수준도 어떤 종목보다 많고 높았다. 여기에는 조선에 있던 일본인들이 단단히 한몫했다. 그들은 아마추어였지만 야구에 대단한 열의가 있었다. 조선은행, 미쓰이 조선지점, 만철 용산지부 등 주로 일본인이 다니는 대기업들 상당수가 야구팀을 운영했고 아마추어 구락부도 여러 팀 있었다. 그들은 자기네들끼리만이 아니라 '내지'의 메이지, 호세이 같은 대학팀과도 활발히 교류하고 있었다.

미국 프로야구팀 초청경기는 조선체육회 이사이며 전 YMCA야구단 선수인 이원용이 거의 혼자서 기획하고 조직해냈다. 조선체육회 이사장이던 임경재(휘문고보 교장)를 비롯한 일부 인사는 이 초청에 반대했다. 스포츠는 어디까지나 '순수한 교육'이어야 하는데 거액의 개런티를 줘야 하는 프로선수 초청은 스포츠정신에 맞지 않다는 것이었다. 그러나 이원용은 조선체육회 이사직을 내던지면서까지 일을 밀고 나갔다. 양화점을 경영하던 이원용은 자기 돈 500원에다 동일은행 두취 민대식에게 500원을 빌려 '흥행'을 조직했다. 그리고 조선일보사를 끌어들여 이 경기를 주관하게 했다. 원래 〈동아일보〉와 일을 하려 했지만, 안창남 귀국 행사를 대대적으로 준비하고 있던 〈동아일보〉가 거절했기 때문이다.

이원용은 도쿄제대를 졸업한 '전조선군' 주장 박석윤과 함께 도쿄로 건너가서 '동양만유' 팀의 매니저이며 선수인 허브 헌트를 만났고 간청에 간청을 거듭하여 미국팀의 일정을 바꾸는 데 결국 성공했다. 메이저리거들이 조선에 내준 시간은 단 하루였다.

〈동아일보〉는 이 일로 1면에 장문의 사설까지 썼다. "전미 야구단 동양만유 일행의 경성 방문을 환영함"이란 제목에 "우리는 여하한 태도를 취할까"라는 부제도 붙여놓았다.[60] 사설은 양대 리그로 나뉘어 진행되는 미국 프로야구에 대해서 설명한 후, 미국의 국기國技인 야구는 "강건한 신체와 의지의 훈련과 공동 협조와 책임 확수確守의 정신적 배양을 획책하는 견지에 있어 현대의 경기 중 가장 발달된" 스포츠이기에 오늘날 조선의 중등학교와 일반 운동계에서 야구열이 왕성한 것은 축하할 일이라 했다. 그리고 아직 일본의 상대도 안 되는 우리가 일본 대학·실업팀과의 경기에서 "가경可驚할" 기록을 낸 미국팀과 어찌 실력을 다투겠느냐며 배우는 자세를 갖자 했다.

사설은 "우리가 할 일"도 쓰고 있었는데, 외국 손님을 환영하는 차원을 넘는 사대적인 내용도 담고 있었다. "우리 조선 사회는 정중 친애한 각종 방법을 취하여야 할 것은 오인이 자에 부언할 필요가 무"할 뿐 아니라, 보통 한 경기에 3만 5천 명의 관중을 두고 경기를 한다는 그들에게 부끄럽지 않게 분발 성원하여 "우리 전 사회가 여하히 금번 전미야구단의 호의에 감격한 것을 현실적으로 표시하기를 갈망하는 바"라는 것이었다.

미국의 야구단 방문이 '전 사회'가 감격할 만큼 고마운 일인가. 조선의 우파 민족주의자들은 이유 없이 미국을 짝사랑하는 경향이 있었다. 사설은 1920년 8월 미국 의원단이 방문했을 때의 일을 연상하게 한다. 미국 의원단의 동아시아 순방은 정치적인 의미를 갖지 않은 단순한 방문이었지만, 일각의 민족주의자들이 그 의미를 과장했고, 일반의 기대도 비상하게 높아졌다.

그래서 좌우파의 민족주의자가 너나없이 미국 의원단의 방문을 '기회'로 활용하고자 했다. 미국인들에게 일본의 조선 지배의 부당성을 직접 설명하거나, 세계인의 시선을 조선에 모으고 싶었던 것이다. 안창호는 미국 의원단이 베이징에 체류할 때 이미 이들을 만났고 신흥우를 비롯한 기독교계는 이들의 서울 방문 환영회를 준비했다. 다른 한쪽에선 일각의 민족주의자들이 미국 의원단이 통과하는 큰길에서 시위를 벌일 계획을 세웠다. 그리고 광복군 총영은 미국 의원들을 살해할 결사대를 조선에 파견했다. 미국과 일본을 이간시키고 조선 독립의 정당성을 선전할 수 있다는 뜻에서였다. 현실적이고 냉정한 윤치호는 이런 계획을 모두 황당하다며 비웃어마지 않았다.[61] 그리고 이 모든 계획은 실제로 수포로 돌아갔다. 일제는 광복군 결사대와 시위 관련 계획 인사들을 미리 체포했고, 신흥우가 계획한 의원단 환영 행사도 못하게 막았다. 그러나 8월 24일 정작 미국 의원단이 도착해서 남대문역에서 조선호텔로 가는 도중 연도에 나온 군중들이 산발적인 만세 시위를 벌이는 것은 막지 못했다.

식민지 조선의 야구계가 학수고대하던 미국팀이 서울에 도착한 것은 1922년 12월 7일 저녁 7시 50분. 미국 야구선수들 15명은 2년 전 미국 의원단이 그랬던 것처럼 남대문역에서 차를 나눠 타고 조선호텔로 갔다. 이들 가운데에는 뉴욕 양키즈의 웨이트 호이트Waite Hoyt, 보스턴 레

용산 철도구장에서 미국 프로야구 올스타팀과 전조선청년회팀이 경기를 치르고 기념촬영을 하였다. 야구의 본고장에서 온 메이저리거와 경기를 치렀다는 것은 우리 야구사에 있어 기념비적인 사건 중 하나였다.

드삭스의 허브 페나크 H. Pennock 같은 유명 선수들도 끼어 있었다. 호이트는 그해 메이저리그에서 19승 12패 방어율 3.43, 페나크는 10승 17패 방어율 4.32를 기록했다.[62] 이들은 나중에 명예의 전당에 헌액된 대선수였다.

12월 8일 오후 2시. 드디어 용산 만철운동장에서 미국팀과 '전조선군'의 야구시합이 열렸다. "운동을 좋아하는 조선인들"뿐 아니라, 소식을 듣고 찾아 온 서양인들 때문에 경기는 공전의 성황을 이뤘다. 서소문에 있던 미국인 학교 학생을 비롯한 서양인들 50여 명은 차를 대절해서 경기장에 왔다.

이날 경기 입장료는 꽤 비쌌다. 지정석 5원, 1등석 3원, 2등석 2원, 3등석 1원(1원은 임노동자의 일당에 맞먹는 돈이었다). 이원용의 프로모션은 대성공이었다. 그는 투자액을 넘은 수익을 남겼다. 스포츠가 얼마나 '상업'에 도움이 되는지를 보여준 것만으로도 이날 경기는 한국 스포츠사에 기록될 만한 일이었다.

경기는 전조선군의 선공으로 시작됐다. 선발 투수는 페나크. 1회부터 7회까지 조선인 타자들은 보스턴 레드삭스 에이스의 공을 거의 치지 못했다. 1회 말 공격에 나선 미국팀의 선두 타자 헌트는 나오자마자 홈런을 쳤다. 현격한 실력 차이였다. 9회까지 미국팀은 20개의 안타, 7개의 도루, 4개의 사사구로 23점을 뽑아냈다. '전조선군'은 투수가 바뀌고 난 뒤, 8회와 9회에 3점을 뽑았다. 총 6개의 안타에 10개의 에러가 그날 조선군의 성적이었다.

야구의 본고장에서 온 대선배에게 당한 어쩔 수 없는 대패였고 '귀한 손님'이어서였는지 그리 기분 나쁘지는 않았다. 〈조선일보〉는 거의 한 면을 할애하여 이 일을 보도했다. 그리고 그날 저녁 돈의동 명월관에서 미국 선수들을 위한 향응이 베풀어졌다. 기생들의 온갖 공연을 곁들인 '뒤풀이'였다.

그날은 비행사 안창남이 귀국해 서울 시내에서 대규모 환영회가 열린 날이기도 했다. 또한 《신생활》의 김명식과 박희도, 주간 백대진이 일제 통치를 비판하여 "정치 변혁을 선전하고 조헌朝憲을 문란하게 한 혐의"[63]로 구속된 것도 이즈음이었다.

1920년대까지 단지 스포츠 때문에 물을 건너온 서양인은 이들 미국 프로야구 선수들이 유일했다. 조선은 미국뿐만 아니라 더 큰 세계를 만나야 했는데, 그 무대는 올림픽에 있었다.

운동회를 넘어 올림픽으로

1920년대에 이미 '올림픽'은 국가 간 체육 경쟁의 대명사이자 규모가 아주 큰 운동회를 대유하는 용어로, 그리고 그동안 궁벽진 곳에 조용히 살아온 조선인이 이제는 세계로 떨치고 나가야 할 무대로 인식되고 있었다.

"세계적으로 웅비하려면 육상경기대회에 참가하라. 조선 청년의 원기를 일으킬 장쾌한 이 운동회, 세계 '올림픽'에 참가할 선수는 다투어

오라."

　1924년 조선체육회가 주최한 제1회 전조선육상경기대회를 소개하며 〈동아일보〉가 쓴 기사의 부제였다. 그해 6월 말에는 조선신문사가 주최하는 "여자올림픽" 대회도 열렸다. 소학교와 중등학교 여학생들이 주로 참여했는데 경기 종목은 "오십미(50미터 달리기)", "팔백미돌 리레(800미터 릴레이)" 등의 "튜랙 지부之部" 경기와 "고도高跳(높이뛰기), 광도廣跳(넓이뛰기)" 같은 "필드 지부之部" 경기와 "쌔스캐쏠 (바스켓볼, 농구)"⁶⁴ 등이었다. 이 '여자올림픽' 경기의 출전과 관람은 여성에게만 허락됐다. 그녀들만의 올림픽이었던 것이다.

　위의 제1회 전조선육상경기대회의 소개문은 이 대회가 올림픽 조선 대표를 선발하기 위한 대회인 양 착각하게 한다. 그러나 조선체육회는 임의단체에 불과했다. 올림픽 진출은 그야말로 미리 꾸는 꿈이었고 조선인은 1932년이 되어서야, 그것도 일본 대표단의 일원으로 올림픽 무대에 설 수 있었다. 그러나 올림픽 꿈에 대해 조선인들은 왠지 확신을 갖고 있었다. 그래서 "조선인의 운동계도 세계적으로 확대되어갈 것이요, 극동올림픽이니 세계올림픽이니 하는 중대한 회합을 앞두고 있는지라 장래 세계적 운동회에 참가하여 영광의 월계관을 얻으려는 용장한 선수는 미리부터 이 운동회에 참가하여 재주를 단련하라"고 말할 수 있었다.

　국제스포츠도 바로 그즈음부터 활발하게 국경을 넘어 다니고 있었다. 1896년에 시작된 근대올림픽이 현재와 같이 명실상부한 국제적 제전으로서의 꼴을 제대로 갖추게 된 것은 1928년 암스테르담대회부터였다. 46개 국이 참가한 이 대회에서 처음으로 여성의 참가가 허락되었고 아시아·아프리카 대륙의 국가도 본격적으로 참가하기 시작했다. 세계는 스포츠로 좁아지고 있었다. 민족들을 만들어낸 스포츠는 세계인과 '인류'도 만들어낼 것이었다. 스포츠를 통해 조선인의 세계상도 달라져가고 있었다.

1920년대에 아시안게임의 전신인 극동올림픽대회란 것이 있었고 1921년 상하이대회에 상하이에 살던 동포 몇명이 참가한 적이 있었다. 그들이 조선을 대표한 선수단이 아니었음에도 당시 〈동아일보〉 사설은 조선인 선수가 "국제적 경기대회에 참가한 것은 금차今次 상해의 예로써 효시"라고 규정했다. 그리고는 "조선인 선수의 참가는 선수 개인과 조선 스포츠계의 영예"일 뿐 아니라 "조선인이 국제적 무대에 제際하여 열국인으로 더불어 기를 다투는 시작이라 할지니 실로 조선인 전체의 큰 기쁨이 되는 것"이라며 흥분을 감추지 못했다. 감격의 근거는 "쇄국주의 하에 생활하여 왔으며 문약주의의 누습이 뼈와 살〔骨體〕에 투철하기 때문에 세계에 대한 관점이 전혀 없고 무용의 정신이 부족"한 조선 민족의 과거를 극복할 수 있다는 것이었다.[65]

조선의 운동계가 바야흐로 융성하여 그칠 바를 모르니

제1회 전조선육상경기대회는 1924년 6월에 열렸다. 이런 대회를 통해서 조선의 체육은 '운동회'의 수준을 완전히 넘어섰고, 세계를 겨냥

하기 시작했다. 대회에서 작성된 선수들의 기록은 세계 기록·극동 기록과 대조되기 시작했고, 각 경기의 룰과 경기장 규격 등도 막 제정되기 시작한 '세계 표준'을 따랐다.

조선의 체육은 근대적 제도로 정착되어가고 있었다. 지역의 '운동회'들도 물론 활기를 띠었고, 학교의 체육 과목을 통해 많은 사람들이 다양한 구기를 접하게 되었다. 그러면서 스포츠는 점차 제도로 되고 엘리트 선수들의 경기와 일반인들의 취미활동으로 분화되었던 것이다. 육상대회에 인력거꾼의 출전을 금지한 것도 이런 맥락에서 이해할 만하다.

1927년 8월 28일 서울 시내 4대 신문사, 즉 〈동아일보〉·〈조선일보〉·〈매일신보〉·〈중외일보〉의 "운동기자"들이 시내의 한 음식점에 모여 "운동기자단"을 결성하고 "기사의 정선精選과 사계의 통일"을 도모하기로 했다. 기자단 결성의 취지는 한마디로 현재 "조선의 운동계가 바야흐로 융성하여 그칠 바를 모르는 상황에 부응하기 위함"[66]이었다. 이처럼 1920년대 중반 이후 체육에 대한 조선인들의 관심과 참여가 더욱 높아지고, 각종 운동경기대회가 언론의 중요한 콘텐츠로 다뤄지면서 그야말로 체육입국體育立國의 깃발이 펄럭였다. 나라는 작아도 스포츠에는 강한, 20세기 '매운 고추' 한국인들의 목표가 뚜렷해지고 스포츠민족주의의 꼴이 제대로 갖춰지는 형국이었다.

1927년의 상하이극동올림픽대회, 1928년의 암스테르담올림픽대회를 거치면서 스포츠의 세계화는 더욱 가속화된다. 그리고 일본에서 열리는 각종 대회에 조선인들은 공식적으로 '지역' 대표로 참가하기 시작했다.

1920년대 후반에 일본 또한 스포츠와 국제대항전에 대한 관심과 열의를 높여나가고 있었다. 일본은 1927년 극동올림픽대회에서 주최국 중국을 누르고 첫 우승을 차지했다. 1925년 대회만 하더라도 일본은 구기 종목 등에서 당시 아시아의 스포츠 강국이었던 필리핀에게 참패를 당했었다. 그러나 일본은 완전히 달라지고 있었다. 일본은 그 군사력과 경제력이 그러했듯, 곧 미국·독일과 자웅을 다투는 세계 톱클래스의 스포츠 강국이 될 예정이었다.

일본 스포츠의 세계화에 대해서도 조선인들은 촉각을 곤두세웠다. 일본이 암스테르담올림픽 선수단 참가 예산을 8만 원에서 12만 원까지 올리는 과정도, 1928년 암스테르담올림픽부터 일본에 의해 올림픽에 "황화黃禍"가 닥칠 것이라는 독일 신문의 보도도 관심의 대상이었다.

그러나 완연히 뜨거워진 전국적인 체육열, 높아진 수준과 노하우에도 불구하고 역시 한국인은 단 한 명도 1928년 암스테르담올림픽에 참가하지 못했다. 하지만 서울의 각 일간지마다 암스테르담올림픽대회의 개막부터 종료까지 상세히 보도했다. 〈동아일보〉 8월 2일자 사설은 참가하지 못한 섭섭함을 이렇게 돌려서 말하고 있다.

조선은 아직 국제경기를 수입한 지 일천한 관계 외 기타 모든 정치적 사회적 환경으로 인하여 세계적으로 진출을 꾀할 이르지 못한 것이 사실이다. 또한 어느 민족 어느 때를 물론하고 다 그러하지마는 그 중에 더욱 운동경기 같은 것은 정치적 사회적 배경이 없어 가지고는 도저히 융성하기 어려운 것이 역사의 가르침이다.

우리 실력이 약하기도 하지만 '환경'이 허락하지 않는다는 것이다. 이 안타까움은 아시아·아프리카 등지에 있던 서구의 식민지들과 유색인종들이 암스테르담올림픽에서 선전하는 바람에 더 증폭되었다. 이 대회에서 인도가 하키에서 우승하고 이집트가 축구 4강에 오르는 한편, 필리핀과 일본도 선전했다. 사설은 "우리의 처지가 비록 어렵고 우리의 힘이 비록 미약해서" "거국적으로 많은 선수를 올림픽에 진출시키지 못한다 해도 누르미 같이 조선을 세계에 빛낼 자 있기를 절실히 바란다"고 끝을 맺었다. 누르미는 세계 기록을 열네 번이나 갱신해 '달리는 인간 기계'라는 별명을 얻은 핀란드의 육상선수다. 핀란드는 강대국은 아니었지만 누르미 같은 단 하나의 걸출한 스포츠 영웅을 배출한 덕에 올림픽에서 위상이 달라졌던 것이다. 그러나 한국의 누르미는 잘 준비되고 있었다.

국제 무대에서의 스포츠경기는 감격과 안타까움의 쌍곡선을 계속 만들어냈다. 조선인이 국제 무대에 '국가대표'로 나가기를 열렬히 원했지만 조선은 일본에 속한 지역의 이름이지 국가는 아니었다. '열국列國'은 조선을 알지도 못했고, 열구이 명단 안에 조선은 없었다.

이럴 때마다 왜 우리는 남의 식민지가 되어야 했던가, 하는 문제가 조선인들을 괴롭혔다. 일부 식민지 조선인들이 내린 결론은 간단했다. 우리가 지지리 못난 놈들이라 그렇다는 것이었다. 그 역사적 근거로 조선 왕조의 문약과 조선 말기의 쇄국주의를 드는 것이 많은 사람들의 상식이 되다시피했다.

이런 피학적 자의식은 특히 부르주아민족주의자들에게 널리 공유되었다. 그들은 오리엔탈리즘을 내면화하고 있었다. 오리엔탈리즘에 따르면 '세계'는 백인들 혹은 백인에 준하는 인종들에 의해서만 운영될 수 있었다. 조선인 부르주아민족주의자들은 "오인은 차제에 조선 운동가가 맹성猛省하며 조선 일반 사회가 크게 각성하기를 바라노니 현금은 일변두리〔地局〕에서 웅크리고 있을〔跼蹐〕 때가 아니라 세계적으로 활약할 때"[67]라고 외쳐댔다. 조선인들에게 필요한 것은 '세계', 즉 백인의 인정 認定뿐이었다. 물론 그것은 타자의 욕망이었다.

― 3장 ―

봉건의 썰물과 근대의 밀물이
해일을 일으키다

1926년 봄, 마지막 왕의 죽음

수레의 두 바퀴, 민족주의와 대중

1936년 여름 조선 사회를 휩쓴 손기정 신드롬은 어느 날 갑자기 일어난 우발적인 사건이 아니었다. 그 신드롬은 조선이 '민족적 대중사회'의 면모를 지니고 있었기에 가능한 일이었다.

1920년대부터 조선에서는 근대적 대중사회 형성의 계기가 나타나기 시작했다. 조선 스스로 대량 생산·소비 사회를 만들지는 못했지만, 일본과 구미에서 건너온 공산품은 이미 상당 부분 시장을 장악했다. 근대적 학교 교육이 보급되고 경향 각지에 도서관이 개설되었다. 신문매체와 출판물이 홍수를 이루었고 라디오와 유성기의 보급도 본격화됐다. 영화 관객도 나날이 급증했다. 이처럼 근대 사회의 특징이라 할 미디어 소비가 광범위하게 번져가자 취향과 이데올로기 면에서 평균화된 대중이 만들어졌다. 또한 공업화의 진전에 따라 많은 인구가 전통적 생활 조건과 촌락공동체를 벗어나 점점 도시로 몰려들었다.

한국에서도 민족주의와 '대중'은 처음부터 수레의 두 바퀴처럼 공존했다. 한국의 근대 민족주의는 위기의 사상이다. 그것은 애초에 외세의 힘에 의해 촉발되었다. 타자의 침해가 민족주의의 주체를 형성하게 했다. 한국의 민족주의는 피억압 민중의 삶과 정서에 어느 정도 맞았다. 일제에 의한 강점은 민중에게 직접적인 경제적 피해와 정치적 억압, 일상적인 차별을 경험하게 했다. 즉, 주권 상실로 인한 정치적·사회적 변동이 바로 민중의 경험에 큰 영향을 끼쳤기에 민족주의는 쉽게 피억압 대중의 사상이 되었다.

민족주의적 표상과 경험은 피억압 민중의 세계상이 형성되는 데 크게 기여했다. 1919년 3·1운동, 1926년 6·10만세운동, 1926년 영화 〈아리랑〉의 대히트, 1929~1930년의 파업과 학생 시위, 1935년의 유성영화 〈춘향전〉의 개봉 등은 '대중'과 '민족'이 폭발적으로 화학 결합하여 생겨난 사건들이며, 이런 사건을 통해 '대중'과 '민족'으로서의 경험은 재생산되었다. 일제의 탄압은 물론 좋은 촉매제 구실을 했다. 1926년 6월의 순종 인산과 만세운동은 그 양태를 가장 잘 보여주는 사건의 하나였다.

조선인들, '대중'으로 일어서다

1926년 3월 4일, 〈동아일보〉는 봄 패션 트렌드를 전망하며 연분홍색과 연옥색이 유행 컬러가 될 것이라 했다. 기사는 독자들에게 연분홍색 저고리에 연옥색 치마나 흰색 치마를 맞춰 입는 것이 가장 무난하고 유행에도 맞을 것이라 제안했다. 또한 저고리에 자주색 옷고름이나 빨간색 깃을 달아 입는 것이 화류계 여성들을 중심으로 다시 유행하기 시작하는데, 눈길을 끌게 아주 예쁘지만 자칫하면 천박해 보일 수 있으니까 주의할 필요가 있다는 조언도 잊지 않았다.[1] 원래 저고리에 자주고름을 달아 입는 것은 '나는 유부녀' 또는 '나는 여염집 아낙'이라는 기표였다. 하나 그 의미는 점차 변하고 있었다. 1910년대부터 여염집 여인들은 저고리에 강한 색깔의 고름을 잘 쓰지 않고 있었다.

그런데 〈동아일보〉의 그해 봄철 패션 예상은 완전히 빗나가고 말았다. 예상하지 못한 큰 변이 났기 때문이었다.

1926년의 봄이 무르익던 4월 25일 조선의 마지막 임금 순종이 죽었다. 순종은 전해부터 다리를 잘 쓰지 못할 만큼 부종이 심했고, 그해에 들어와서는 소화가 안 되고 배가 부르며 변비에 시달렸다. 전의典醫를 비롯한 의료진이 하루에 두 번씩 진료했지만 호전되지 않았다. 4월 초부터 병세가 매우 심각해지자 이왕직李王職은 만일에 대비해서 숙직에 돌입했고, 왕실 친·인척인 이강 공, 박영효, 윤덕영, 민영휘 등이 병실을 들락거렸다.

4월 하순에 들며 순종이 위독하다는 소식이 대중매체를 통해 본격적으로 알려지자 전국적인 신드롬이 일어났다. 평소에는 조선 왕실에 대해 무심한 편이거나 무심해야 했던 조선 민중과 일반 사회의 분위기로는 미처 예측할 수 없었던 사태가 벌어지기 시작했다. 그리고 결국 순종이 죽자 마지막 임금의 죽음을 통해, 썰물처럼 밀려나가던 '봉건'과 밀물처럼 들어오던 '근대'가 만나 거대한 해일을 일으켰다.

그것은 무엇보다 이데올로기의 문제였다. 조선 왕실과 임금은 채 스러지지 않고 남아 있는 봉건의 표상이었다. 공화주의는 대다수 민중에게 아직 익숙하지 않았다. 하지만 왕(실)이라는 표상은 민족주의적이며 동시에 대중적인 것과 결부될 수 있었다. 대중은 순종의 죽음을 통해 조선 왕실의 최후를 지켜보면서 국가를 상실했다는 사실을 새삼 진하게 상기했다. 추모 분위기는 민족주의적인 감정과 뒤섞여 남녀노소, 계급·계층의 벽을 허물고 온 조선을 눈에 보이지 않는 끈으로 묶어놓았다.

그러한 폭발은 근대적 네트워크와 매스미디어가 존재했기에 가능했다. 특히 신문이 여기에 단단히 한몫했다. 모든 신문들은 왕실과 '이왕李王 전하'의 사진을 싣고 임종 당시와 임종 후 왕실의 분위기와 동정을 연일 자세히 보도했다.

그리고 존재하는 모든 인적 네트워크가 가동되어 민족적 동원이 시작됐다. 우선 '이왕 전하'의 승하는 전통적인 농업사회의 조직을 움직였다. 봉건왕국 조선의 두 기둥이던 유생과 농민은 전국적인 '봉도奉悼'의 중요한 축이 되었다. 그리고 민중들은 인산이나 성복에 참여하기 위해 애도 자체를 목적으로 하는 자발적 조직들을 만들었다. 그 대표적인 예가 경향의 상민 조직이 참여한 '조선상민봉도단'이다.

또한 민족적 동원은 1920년대 이래 형성되어온 제반의 근대적 조직을 통해 이루어졌다. 서울과 지역 사회의 거점에 존재하는 각급 공사립학교·야학 및 청년회는 중요한 동력원이었다. 학생들이 조직한 맹휴는 '슬픔'의 전 계층적 확산에 결정적으로 기여했다. 그뿐 아니라, 인산을 저항의 기회로 삼고자 한 초근대적 조직들도 가동되었다. 조선공산당을 비롯한 다양한 노동운동조직과 청년단체가 '왕의 죽음'을 '반제반봉건' 투쟁으로 전화시키고자 조직적인 저항을 꾀했다.

농민과 유생, 학생과 노동자 계급, 노소와 남녀, 이 모든 힘을 합한 존재, 즉 '대중'이 인산을 통하여 자신의 존재를 증명했다. 만인이 만인의 움직임을 감지하고, 만인의 움직임이 다시 만인의 행위에 영향을 미치는 공간이 1926년의 봄과 초여름에 활짝 열렸다. 이 만인은 공동체와 조직으로 묶인 인간들 위로 떠 있는 익명의 존재들, 즉 대중이었다. 그들은 한편으론 무차별적이며 맹목적인 존재였다. 동시에 그들의 행동에는 무한한 자생성과 의식성이 함께 작용했다.

민족주의를 행동의 지침이자 정서적 동기로 삼은 대중 속에 여성과 학생, 농민과 노동자와 같은 '계층'이 한 데 얼룩았다. 초등학생이 맹휴와 철시를 선동하고, 기생과 장님들이 같이 시가를 행진했다.[2] 모던걸과 농부가 함께 망곡望哭하는가 하면, 유림과 노동자계급이 연대하기도 했다.[3] 그해 봄 '복벽複璧(왕조를 부활시킴)'으로부터 반자본주의적 '제국주의 일본 타도'가 하나의 스펙트럼 위에 죽 펼쳐졌다.

순종이 승하한 4월 25일부터 국장이 치러진 6월 10일 사이에는 메이데이와 조선박람회도 끼어 있었다. 이 모두를 종합한 국장은 죽은 아비를 장사 지낸 슬픔의 카니발이자 자본주의적인 이벤트였고, 유행을 창출한 즐거운 스펙터클이었다.

발상發喪

순종은 4월 25일 일요일 아침 6시 10분경 창덕궁 대조전에서 53세를 일기로 세상을 떠났다. 4월 26일에 초혼招魂, 역복易服이 있었고, 그날 밤 8시 35분에 정식으로 발상이 났다. 일본 궁내성 고시 제12호에 의거한 것이었다.

발상이 난 26일 밤은 음력으로 3월 보름이었다. 보름달이 창덕궁을 휘황하게 비추었다. 달빛 때문에 봄밤은 푸르렀으나 푸른 밤하늘 위로 울려퍼지는 곡소리 때문에 창덕궁의 공기는 더 흉측했다.

발상 소식은 북촌으로부터 서울 전체로 번져갔다. 북촌 이곳저곳에서 통곡하는 소리가 새어나오기 시작했다. 밤이 이미 깊었지만 서울 시내는 소식을 듣고 전차를 타거나 걸어서 종묘 일대와 돈화문 앞에 모인 사람들로 붐비기 시작했다.[4]

한 늙은 부인이 머리를 풀고 창덕궁 서쪽에서 구슬프게 곡을 하며 나타났다. 그것이 마치 신호인 양 궁 앞에 모였던 군중들은 일제히 통곡하기 시작했다. 사람들은 부모를 여읜 듯, 자식을 잃은 듯, 혹은 엎어지고 혹은 누워서 온몸으로 뒹굴며 머리를 쥐어뜯고 가슴을 두드리고 두 손으로 굳은 땅을 긁으며 통곡했다. 부인네 10여 명은 잔디에 엎어져서 꺼이꺼이 기가 막힌 울음을 울었다. 곡소리가 보름 밤하늘을 들끓게 했다.

돈화문 밖에 있는 전주 이씨 대동종약소大同宗約所에는 임시 곡반哭班이 가설되었다. 그곳에서도 사람들이 겹겹이 모여 앉아 곡을 했다. 곡성을 따라 돈화문 앞 네거리가 사람들로 꽉 메워지기 시작했다.

다음날 날이 밝자 슬픔은 더 빨리 전염되어갔다. 승하 소식과 함께 서울 북촌 상가들부터 모두 문을 닫았고, "화류촌"도 요정도 모두 "근신"에 들어갔다. 일거에 서울이 "적적"해졌는데, 휴업한 것은 기생뿐만 아니었다. 4월 27일부터 각급 학교들도 자진 휴업에 들어가기 시작했다. 전국에 흩어져 살던 구대한제국의 관료들도 서울로 속속 들어왔다. 철

시撤市가 거의 모든 직종으로 번져가는 가운데 총독부 당국은 은행의 휴업에 관해서만은 절대 허가하지 않았다. 또한 일반 시민의 망곡望哭은 허락했으나, 오후 6시 이후에는 '절대 금지'령을 내렸다.

그런 한편 1919년의 '나쁜 기억'이 있는 총독부 경찰과 헌병은 비상경계에 돌입했다. 발상 당일 돈화문 주변에는 200여 명의 기마경찰과 헌병이 24시간 배치되었고, 시내 곳곳에 1,600여 명의 경관을 분산 배

백성들은 순종의 승하 소식에 돈화문 앞에 모여들어 엎드려 통곡하였다. 비록 나약한 왕이었지만, 왕은 망국의 표상이었기에 조선 사람들은 슬펐다.

치하여 '거동 수상자'를 무차별 연행하기 시작했다.⁵

실업자 송학선, 일인의 배를 찌르다

이러한 상황에서 4월 28일에 일어난 '금호문사건'과 국수회國粹會こくすいかい의 모독사건은 불에 기름을 붓는 격이었다.⁶

서울 북아현동에 살던 스물아홉 살 송학선은 실직자였다. 일본인이 경영하는 농기구 회사를 다니다 각기병으로 해고당했다. 평소에 안중근을 존경했던 그는 일종의 자생적인 민족주의자였다. 회사에 다니면서 일본인들에게 받은 차별과 해고도 영향을 끼쳤다. 학선은 왕의 죽음에 대해 일본인들에게 복수하는 구체적인 방법을 생각하고 있었다.

1926년 3월에 학선은 길이가 13센티미터가 넘고 손잡이가 동물 뼈로 된 고급 과도를 하나 주웠다. 그는 과도를 숫돌에 정성스레 갈아서 미닫이 위에 숨겨두었다. 그리고 그 칼로 언젠가 사이토 마코토齊藤實 총독을 죽이리라 결심했다. 복수를 위해서였다. 집 뒤의 애기능에 올라 소나무 앞에서 사람 배에 칼날을 밀어 넣는 연습을 하였다.

4월 26일 학선은 어머니가 준 돈 3원을 들고 장충단으로 갔다. 장사 밑천이 될 물건을 사기 위해서였다. 거기서 학선은 임금이 승하했다는 소식을 들었다. 학선은 장사를 포기하고 바로 창덕궁 앞 망곡장으로 달려갔다. 그리고 창덕궁 서남문인 금호문으로 총독부 고관들이 출입하는 것을 보게 되었다.

이튿날부터 학선은 사이토 총독이 금호문을 통해 문상오기를 기다리기 시작했다. 하루 종일을 기다렸지만 사이토는 나타나지 않았다. 28일에도 학선은 아침부터 금호문 앞으로 출근했다. 왼쪽 품속에 칼을 숨기고 위에는 셔츠, 아래에는 한복 바지를 입은 채였다.

붐비는 군중들 틈에서 몇 시간을 오가며 기다리던 중, 오후 1시 10분경에 일본인 세 사람이 탄 무개차無蓋車가 창덕궁 경내로 들어왔다. 군중들 중 누군가가 '사이토 총독이다'라고 수군댔다. 학선이 보기에도 셋 중 가운데 앉은 살진 사내가 총독 같았다. 학선은 그의 사진을 본 적이 있었다. 온몸의 근육이 굳어지고 목덜미에서 뜨거운 기운이 올라왔다. 주저앉을 것처럼 맥이 풀리는 느낌도 들었다. 기다리던 때가 드디어 온 것이다. 몇 번 크게 숨을 내쉬었다. 마음을 다잡고, 품속에 있는 칼만 생각했다. 칼날이 뾰족하게 가슴팍에 닿는 듯했다. 그러자 믿기 어렵게 차갑고도 침착한 기분이 차츰차츰 피어올랐다. 그리고 온몸의 근육에 기분 좋게 힘이 들어갔다. 머릿속은 맑고 하얗게 되었다. 이제 준비가 된 것이다.

금호문을 나온 무개차는 많은 사람들 때문에 잘 움직이지 못했다. 학선은 발걸음을 재게 놀려 차 뒤에 바짝 따라붙었다. 차가 방향을 바꾸어 흰 옷 입은 사람들 사이를 헤쳐 나가려고 멈추어 섰다. 기회였다. 학선은 자동차에 뛰어올라 타고 오르며 왼손으로 차창틀을 움켜쥐고 오른손으로 칼을 뽑았다. 지체 없이 뒷자리 중앙에 앉아 있던 사이토를 찌르려 했다. "난다なんだ(누구냐)?" 사내들이 경악해서 소리를 질렀다. 왼쪽 앞자

리에 있던 자가 학선의 다리를 잡아 넘어뜨리려 했다. 그러자 학선은 그 사내를 먼저 찔렀다. 두 번이었다. 칼은 사내의 오른쪽 폐와 위를 상하게 했다. 사내는 칼이 박힌 채 몸을 구부렸기에 치명상을 입었다. 학선은 칼을 뽑았다. 사내의 피가 여름날의 소나기처럼 후두두둑 쏟아졌다.

학선의 표적이 된 가운뎃자리의 사내는 앞좌석의 남자가 칼을 맞는 동안에도 어찌할 바 모르고 떨고만 있었다. 학선은 틈을 주지 않고 그 사내의 가슴에 연거푸 두 번 칼을 박았다. 눈 깜짝할 사이였다. 한 번도 실제로 그렇게 해본 적은 없지만 북아현동 애기능 소나무 앞에서 연습한 대로였다. 인간의 몸은 너무 쉽게 칼날을 받아들였다.

학선은 재빨리 차에서 내려 칼을 든 채 뛰기 시작했다. 비명 소리와 호각 소리가 들리는 듯했다. 마침 근처에 있던 기마경찰 후지와라와 서대문경찰서 소속 조선인 순사 오환필이 학선을 향해 달려들었다. 학선은 침착하게 피하며 오환필의 배를 찔렀다. 그리고는 계속 앞을 보고 뛰었다. 학선의 손에서는 사이토의 것인지 오환필의 것인지 모를 핏물이 떨어져 줄을 만들었다. 호각 소리가 어지러웠다.

어느새 휘문고보 앞이었다. 눈에 띄는 골목으로 들어갔다. 지원을 요청하는 호각을 불며 말을 타고 따라온 후지와라가 칼을 꺼내 베려 했다. 잽싸게 피한 학선은 오히려 돌을 던져 후지와라의 팔을 맞췄다. 후지와라는 칼을 떨어뜨리고 말았다. 학선이 재빨리 그 칼을 주워서 후지와라의 머리를 쳤다. 어느새 십수 명이 학선의 뒤를 쫓고 있었다. 이윽고 기마순사들과 형사들이 골목 앞에서 그의 앞을 막아섰다. 학선이 칼을 휘두르자 형사들은 흠칫 뒤로 물러났다. 뒤따라온 헌병 두 명이 총을 꺼내 학선을 향해 위협조로 네 발을 쏘았다. 학선은 "오냐, 쏴 죽여라"며 두 팔을 벌렸다가 다시 뛰기 시작했다. 그러나 결국 길을 잘못 들었다. 말을 타고 따라붙은 기마경관 여럿이 한꺼번에 그를 덮쳤다. 어느 틈엔가 길을 지나던 휘문고보생들이 이 광경을 구경하고 있었다. 경찰에게 팔이 꺾인 채 포박을 당하며 학선은 경찰의 팔다리 사이로 머리를 내밀어 "애들아, 만세 불러라, 만세!" 하고 외쳤다.

학선은 경찰에 가서야 자신이 찌른 자가 사이토 총독이 아니라는 것을 알고 허탈해했다. 학선은 사이토와 좀 닮은 데가 있는 일본 우익단체인 민회 이사 사토를 죽인 것이었다. 먼저 칼을 맞은 앞자리의 사내는 국수회 부회장 다카야마였다.

일본 경찰은 학선이 사이토 총독을 살해하려 했다는 것을 알고 경악했다. 그들은 학선이 단순강도인 줄 알았던 것이다. 백주 대낮에 총독을 살해하려 한 대담한 조선인이 있을 줄은 짐작하지 못했던 것이다. 순종의 죽음이 만든 돌발적인, 그러나 필연적인 사건이었다.

다카야마와 조선인 순사 오환필은 병원에서 절명했다. 〈조선일보〉와 〈동아일보〉가 호외로 이 소식을 알릴 예정이었지만 총독부 경무국이 이를 막았다. 그러나 목격자가 너무 많았다. 조선인 칼잡이가 일본인들을 처단했다는 소문은 삽시간에 번져나갔다.

가난한 조선 청년 송학선이 왜인들을 찌른 이날 오후 늦게 일본 낭인들이 만든 보수우익조직인 국수회 회원들 10여 명이 자동차를 몰고 경복궁 정문으로 돌입했다. 송학선 사건의 영향인지 이유는 알 수 없었다. 그들은 모여 있던 궁궐 신하들과 백성들을 헤집고 다녔다. 그중에는 유도복을 입은 자에다, 곤봉을 든 자까지 있었다. 그 광경을 목격한 유생들과 시민들은 엄청난 불경에 대로했지만 그 서슬을 말릴 자가 아무도 없었다. 일본 경찰과 경비원들도 그들을 제지하지 않았다. 이 일로 조선인들의 비판 여론이 비등했고 이 문제를 해결하기 위한 조직체가 따로 생겨났다. 사안이 민족주의적으로 발전해가는 데 일본인이 일조를 한 셈이었다.

애도의 공간

'봉도'는 전국의 근대적·전근대적인 공간을 잠식해갔다. 가장 대표적인 공간은 학교였다. 중등학생뿐 아니라 초등학생들도 자발적으로 수업을 중단했고 여학생들은 머리를 풀어헤쳤다. 정동에 있는 이화학당 여학생들도 발상 다음날 아침부터 일제히 망곡해서 정동 일대에는 곡성이 진동했다. 진명·숙명 등의 여학교들이 앞장서 상복을 입기로 했다. 학생들은 민족적 감정에 북받친 '대중'의 중핵을 차지했고 그 슬픔의 행렬을 이끌기도 했다.

봉도의 물결은 점차 더 빨리 전국적으로 더 넓게 퍼져나갔다. 4월 29일 현재, 경성제2고보, 춘천고보교, 괴산보성숙, 죽산공보교, 전주기전교, 강경보교, 예산농교, 상주공보교, 대구 남녀 각교, 원산공보교, 순천

야학회, 전주고보교, 홍성유치원, 진주일신교 등등이 이미 휴교 상태였다. 일본인이 교장인 지방의 공립학교 중에서는 휴교를 하지 않는 학교들이 있었으나 학생들은 자발적으로 맹휴를 조직하기 시작했다. 그리고 노인들과 학생들뿐 아니라 유생들도 상경하기 시작했다. 서울 시내 명치정明治町 종현 천주교회당에서는 신부와 수녀들이 곡을 했다. 또한 예수교회당, 불당들에서도 축도를 올렸다.

상점들이 문을 닫았다. 철시는 오래된, 전통적인 애도의 방식으로서 자연스럽고도 자발적인 민중의 참여였다. 성황당과 향교 같은 지방의 전통적인 공간도 모여서 곡을 하기에는 아주 적절한 장소였다. 전남 순창군 내양로재에서는 소복한 10여 명의 여인이 성황당에서 곡을 했고, 전북 김제 사람들은 향교에 모였다. 논산에서는 청년회에서, 순천에서는 노인당에서 망곡했다. 개성에서는 동포는커녕 그전에는 인간도 아니던 형평사 회원들이 도수屠獸를 중단하고 송악산에 올라 남쪽을 바라보며 곡했고, 경북 영주 인근의 유생 50여 명은 구성공원에서 북쪽을 보며 곡했다. 경남 진주의 유림儒林 회원들은 공자묘에서, 일반 시민들은 촉석루 앞에 모여서 호곡했다.[7]

5월 1일은 초상이 난 후 정식으로 상복을 입는 성복成服날이었다. 토요일인 이날은 메이데이이자 어린이날이기도 했다. 경찰이 미리 모든 집회와 행진을 금해 어린이날 행사는 음력 5월 1일로 연기되었다.

조선공산당은 오래전부터 준비해오던 메이데이 시위 투쟁을 취소했다. 6·10 인산일에 집중하기 위해서였다. 그러나 지역별로는 소규모 자발적인 메이데이 기념 집회와 강연회가 열리기도 했고, 경찰의 제지로 무산되기도 했다. 원산 각 사회단체 연합은 4월 29일부터 원산제2보통학교에서 메이데이 기념 시민육상경기대회를 열기로 하였으나 국상으로 인해 연기했고, 충남 강경의 단체들도 행사를 연기했다.

그러나 화창한 봄날, 조선 사람들은 봄에 겨워 마음에 겨워 거리로 나왔다. 전국 각지에서 상경한 사람들이 흰 옷을 입고 돈화문 일대로 몰려들었다. 공식 행사는 없었지만 노동자들은 아이들을 데리고 거리로 나왔고, 기생과 장애인들도 이날 봉도에 참례했다. 5월 1일 오후 1시경 서울 안국동 부근의 인파는 무려 10만을 넘었다.[8]

갓 쓰는 이는 백립白笠이나 검은 갓을 흰 종이로 두른 것을 쓰고, 베 두루마기에 미투리나 흰 신을 신었다. 여성들은 머리에 흑각 비녀나 나무 비녀를 꽂고 깃옷이나 소복을 입었다. 발에는 짚신 미투리나 흰 신을 신었다. 여학생들은 검은 댕기나 흰 댕기를 매고 깃옷이나 소복을 입었다. 돈화문 앞거리는 마치 폭설이 내린 듯 온통 흰색 물결이었다. 오직 경찰들이 쓴 붉은 모자만 점점 찍혔다. 경찰은 병력이 부족하여 경찰관 양성소 견습생들까지 동원하였다.

국상이 발생한 4월 25일부터 8일간, 종로경찰서 관내에서 봉도와 관련해서 검거된 사람은 17명이었다. 그러나 경관이 '주의 제지' 조치를 한 건수는 무려 2만 8천 건에 달했다. 저녁 6시가 되면 곡은 일체 금지였는데, 이를 지키지 못하는 조선 사람들이 많았다.

종로의 기생들은 26일부터 30일 사이 닷새간 휴업을 했는데, 유명한 고급 식당 식도원은 계속 영업을 해서 시민들이 열 받기도 했다.[9] 기생들은 5월 1일에 영업을 재개했으나 그날 화대는 총 295.45원으로 평상시 매상의 50퍼센트에 그쳤다.

종로서 관내에는 우미관·단성사·조선극장 세 극장이 있었다. 우미관은 내부 수리로 전부터 휴업 중이었고 단성사와 조선극장은 4월 27일에서 29일까지 사흘간 문을 닫았다. 4월 25일에는 극장 관객이 1,787명, 4월 26일 584명으로 크게 줄었다. 극장 영업이 재개된 4월 30일에는 1,634명으로 늘었지만 성복이 있던 5월 1일에는 토요일인데도 1,264명으로 더 줄었다. 일요일인 5월 2일에 관객수는 평소보다 약 30퍼센트 감소한[10] 2,144명 정도였다. 이왕직에서 발표하기를 4월 27일부터 5월 1일까지 돈화문 앞의 공식 봉조자는 23,753명, 일반 망곡자는 40여 만에 달했다.

조선체육회가 주최하고 동아일보사가 후원하는 제7회 전조선축구대회는 가을로 연기됐고, 원래 6월 10일부터 개최하기로 한 제6회 전조선정구대회는 국장이 끝난 뒤 6월 17일에 열기로 했다.

대중적인 신드롬은 잠시나마 다른 일상의 일들을 부차적인 것으로 만들고, 사람들이 살아가고 있는 시간의 의미를 환기하게 만들었다.

집단적 슬픔의 성격

아니 울고 어리하리!

표현은 언제나 간명하지만 사실 민중의 심성은 늘 복잡한 것이다. 더구나 슬픔은 가장 비분절적인 원초적 감정이다. 1926년 봄의 큰 슬픔에는 여러 가지 것이 한데 뒤섞여 있었다.

당시 〈조선일보〉는 민중들의 크나큰 슬픔의 물결이 어디서 왔는지를 분석해, "조선인은 지금 정치적으로 경제적으로 그리하야 사회적으로 매우 암담한 경지에 있어서 건듯하면 절망적 경향에 빠지게 되는 것"이라 했다.[11] 옳은 지적이었다. 건드리면 터질 지경으로 깊이 암담했는데 계기를 만나 정말 터졌다는 것이다. 조선 민중의 슬픔은 마음 깊이 자리한 분노와 연결된 것이다.

김유연金有淵이라는 〈동아일보〉 독자는 '이 설음이 무슨 설음이냐?'라는 제목으로 글을 투고해(4. 30) 다음과 같이 읊었다.

아! 이 울음이 무슨 울음이냐. 구슬픈 비바람이 오락가락하는 창덕궁 돈화문 앞에 수만 노소남녀 백의의 대중이 땅을 두드려가며 애끓는 울음 소리가 구천에 사무치니 아! 이 무슨 울음이냐?
원통함이 있어도 호소할 곳이 없는 우리! 설움이 있어도 울 곳이 없는 우리! 남에게 짓밟힘을 억울히 당하고 있는 우리! 아니 울고 어이하리! 어이하리!
삼천리 근역아! 울어보자! 하늘이 불상타 아니하랴! 우리의 눈물이 백두산을 넘치도록 울어보자!
뉘라서 이 울음을 막을소냐. 승평시대 예전 울음이 아니다. 이 울음은! 머리를 부딪혀가며 맘껏 울어보자! 피가 끓게 울어보자! 아! 백의동포들이여!

생짜로 제 감정을 드러내고 있는 이 글에 무수히 등장하는 '울(음)'이라는 어휘와 느낌표는 넘치는 비분절적인 감정의 기표들이다. 그 감정의 덩어리 속에는 학대당하고 있는 자로서의 고통과, '백두산'과 '백의 동포' 같은 표상을 떠올리는 심정적 민족주의가 뒤섞여 있다. 과연 왕의 죽음이 슬픈 것인가. 그럴지도 모른다. 그러나 그보다 더 결정적인 것은 그러한 표상과 매개를 통해 발견하는 자기연민이다. 평범한 인간의 슬픔은 9할이 늘 자기연민이다. '맘껏 울어보지! 피가 끓게 울어보자!'에서 알 수 있듯이 집단적 슬픔은 그 자체가 목적이다. 다른 감정과 의식으로 승화되지 않아도 되는 그런 완결된 감정이다.

전통적 지식인이자 유생인 송상도도 슬픔의 비분절성을 지적했다. "오늘의 이 곡성이 융희 황제를 위한 것인지, 대한大韓을 위한 것인지, 열성조列聖祖의 하늘에 계신 영혼을 위한 것인지 알 수 없다."¹² 그러면서도 그는 그 슬픔을 유생인 자기 입장에서 해석했다. "고종 황제 상사喪事 때에는 실로 울 만한 곳이 없었다. 그렇다면 오늘에 어찌 한바탕 통곡할 수 없을 것이랴? 누구를 위한 울음임을 말할 것 없이, 여기서 우리 동포들에게 아직도 옛 임금을 잊지 않는 마음이 있음을 알 수 있다"고 했다. '옛 임금을 잊지 않는 마음'이 복합적인 심경의 핵심이라는 해석이다.

'나라'가 '공식적으로' 망한 지 16년. 식민지 조선인들에게 죽은 임금은 과연 무엇이었을까? 망한 나라의 죽은 임금도 무서운 아비나 국가와 동일시될 수 있는 상징이자 '대타자the Other'일 수 있는가?

황제라는 허울을 썼지만 왕이라 하기에는 이미 힘이 없어 아무 것도 못했던 왕이 순종이다. 그러나 바로 그러했기 때문에 그는 뒤늦게, 죽은 뒤에야 그의 조상들과 함께 깨어나 임금 노릇을 하고 있었다. 그는 약한 백성의 심정이 투사되기에 꼭 알맞게 허약했고 허무하게 죽었다. 그래서 그는 500여 년이라는 시간을 대신하는 강력한 기표였고, '망국'을 감각하게 하는 민중의 표상이었다.¹³

슬픔의 우상 앞에 무릎을 꿇지 마라!

그처럼 슬픔과 분노가 범벅되어 있었기에 막연한 애도를 떼어내어야 좀 더 현실적인 인식과 자각으로서의 민족주의도 실제로 가능할 것이었다. 그런 점에서 심훈의 시 〈통곡 속에서〉는 김유연·송상도의 글과는 많이 달랐다. 근대적 지식인이었으며 사회주의에 경도되기도 했던 심훈은 슬픔에 몸을 던진 민중을 십분 이해하면서도 슬픔의 비분절성을 냉철하게 비판했다.

(전략)
검은 댕기 드린 소녀여
눈송이같이 소복 입은 소년이여
그 무엇이 너희의 작은 가슴을
안타깝게도 설움에 떨게 하느냐
그 뉘라서 저다지도 뜨거운 눈물을
어여쁜 너희의 두 눈으로 짜아내려 하더냐?

가지마다 신록의 아지랑이가 되어 오르고
종달새 시내를 따르는 즐거운 봄날에
어찌하여 너희는 벌써 기쁨의 노래를 잊어버렸는가?
천진한 너희의 행복마저 차마 어떤 사람이 빼앗아갔던가?

할아버지여! 할머니여!
오직 무덤 속의 안식 밖에 희망이 그친 노인네여!

조팝에 주름잡힌 얼굴은 누르렀고 세고世苦에 등은 굽었거늘
복자腹子를 쥐어짜며 애통하시는 양은 참아 뵙기 어렵소이다.

그치시지요. 그만 눈물을 거두시지요.
당신에의 쇠잔한 백골이나마 편안히 묻히고자 하던 이 국토는
이방異邦 사람의 '호미'가 샅샅이 파헤친 지 이미 오래거늘
지금에 피나게 우신들 한 번 간 옛날이
다시 돌아올 줄 아십니까? (중략)

오오 쫓겨가는 무리여
쓰러져버린 한낱 우상 앞에 무릎을 꿇지 말라!
덧없는 인생, 죽고 마는 것이 우리의 숙명이어니
한 사람의 돌아오지 못함을 굳이 서러워하지 말라
그러나 오오 그러나
철천徹天의 한恨을 품은 청상青孀의 설움이로되
이웃집 제단조차 무너져 하소연 할 곳 없으니
목메어 울고자 하나 눈물마저 말라붙은
억새抑塞한 가슴을 이 한날에 뚜드리며 울자!
이마로 흙을 부미며 눈으로 피를 뿜으며……
(4월 29일 돈화문敦化門 앞에서)[14]

검은 댕기 맨 소녀, 소복 입은 소년, 누렇게 뜬 얼굴로 통곡하는 노인들. 시인은 슬퍼하는 각계각층의 민중의 모습을 낱낱이 열거하고 난 뒤, 슬픔은 가버린 "옛날"을 돌아오게 하는 힘일 수는 없으니 눈물을 거두라 한다. 그리고 "오오 쫓겨가는 무리여 / 쓰러져버린 한낱 우상 앞에 무릎을 꿇지 말라!"고 했다. 이 대목이 결정적이다. 민중의 슬픔은 철천의 한 같은 것이되, "쓰러져버린 한낱 우상"에 불과한 조선 왕에 대한 애도를 넘어서야 한다는 것이다.

이는 심훈만의 인식은 물론 아니었다. 김단야金丹冶가 상하이 조선공산당 임시지부에서 건네받아 6월 10일 순종 인산일에 국내에 뿌리게 한 전단지의 내용도 그와 비슷했다. 이 전단도 "민중의 통곡은 참으로 거짓 없는 진심의 표현이"라 하여 그 슬픔을 이해한다 하면서도 '순종의 승하'를 "창덕궁昌德宮 주인 이척의 죽음"이라 의식적으로 낮춰 표현했다. 또한 "군중의 통곡과 복상의 진의"가 기실 민족 해방에 대한 열망에 있음을 분명히 하고, 이를 가리고 민중의 슬픔을 봉건적인 '충효忠孝'에 묶어두려는 일부 부르주아민족주의자들을 강하게 비판했다.

> 왜적에게 아부하는 매문배賣文輩들이 교필巧筆을 농롱하여 민중을 속이려고 하였다. 즉, 이척의 재위 당시의 성덕聖德을 칭송하고 평시의 효성을 찬탄하여 금일 민중의 비곡悲哭 몽상蒙喪은 왕년의 이척의 성덕을 그리워 그 효성에 감격하여 그의 죽음의 비애를 통곡 복상하는 것이 당연한 일이라고 선전하였다.[15]

그랬다. 그가 누구든 어떤 일을 했든지 간에 그가 망자亡者가 되어버린 순간 모든 허물을 덮어주고 용서해버리는 지극히 '한국적인' 정서가 작용한 것인지는 모르되, 1926년 봄 민중의 정서에도 이와 비슷한 것이 분명 흐르고 있었고 〈동아일보〉를 비롯한 신문들이 이를 조장한 바 있었다.

순종이 죽고난 뒤 처음 발표된 〈동아일보〉의 1면 사설은 굵은 검은띠를 둘렀다. 그리고 "대행애사大行哀辭, 울려고 해도 다시는 잊지 못할 이 설움"이라는 제목을 달고서 다음과 같은 장중한 의고체의 문장들로 씌어져 있다.

> 옥후玉候가 강예康豫(임금의 건강)하시던 평석平昔에도 구중九重을 바랄 때마다 형용하기 어려운 느낌을 스스로 억제치 못하였었다. 그러나 바랄 때 느꺼울망정 계시거나 하는 생각이 느꺼움 속에 섞이어 그래도 위안이었고 그래도 의의依倚가 있다가 이제 벌써 용어龍馭(임금이 타는 수레) 향하여 2천만의 눈물을 마지막 뿌리게 되니 슬프다 인간의 비애가 이에서 지나는 것이 있을까 생각이 깊을수록 설움이 깊고 설움이 깊을수록 언어가 그치니 차라리 붓대를 꺾고 종이를 찢어 마음껏 쓰지 못할 비애를 그대로 감추고자 하나 조금이라도 드러냄이 없고는 우리의 애정哀情이 더욱이 견디지 못함에야 어이랴. / 대행은 순효이시니 고종 재조세하실 때 잠시도 곁을 떠나지 못하시다가 (하략)

사설은 '그래도', 즉 망한 나라의 임금이라도 그 마지막 임금이 느껴

웠고 '그래도' 의지가 되었다〔依倚〕는 말 속에 복잡한 심경을 담고 있다. 그리고 '마음껏 쓰지 못할 비애'라 해서 일제의 검열과 언론 부자유에 대한 분노도 우회적으로 드러냈다. 그러면서도 글쓴이는 자신의 심사를 결국 '신민'된 자세에 귀착시키고 '2천만의 눈물'에 슬쩍 같이 얹어 놓았다.

그러고는 두 번째 단락에다 엉뚱하게도 죽은 임금이 '순효' 즉, 지극한 효자였다는 점을 언급하였다. 이는 전통적인 애도문에서 망자가 어떤 덕을 지닌 인간이었는지를 추회하는 필법을 따른 것이기도 하겠는데, 지극한 효자였다는 데 한 단락이나 할애함으로써 다분히 봉건적인 발상을 드러냈다. 잘한 일이 효밖에 없다는 마지막 왕이 바친 효란 왕조에 대해 백성이 바쳐야 할 충忠의 모범이다. 효와 충은 하나라서 백성은 제 아비를 섬기듯 왕조에 충성해야 한다. 결국 이 사설은 조선 왕조 전체를 회고하고 그를 조상弔喪하는 데로 귀결된다. 다음이 글의 마지막 대목이다.

> 이제 이르러 오백 년간 성군 의쇄이 일시에 거듭하심 같으니 고금을 어찌 실성失聲치 않을 수 있으랴. 우리 민중아 울라 조업肇業하신 태조를 울라 치공 높으신 태종을 울라 성인 임금 세종을 울라 인종 효종 정종을 울라 열조열종列朝列宗을 울라 마지막으로 대행의 용어를 울라

민중은 왕조를 연 태조부터 태종, 세종, 효종, 정조 등, 조선 왕실의 종말 자체를 슬퍼해야 한다는 것이다. 그러나 심훈의 말대로 '이조'는

이미 과거에 죽었다. 그리고 "창덕궁 주인 이척"과 왕실, 그들의 무능과 비겁은 수많은 민중을 죽음과 가난 앞으로 내몰았다. 왕과 왕실은 자신의 역사와 함께 옥쇄하지 않은 무기력한 포로였을 뿐이기 때문이다.

그렇다면 사실 별로 슬플 이유가 없다. 오히려 왕의 초라한 죽음은 민중들이 '봉건'과 '이씨 왕조'와 결정적으로 결별하게 되는 역사적 계기 자체일 수도 있지 않겠는가. 그래야만 민주공화국 건설에 대한 민중의 동의를 쉽게 확보할 수 있지 않겠는가. 그런 역설을 통해 역사는 비약해 갈 수도 있을 것이다. 심훈이나 6·10만세운동을 주도한 민족적 사회주의자들은 그런 사실을 알고 있었을 것이다. 〈동아일보〉의 사설은 퇴행적인 것이었다.

그런데 조선 왕실의 몰락에 그런 역사적 역설이 숨어 있음을 눈치 챈 것은 총독부 기관지 〈매일신보〉였다. 그들은 그 역설을 간교하게 '아전인수' 했다. 그들에 의하면 순종은 "일한병합의 위업을 단행하신" 일방一方의 원수元首이시며, "상근일가桑槿一家의 활교훈活教訓을 수垂해오신 대사표大師表"였다. 순종이 한일합방의 한국 측 장본인이자 일본과 한국이 하나라는 것을 보여준 큰 모범이라는 것이다. 이런 견지에서 〈매일신보〉는 한일합방이 되던 1910년 8월 29일을 상기시키고는 이즈음에 순종이 "짐은 이미 백성을 잊은 것이 아니라 백성을 구활하고자" 합방에 동의했다는 사실을 강조했다. 그리고는 이씨의 왕조는 죽었지만 또 다른 왕조가 있으며, 조선 민중의 안녕은 일본 천황에 의해 보장되었다는 것이다. 그러니 이씨의 마지막 임금은 염려 말고 저 나라로 가라는 논조로 매듭지었다. 조선 민중의 심정과는 가장 반대되는 방향의 해석이다.

> 전하께옵서는 비록 훙거薨去하셨지마는 이씨종묘李氏宗廟와 조선 민중의 안녕은 이미 명치대제明治大帝의 조칙詔勅으로 영구히 보장되었으니 전하는 비록 훙거하셨으되 또한 훙거치 않으신 것과 일반이로다.[16]

슬퍼하지 않고 방탕히 놀다가 뭇매를 맞다

집단적 감정은 곧잘 히스테릭한 증상이나 행동을 만들어낸다. 왕이 죽은 다음날, 4월 26일 오사카내선협화회 숙박소에 살던 32세의 조선인 김덕중이 암모니아 30그램을 먹고 자살을 기도했다. 김덕중은 본래 "명문의 자질(아들과 조카)"로 아버지가 세상을 떠난 뒤 처자를 버리고 일본에 와서 술집 영업사원을 하고 있었다. 그는 순종 승하 소식을 듣고 약 두 시간 동안이나 애통해 하다가 유서 석 장을 써놓고 독약을 먹었다.[17]

평남 용강군 광량만에서는 5월 2일에 시민 600여 명이 공립보통학교 운동장에 모여 봉도식을 하고 있었는데, 노웅도라는 그 학교 선생이 한 시간 동안이나 애통해하다가 기절한 일도 있다.[18]

순종이 죽은 4월 26일부터 5월 초에 슬픔의 공동체 같은 것이 급격히 형성되고 있었는데, 그런 공동체의 대열에서 벗어나 있는 존재들도 있었다. 그들은 주로 돈 가진 자들이었고, 많이 가진 자들답게 냉소적이며 경건하지 않다는 것이 문제였다. 그런 자들과 왕의 죽음을 슬퍼해 마지 않던 민중 간에 갈등이 빚어졌다.

경남 함안군에 살던 김영규와 최봉한은 4월 29일에 기생 몇 명을 데리고 요릿집 공주옥에서 "방탕히 놀다가" 망곡장으로 모이던 시민들에게 구타를 당했다.[19]

충남 공주에서는 유림과 노동자들이 연서連書하여 도평의원이며 변호사인 임창수를 고소했다. 임은 29일 술을 마시다가 동석한 기생 초선이 국복 입은 것을 보고 갖은 모욕적인 발언을 하고 왕실에 대해 불경한 언행을 했다는 것이었다.

양산의 배 모와 최 모는 상중에도 "조금도 삼가는 태도가 없이" 요릿집에서 술 먹고 놀았는데, 양산청년회의 간부들과 이 문제로 시비가 붙었다. 기분이 상한 배와 최는 폭력배를 시켜 양산청년회 회장 등을 감금 폭행하여 인사불성에까지 이르게 했다. 사실을 알게 된 "일반"은 이들을 매우 비판했다. 이 둘은 부자인데다가 원래부터 돈지랄을 하여 인심을 잃은 자들이었다. 울산 동래 김해 등의 인근 청년회가 양산청년회와 협력하여 대책 마련에 들어갔다.

전주의 경우는 때리고 맞은 사람이 반대였다. 전주 고산에서 장사하던 심만식은 철시 봉도로 장사를 쉬게 되는 바람에 5월 2일 저녁 친구 7~8명과 함께 동리 시냇가에 있는 망북대에서 음주가무를 즐기다가 동리 청년 이금재와 시비가 붙었다. 국상 기간인데 왜 삼가지 않느냐고 스무살 짜리 이금재가 대든 것이다. 여기에 동네 사람들까지 끼어들어 심만식과 친구들은 몰매를 맞았다.[20] 전주 심만식과 그 친구들이 동네 사람들에게 맞은 이유는 아마도 공주의 변호사나 돈지랄하던 양산의 유지배 모·최 모와 달리 무척 만만했기 때문일 것이다. 냉정하게 무지렁이들의 슬픔 공동체에 끼지 않고 냉소할 수 있었던 돈 많은 자들과 달리, 심만식은 그저 별 생각 없이 행동한 까닭에 혼쭐이 난 것이다. 국상은 국상이고, 봄꽃놀이는 봄꽃놀이여야 하는데, 어떤 민중들의 심사는 날카로웠던 것이다.

한편 전북 익산군에 있던 이완용의 묘가 파헤쳐진 것은 4월 29일의 일이었다. 고종의 죽음이 격발탄이 된 3·1운동 때, 앞장서서 민중의 자제를 '경고'하기도 했던 '매국노'의 대명사 이완용은 그해 2월에 죽었다. 경찰은 4월 30일부터 이완용의 묘소에 경찰 한 명을 배치시켜 감시케 했다.[21]

또한 슬픔 공동체의 대열에 끼지 않은 이들은 재조 일본인들이었다. '혼네ほんね(본심)'는 어땠는지 몰라도 물론 일본인들도 '다테마에建前(표리가 부동한 일본인들의 성정을 말할 때, 서로 다른 겉이 다테마에, 속이 혼네이다)'로는 슬퍼했다. 총독부와 일본 정부는 공식적인 애도의 뜻을 표했고, 일본 정계의 각 정당 대표들이 의회를 대표해서 국장에도 참석했다. 도쿄 주재 각국 외교관들도 조선으로 건너올 예정이었다. 또한 순종 인산일에 장사를 그만두고 임시 휴업한 것은 조선에서만이 아니었다. 도쿄의 각 은행과 신탁회사도 6월 10일 하루 휴업을 결정했다.[22] 일제는 '왕실에 대한 충성'이라는 지배 이데올로기의 강화에 조선 왕실을 슬쩍 끌어들여 써먹고자 한 것이다.

그런데 문제는 일본인과 조선인이 직접 맞닥뜨리는 '일선一線'이었다. 사실 일본인들이 슬플 이유가 전혀 없다는 진실이 현장에서는 자연스레 드러났다. 특히 휴업을 둘러싸고 전국에서 일본인 교원들과 조선인 학생들 사이에 충돌이 잦았다. 일인 교원들은 수업 결손을 우려했으리라. 그런데 조선인 부모들이나 학생들은 먼저 휴교를 요구하거나 막무가내로 등교하지 않기도 했다. '뭘 안다고' 초등학생들도 맹휴에 열심이었다.

논산에서는 학교 당국이 봉도를 위한 휴학을 허용하지 않자 공립보통학교 생도 여섯 명이 동맹휴학을 결의 조직했다. 전체 학생들이 등교하지 않자 선생 8~9명이 밤을 새워 복교를 강권하였으나 등교하는 학생이 없었다. 선생들이 다시 집집마다 찾아다니며 등교를 권고한 끝에야 전체의 3분의 1을 겨우 등교시킬 수 있었다.

강화공립길상보통학교에서는 5, 6학년생이 '봉도'를 위해 일제히 상장을 붙였는데 일본인 교장과 교원들이 '교권'을 발동해 학생들을 말리고 폭행해서 말썽이 생겼다. 학부형들은 생도를 구타한 선생을 징계할 것을 요구했으나 학교측은 거부했다. 나주의 공립보통학교에서는 6학년생들이 5월 4일 오후에 일제히 책보를 싸고 집으로 가버렸다. '전하께서 승하하셨는데도' 학교 당국이 하등의 말이 없이 여전히 "공부를 계속 시킨다"는 불만 때문이었다. 학교 당국은 긴급 회의를 열고 "할 수 없이" 사흘간 휴교를 결정했다. 경남 울산의 학성고보에서는 학생들이 휴학을 "애걸" 했으나 학교 당국이 듣지 않자, 학생들이 동맹휴학했다.[23]

분열증, 혹은 일상의 연속

자본주의가 만들어내는 근대 대중문화와 대중사회의 가장 큰 특징은 분열증적이라는 것이다. 1926년 봄의 조선 사람들은 제 아버지가 죽은 듯 가슴을 쥐어짜며 슬퍼하다가도 할리우드 코미디 영화에 눈길을 모았고, 요릿집에서 뚱땅거리다가 술이 깨면 아이고 데이고 곡을 했다.

물론 일상도 이어졌다. 5월이 되자 왕이 죽었건말건 여느때처럼 봄의 태양은 날로 무르익어갔다. 서울의 극장가도 활기를 되찾았다. 5월 초 두 편의 할리우드 걸작이 사람들의 관심을 모았다. 파라마운트사가 제작한 "몽환극夢幻劇 〈피터팬〉이 조선극장에서 개봉되었고, 찰리 채플린 주연의 걸작 〈황금광 시대〉도 5월 7일 저녁부터 상영을 시작했다.[24]

욕망과 좌절이라는 인생의 쌍두마차도 쉼 없이 바퀴를 굴렸다. 반복적인 평범한 일상의 옆자리에서 삶의 진한 희비극도 간단없이 피어올랐다.

마산 명월루의 기생 추도화秋桃花가 시체로 발견되었다. 이제 갓 스물한 살인 도화는 300원에 유곽에 팔려 와서 기생이 된 후, 서른한 살 난 최 모와 사랑에 빠졌다. 그러나 최 모가 갑자기 변심하자 이를 비관해 아까운 목숨을 버린 것이다.[25]

같은 달 시내 관훈동에 사는 스물여덟 먹은 사내 육진항은 황금정의 중국집 아서원에서 경동맥에 칼을 대 자살을 기도했다. 육은 기생 서산옥과 깊은 사랑에 빠졌으나 가난 때문에 사랑을 이룰 수 없었다. 5월 26일(오후 6시)에 산옥이와 아서원에서 또 만나 술을 마시던 육은 비관적인 생각에 '울컥' 했던 것이다. 산옥이 울며불며 애인을 살려달라고 주변에 도움을 청했다. 그러나 육의 경동맥은 별로 상하지 않았고 생명에 아무런 지장이 없었다. 술의 힘을 빌린 해프닝이었다.[26]

황해도 서흥군 서흥면에 사는 예순아홉의 노인 박의식은 봉산군 동선면에 사는 김낙현의 딸을 세 번째 부인으로 맞았다. 신부는 겨우 열여덟 살이었다. 동네 구경꾼들이 박의식의 결혼식에 몰렸는데, 백발이 휘날리는 신랑은 시종 희희낙락이었으나, 신부는 수심 가득한 얼굴이었다 한다.[27]

임질·매독환자에게는 "대복음大福音"이라 할 만한 근치약도 화류병약 전문 고려약관에서 열심히 팔리고 있었다. 왕이 죽었거나 말거나 남성 생식 기능을 북돋우는 정자당약방의 강정제 "도쓰가빈"도 인기가 좋았다.

일본 와세다 대학에서 만들어 파는《중학강의》와《상업강의》도 여전히 배움에 굶주린 가난한 조선인 젊은이들의 호주머니를 노리고 있었다. 다국적 기업이었던 미국의 포드Ford 사는 한 줌도 채 안 될 조선의 부자들을 상대로 마케팅에 열심이었다.

그런가 하면 시대에 좀 뒤떨어졌다 할 사건들도 있었다. 평안남도 대동군 김정탁이라는 여자가 이웃집의 청년을 사망하게 한 혐의로 진남포경찰서에 체포됐다. 그녀는 자칭 '감신녀感神女'로 신의 힘으로 병을 치유할 수 있다고 주장해왔는데, 정신병이 든 이웃 청년을 치료한다고 찬송가를 부르고 기도를 하며 귀신을 몰아내기 위해 병자의 몸 위에 올라가 춤을 추고 곳곳을 때려 결국 죽게 하였다는 것이다.[28] 수원에서는 마흔넷 먹은 이여옥이라는 여자가 사기 혐의로 경찰에 붙잡혔다. 이

여옥은 이웃에 살던 김 모가 죽은 후 그 혼이 자기 몸에 들어와서 자궁 속의 여자아이를 남아로 바꾸고 온갖 병을 만지기만 하면 고칠 수 있다며 인근 아낙네들을 미혹하고 다녔다.[29]

들자면 끝이 있겠는가. 언제나 삶은 씌어진 역사에 비해 천 배 만 배 복잡한 법이다. 그 모든 동시적인 것은 비동시적이었고, 모든 슬픔은 웃기는 것과 동전의 양면처럼 꼭 함께 붙어다녔다.

즐거운 국상, 슬픈 박람회

조선 마지막 임금의 죽음으로 재미를 본 이들도 많았다는 사실은 너무 당연한 일일까. 남대문통에 있던 정자옥丁子屋 양복점에서는 5월 1일부터 30일간에 걸쳐 "순백색 주단 포목"을 "대매출"한다는 광고를 연속해서 했다. 또한 신발 메이커 동유사는 양피나 고무 등으로 만든 백단화白短靴를, 상평고무공업사는 "모양 있고 질긴 고무신" 광고에 열을 올렸다.[30] 국상은 흰색 옷과 신발의 수요를 엄청나게 늘려놓았던 것이다.

〈동아일보〉 재벌의 계열사이자 대표적인 식민지 기업인 경성방직주식회사도 "순조선산 우량 광목" 광고를 5월 1일, 4일자 신문 1면에 냈다. "광목 값으로 해외에 유출되는 조선 돈이 1년에 오십만 원 / 우리 살림 우리 것으로 / 조선 광목 조선 사람이 입으면 우리의 이익이 곧 그만금 큰 것"이라는 문구를 달아서였다. 국상 기간은 소비자의 민족주의적 정서를 자극해서 물건을 팔 수 있는 절호의 찬스였다.

광고 다복

금반 조선박람회와 육 월 십 일 인산 시에 각지로부터 상경하실 귀빈이 다하심은 예도豫度하옵던 바, 폐관弊館이 다년간 각위各位에 애원愛願하신혜탁을 보답코자 업무를 확장하옵고 제반 설비를 비 전 일신 개량하왔사오며 내빈에 편의를 돕겠사오니 의전依前 애원하심을 복망.

경성 종로 동측

조선여관 전화 광화문 619

위 광고에서 보는 것처럼 1926년 늦봄 숙박업계도 유례없는 대목을 맞았다. 인산 때문에 서울을 찾는 인구가 엄청나게 많았기 때문이다. 이 호황은 과잉 경쟁을 불러 서울의 남부여관조합과 북부여관조합은 손님 유치 경쟁 끝에 폭력 사태를 벌이기도 했다.

그리고 5월 13일부터 열린 조선박람회도 이 여러모로 시끌시끌한 분위기를 한층 고조시키는 데 일조했다. 조선신문사가 주최하고 총독부·경성부 상업회의소가 후원한 조선박람회는 국상 기간이라서 연기해야 된다는 견해도 있었고 준비에 약간 차질이 있기는 했지만 예정대로 개최되었다.[31]

박람회는 대성황이었다. 임금을 잃은 지극한 슬픔의 마당인 국상과, 온갖 첨단의 기계가 소개되고 최고의 볼거리였던 서커스까지 펼쳐지는 박람회는 전혀 대립되지 않고 잘 어울렸다. 아니 둘은 상호보완적이었다. 박람회는 국상의 슬픔을 더 깊게 했고, 국상은 박람회를 더 붐비고 즐겁게 했다.

　5월 13일 오전. 경복궁 경회루에서 사이토 총독과 박영효를 위시한 고관대작과 관민 5,000여 명이 참석한 가운데 박람회 개막식이 있었다. 그보다 먼저 라디오 방송에서 개막 선언이 있었고 평양 주둔 일본군 항공대에서 날아온 비행기 여덟 대가 서울 하늘에 '조선박람회'라 씌어진 오색 삐라를 뿌렸다. 첨단의 신기술들이었다.

　남산 왜성대倭城臺에 제1전시관, 경복궁에 제2관, 용산에 제3관을 마련했는데, 산업관·가정관·교육관·체신관·만몽滿蒙관·연예참고관·일본관 등을 위시하여 각 지방 특설관도 마련되었다. 조선미술전람회도 때를 맞춰 개막했다.[32] 박람회의 일반 입장객은 첫날 1만 2천 명, 둘째 날 1만 4천 명이었다. 둘째 날에는 기계관의 기계들도 운전을 개시했다. 분수도 나오고 서커스단의 흥행도 시작됐다.[33]

　조선박람회 주최측은 제1관에 설치한 '산업관'에 가장 많은 공을 들였다. 사실 이 제1전시장의 산업관은 일제가 어떻게 조선의 산업을 침식하고 수탈하고 있는지를 자랑하는 전시관이라 할 만했다.[34]

　입구에서부터 조선에서 쓰이는 온갖 종류의 일본제 소비재들이 전시되어 있었다. 단지 주단과 견사가 진열된 곳에 "만록총중일점홍萬綠叢中一点紅"격으로 조선인 기업인 조선제사와 대창회사 제품이 있었다.

　2층에는 각 지방의 산업 현황과 특산물을 도별로 진열하였다. "연간 생산액 2백만 원"이라 써놓은 한산 모시가 눈에 띄었고, 전남의 죽공예품, 경북의 유기장 제품도 있었다. 이들 산업도 벌써 반 이상 일본인 자본에 잠식당한 형편이었다. 전라남도관에는 곡창지대답게 수리조합 몽리 蒙利(저수지나 보 등의 수리 시설의 혜택을 입음)의 미니어처를 전시해놓았다. 이런 수리조합은 농사를 위해 꼭 필요한 선진적인 시설이었다.

그런데 일본인들이 만든 수리조합에는 영세한 조선 농민의 피눈물이 어리어 있었다. 수리조합비를 내지 못한 조선 농민들은 일본인 지주들에게 헐값에 땅을 팔아야 했다. 수리조합이 완공되고 난 뒤에도 등치고 배 만지는 격이었다. 농민들에게 고리로 돈을 빌려줬던 일본인 지주는 너무 쉽게 '합리적'인 방법을 써서 조선 농민들의 등골을 빼먹었다.

평양의 무연탄과 제당 산업에 관한 전시관을 지나면 만주·몽골 지역 산업전시관이 자리했다. 고량주, 고량미, 촉맥蜀麥 따위의 전시품이 놓였고 몽고산 모직물도 있었다. 이 전시관에는 중국인 자본에 의해 생산

조선박람회를 보러 전국 곳곳에서 몰려든 인파들로 서울 시내는 만원이었다. 전차는 쉴 새 없이 승객들을 실어 날랐다.

유통된 것과 일본인 자본에 의해 생산된 상품 양자가 다 있었다.
 사실 경복궁 제2관이 제일 볼 게 없었다. 그러나 가난한 조선 백성이 제일 많이 몰린 곳이 2관이었고 조선인 매점도 가장 많았다. 노점 앞마다 머리에 기름 바르고 얼굴에 분칠한 아가씨들이 열심히 호객 행위를 하고 있었다.
 제2관에는 주로 외국에서 들여온 기계들이 전시되었다. 이 기계들이

TV도 라디오도 없던 시절, 조선박람회는 남녀노소를 불문하고 크나큰 볼거리이자 이벤트였다. 왁자지껄한 쇼와 국상은 완전 반대되는 듯하면서도 잘 어울렸다. 사진은 1929년에 열린, 조선총독부 앞 도로에 설치된 조선박람회장.

핑핑 돌아가며 굉음을 내는 이 제2관 구석에, 어떤 이유에서인지 구식 조선 상여가 진열되어 있었다. 그것은 기계 문명에 뒤처져 참혹히 살아가는 대부분의 가난한 조선인의 생활을 상징하고 있었다.[35]

물론 지방에서는 여전히 순종 봉도식과 동맹휴학이 이어지고 있었고, 서울에서는 순종 장례 행사 절차가 결정되어 관계 기관도 분주하게 움직이고 있는 중이었다.

5월 하순에 들자 서울은 말도 못 하게 복잡해졌다. 철도국은 임시열차를 편성했다. 곧 50명, 100명씩 단체 관광객이 예약을 하기 시작했다. 일요일인 5월 23일 철도 예약 상황을 보면, 부산과 대구에서 약 2,000명, 대전에서 1,200명이 상경할 예정이었다. 평양과 신의주 방면 그리고 함흥과 원산 방면에서도 각각 500명의 "향객鄕客"들이 서울을 찾을 것이었다. 학생 단체 관람단도 줄을 이어 대전에서 1,500명이 왔고(5. 25), 부산에서는 2,000명이 올 예정이었다(6. 6).

제일 바빠진 것은 경찰이었다. 해외의 독립운동단체들이 조선박람회를 틈타 속속 입국한다는 첩보가 들어왔을 뿐 아니라, 전국의 소매치기단도 서울로 모이기 시작했기 때문이다. 경기도 경찰부 형사과는 13일 박람회 개막일 이래 44명의 '스리'꾼을 검거했으나, 소매치기 발생 건수는 평소보다 50퍼센트나 늘었다. 총독부 경찰부는 상경하는 사람 수가 차차 늘어나서 6월 10일 전후에는 무려 50만이 될 것이라 내다보고 있었다.

1926년 6월의 인간 네트워크와 투쟁

투쟁 전야

어수선하고도 복잡한 봄날의 시간은 흘러 흘러 결국 인산이 있는 6월이 왔다. 긴장은 서서히 높아졌다. 사람들은 불과 7년 전(1919), 왕이 죽은 뒤 거대한 폭풍이 일고 수많은 사람이 학살당한 3~4월을 기억하고 있었다. 전국의 휴교 또는 동맹휴학과 일반 시민들의 애도 물결은 5월 중순에 다소 잦아들다가 인산일이 가까워지면서 다시 높아지고 있었다.

학생과 유지, 유생과 일반 시민들 외에도 이 봉도는 다양한 조선인들을 '동포'로 거듭나게 했다. 여성, 승려와 장애인 같은 소수자들과 해외 거주민들도 왕의 죽음을 계기로 민족의 일원이 되었다. 동포가 많이 사는 대련, 무순 등지뿐 아니라 다이완 같은 데서도 봉도식이 있었고, 만주의 동포들은 국상을 앞두고 몸소 입국하기 시작했다.

나라 바깥에서 들려오는 소식은 나라 안을 더 은근히 끓게 만들었다.

일제와의 무장투쟁도 불사하는 가장 불령한 '테러리스트' 의열단원 수십 명이 김구를 선봉에 앞세워 조선으로 들어온다는 풍문이 돌았다. 갖가지 소문을 입증하듯 정의부 소속의 김충석과 김이대가 시내에 잠복한 것으로 알려졌고 신민부 소속인 홍순정과 김동헌이 일경에 체포되어 불온문서를 압수당했다.[36]

그러던 중이었다. 조선 반도의 경찰 중에서도 가장 일이 많은 종로경찰서는 인산일을 일주일 앞에 둔 6월 4일 전혀 예상하지 못한 엄청난 '개가'를 올렸다. 그 사건은 1926년의 6월과 많은 조선 청년의 운명도 바꿔 놓았다.

종로경찰서 형사들은 경북경찰부의 의뢰를 받고 오사카에서 잠입한 중국인 위폐범 관련자를 찾고 있었다. 경북 예천 출신의 이동규라는 사내였다.

형사들이 이동규의 집 문을 박차고 들어갔을 때, 사내는 도렴동 자기 집에 있었다. 무방비 상태였다. 그를 포박하고 집을 뒤지기 시작하던 중 형사가 재떨이에 구겨서 버린 종이 조각 한 장을 집어 들었다. 부주의한 범죄자들은 이런 종이 조각에 중요한 뭔가를 메모해놓고는 잊어버리는 법이다. 형사는 위폐범과 관련된 주소나 전화번호, 사람 이름 같은 것이 적혀 있기를 내심 기대했다. 그러나 꼬깃꼬깃한 종이의 주름을 펴니 엄청난 단어들이 든 문장이 툭 고개를 내밀었다.

(……) 제국 자본주의의 횡포한 일본 정부는 학살·고문·징역·교수

등 악형으로써 우리를 대하면서 경비警備·군비·이민·자본을 더욱 늘려왔다.[37]

형사는 몸을 부르르 떨었다. 저 폭로가 형사 자신을 가리키는 말이라 그랬기도 했지만, 그 말들은 월척이 미끼를 건드릴 때의 손맛 그대로를 감각하게 했다. 고등계 형사 생활에서 저절로 익힌 몸의 느낌이었다. 그는 온몸의 신경줄이 팽팽해짐을 느끼며 종이를 완전히 잘 펴들었다. 쏟아질 듯 느껴지는 문장은,

우리는 벌써 민족과 국제 평화를 위하여 1919년 3월 1일에 우리의 독립을 선언하였다. 우리는 역사적 복수주의復讐主義를 반복하려는 것은 아니다. 우리의 항구적인 국권과 자유를 회복하려 함에 있다.

라고 시작되고,

슬프도다.
이천삼백만 형제자매들이여, 오늘에 있어 융희황제에 대해 궁검弓劍을 사이에 두고 통곡한다는 것이 과연 어떠한 감동에서 나온 것인가. 사선死線에 함몰된 비애로써 우리 모두 울어보자. 그러나 눈물로써 시선을 탈출할 수 없으므로, 정의의 결합을 한층 강고히 하여 평화적 요구를 더욱더 강력하게 하자.

로 숨가쁘게 이어졌으며,

> 보라! 그들 관청의 기강은 혼란에 빠져들고 있지 않은가! 그들의 정당政黨은 인간사냥의 도구로 되고 있지 않은가! 그들의 군비는 살아 있는 인간을 어육魚肉으로 만들고 있지 않은가!
> 형제여! 자매여! 속히 전진하자! 최후까지 싸워 완전 독립을 쟁취하자!
> 혁명적 민족운동자단체 만세! 조선 독립 만세!

로 외치며 끝났다.

민족 해방 혁명을 선동하는 이 인쇄물 자체가 대어이자 미어美魚였다. 모든 것이 미끈하고 깔끔했다.

격문은 격문으로서 완벽했다. 역사와 논리를 잘 버무려놓고 현실의 본질을 정확히 짚었으며, 읽는 자의 감정의 온도를 저底에서 고高로 무리 없이 그러나 가장 신속하게 올려놓기 충분했다. 숨이 막힐 지경이었다.

인쇄 상태도 매끈했다. 복자伏字 하나, '시멘트 블록'[38] 하나 없이 이런 문장들이 깔끔하게 인쇄되어 있다는 것 자체가 낯설고도 대단한 일이었다. 만약 공식적인 검열을 거쳤다면 저 문장들 중 어느 하나 성할 게 있었겠는가. 아니 "전행 삭제"거나 "압수"였을 것이었다. 전단지는 전문가가 제대로 된 인쇄 기계로 찍은 것임에 틀림없었다.

그것은 또한 독한 예언을 담아놓기도 했다. "붕괴하고 있는 제국주의의 하나인 일본 지배 계급도 운명이 다하고 있다"라니. 이 글을 쓴 정체

불명의 주체 '대한독립당'은 조선인들의 대단결, 즉 '민족'과 '계급'의 통일된 전선을 예고하는 것이기도 했다.

형사는 잠시 눈앞이 아득해짐을 느꼈다. 눈치를 보지 않고 세상의 진실에 바로 육박해 들어가는, 그리고 자기검열로 스스로를 전혀 구부리거나 우회하지 않은, 순정한 언어가 뿜는 독 때문이었다.

형사는 문득 이동규를 쳐다보았다. 저 인간이 이 엄청난 '격고문'의 문장을 쓰거나 인쇄했으리라고 보이지는 않았다. 그의 관상은 지식인들이나 인쇄 노동자들 속에 숨어 있는 가장 비타협적인 '불령선인', 즉 사회주의자들의 그것과는 달랐다. 하지만 예감되는 또 다른 쾌감에 형사는 하초가 뜨뜻해질 정도였다. 낚싯대로 건져 올린 싱싱한 고기의 입에서 낚싯바늘을 뽑을 때, 그리고 그 산 몸의 대가리를 회칼로 내리칠 때 그리고 선 날로 비늘을 훑어 내릴 때, 형사는 '불령선인'들을 고문할 때 그런 느낌을 늘 가졌다. 그것은 지고한 쾌였고 그들이 강하게 저항할수록 쾌는 깊었다.

오늘 저 이동규라는 사내는 종로경찰서의 취조실에 들어가자마자, 아마 태어나서 처음으로 지옥을 만나게 될 것이다. 어디서, 누가, 왜, 이 엄청난 격고문을 그에게 주었는지, 우리에게 낱낱이 말하지 않으면 안 될 것이었다.

그러나 그날 이동규는 별로 맞지 않았다 그는 너무 쉽게 형사들에게 필요한 정보를 제공해주었다. 그는 별로 생각이 없었다. 단지 친구인 안정식에게서 영문도 모른 채 그 종이 조각을 받았고 별 생각 없이 한번

훑고는 구겨서 재떨이에 버렸을 뿐이었다.

　종로서 형사들은 모두 살쾡이눈과 떡진 머리를 하고 있었다. 그들은 지난 4월 26일의 순종 발상 이후로 단 하루도 제대로 쉰 적이 없었다. 낮에는 범인들을 쫓아다니고 눈을 부라리며 봉도객들을 살펴야 했고, 밤에는 수없이 잡혀온 조선인들을 상대해야 했다. 머리와 몸에 꽉 쌓일 대로 쌓인 피로 때문에 거의 흐느적대면서도, 그들의 주먹과 발길에는 독기가 잔뜩 묻어 있었다. 아니, 독기밖에 없었다. 도대체 그 종이 조각에 씌어 있는 게 얼마나 대단한 것인지, 이동규를 바라보는 형사들의 눈길은 너무 뜨거웠다. 그래서 그는 선천에서 금광하는 안정식이 이 종이를 줬다고 너무 순순히 실토했다.

　그날 저녁, 안정식이 경의선에 실려 선천에서 곧장 서울로 잡혀왔다. 이미 안정식의 얼굴은 평안도 경찰부 형사들에게 맞아 일그러지고 부어 있었다. 그날 밤새 지옥을 경험한 것은 안정식이었다. 종로경찰서의 일본인, 그리고 조선인 형사들은 자신들이 알고 있는 모든 종류의, 이름이 붙어 있는 모든 종류의, 그리고 이름이 아직 안 붙은 여러 가지 고문을 가장 압축적으로 안정식의 몸에 가했다. 질문은 너무 간단했다.

　"누가, 왜, 너에게 이 격고문을 주었는가?"

　그러나 안정식도 '준비된' 피의자는 전혀 아니었다. 그는 알리바이가 없었고 준비된 보안을 위해서 미리 만들어놓은 허위 사실도 없었다. 처음에는 격고문 종이를 주웠다고 하다가, 나중에는 친구가 줬다고 횡설수설했다. 앞뒤가 맞지 않는 모든 진술 자체가 증거였다. 고춧가룻물을 마시며, 거꾸로 매달리고 피오줌을 싸며, 안정식은 차츰차츰 '사태의 핵심'에 다가가기 시작했다. 단 하루 만이었다.

종로경찰서 형사들은 결국 안정식의 입에서 나온 이름을 듣는 순간, 놀랍고도 반가워서 눈물이 날 지경이었다. '권오설'權五卨 (1899~1930)이었기 때문이다. 권오설은 바로 7개월 전인 1925년 11월에 터진 1차 조선공산당사건 때 잡지 못하고 놓친 바로 그 이름이었다. 그 권오설이 안정식에게 "군자금"을 요구하며 이 격고문을 보여줬었다. 안정식이 그 격고문을 두 장만 달라고 했을 때 거절하지 못한 것은 권오설의 뼈아픈 실수였다.

권오설

그 이름을 통하여 모든 것이 분명해졌다. 일경은 경악했다. 조선공산당이 6월 10일의 인산 날을 기해, 대규모 시위를 준비하고 있었던 것이다. 1925년 11월의 1차 조선공산당사건 때 궤멸되지 않고 남은 조직은 오히려 커져서 그중의 일부가 천도교 조직과 연계해 움직이고 있었다. 김단야金丹冶의 고려공산청년동맹계는 권오설에게 6·10의 시위 준비를 일임했다.

권오설. 고려공산청년동맹 중앙위원이자 책임비서(제1대 책임비서는 박헌영). 그해 그는 스물일곱 살의 팔팔한 청년이었다. 안동 가일마을에서 태어난 안동 권씨 북야공파의 35대손이었고, 어머니는 또 다른 안동의 반가 풍산 류씨의 딸이었다. 권오설은 권문의 후손답게 어려서부터 한학을 공부해야 했다. 그러나 청소년기에 가정형편이 어려워져서 상급학교에 진학할 형편이 못 됐다. 경주의 대지주 '최부자' 최준이 도움을 주어 대구고등보통학교에 입학할 수 있었다. 거기서부터 젊은 오설의 인생은 시대 앞에 내던져졌다. 3·1운동에 참여했고 안동청년회에서 활동했다. 역시 안동 출신인 사회주의자 김남수와 교류하면서 오설은 사회주의가 양심이자 대안임을 확실히 깨달았다.

그리하여 이제 안동 권씨 후손 청년의 운명에 비낄 수 없는, 크고도 푸르고도 검은, 역사의 그림자가 드리워졌다.[39] 섬세하고 반듯한 생각을 지닌 많은 식민지 조선의 청년들처럼 그도 요절할 팔자를 타고났다.

조선 사회주의운동의 초기 발전과 오설의 몸은 하나가 됐다. 1920년 4월에는 조선노동공제회에 가입했고, 1923년에는 고향 인근에서 청년회와 야학을 만들었다. 1924년 풍산소작인회를 조직해서 조선노농총동맹의 창립에 참여했다. 그리고 그즈음에 박헌영의 화요회 사람들과 알게 되었다.

서울 안국동 부근에 10만 인파가 모인 1926년 5월 1일. 오설은 경의선을 타고 만주의 안동으로 갔다. 중국에 피신해 있던 김단야를 만나기 위해서였다. 김단야와 정세 토론을 하고 투쟁의 방침을 의논한 뒤 자금 1,000원을 건네받았다. 그가 다시 서울로 들어온 것은 5월 3일이었다.

오설은 천도교청년회의 박래원 등과 만나서 '대한독립당'이라는 임시조직을 만들었다. 이 조직이 6·10만세운동을 조직해낼 것이었다. 그

3·1운동을 조직하고, 잡힐 각오로 6·10만세운동을 준비하다 체포된 권오설. 조선노동공제회, 풍산소작인회, 고려공산청년회 등 여러 조직에 몸담고서 일제의 부당한 탄압에 맞서 싸운 인물이다.

들은 개벽사와 그 배포망을 활용할 생각이었다.[40] 그러나 개벽사의 윤전기만으로는 모자라 인쇄기를 따로 구입했다. 격고문과 그 부록 형식으로 작성된 전단이 무려 10만 장이었다.

오설은 검거를 각오했다. 일은 너무 커져 있었고 처음부터 끝까지 그가 다 관여를 했지만 관련된 사람들이 너무 많아서 '보안'에는 기본적으로 한계가 있었다. 일제 감시망의 눈을 최대한, 적어도 6월 10일까지는 피하는 것이 그의 목표였다. 사실 조선공산당에서도 6월 10일에 많은 것을 걸었기 때문에 학생 시위를 도맡은 이병립을 제외한 학생 조직원들은 러시아로 미리 떠나게 했다.[41]

6월 6일 일요일, 대검거

월간지 《개벽》의 기자이며 논객인 소춘小春 김기전은 조선공산당과 관련된 인물은 아니었다. 그는 권오설과 그 조직이 어떻게 천도교나 《개벽》의 조직을 움직이고 있는지 몰랐다. 그러나 기자다운 감각으로 6월 10일이 오면 큰 정치적 사건이 일어나고, 어쩌면 천도교 조직과 개벽사가 이에 연루되어 큰 타격을 입으리라는 것을 충분히 예감할 수 있었다. 사회주의 조직에 깊숙이 관여하는 듯한 몇몇 동료들의 눈빛이나 행동거지도 뭔가 달라 보였다.[42]

그래서 6월이 들면서 김기전은 편집실 다른 동무 기자들에게 농담반 진담반으로 이렇게 말하곤 했다.

"어이 동무덜, 말이야. 일단 퍼뜩 칠월 호 준비 끝내기요. 10일 이전에 싹 마감하라우. 기거이 먼 일이 일어날디 우째 알갔어? 저 놈들이 곱게 넘어가지는 않갔디. 빵에 갈 때 가더라도 마감은 하고 가야 안 되갔어."

농담은 현실이 됐다. 6월 6일은 일요일이었다. 기전은 오전에 회사에서 일을 보다가 오후에 관철동 친구 집에 잠시 들르고, 다시 회사로 들어가려고 탑동공원 뒤쪽을 걷고 있었다. 뒤에서 "어이, 기전 씨, 김 기자" 하며 다급히 따라오는 소리가 들렸다. 불길한 예감이 확 들었다. 돌아보지 않아도 된다면, 정말 돌아보지 않고 확 앞으로 뛰어가버리고 싶은 순간이었다. 따라온 사내가 바로 뒤통수 뒤에 왔다고 생각했을 때, 비로소 기전은 고개를 돌렸다. 기분 나쁜 목소리의 주인은 《개벽》을 담당하는 종로경찰서의 형사였다. 무슨 일인지 헐레벌떡 발정난 개처럼 대단히 서두르고 있었다.

"지금 서署로 갑시다."

"왜 그러쇼? 검속檢束이오?"

"아니요, 뭐. 취조할 일이 있어서……"

'취조.' 이 단순한 2음절 어휘는 엄청난 폭력과 고문이 숨겨진 말이었다. 불안감이 확 밀려왔다. 그러나 별로 잘못한 것이 없으니, '저거가 내를 죽이기야 하겠나', 될 대로 되라는 심정도 좀 들었다.

이날 기전이 알지 못하는 사이에 일경은 천도교회와 개벽사, 그리고 기타 사상단체들을 수색해 무려 200여 명을 잡아갔다. 방정환, 차상찬뿐 아니라 천도교 계통의 주요 활동가들이 모두 포함되어 있었다. 무조건 권오설과 박래원을 찾아내 우선 6월 10일의 계획을 좌절시키기 위함이었다. 또한 2차적으로는 시위를 조직할 가능성이 있는 사람들에 대한 무차별적인 예비 검속의 의미를 띤 것이기도 했다.

종로서가 6월 4일부터 6일까지 단체와 학교를 뒤져 사흘 만에 찾아낸 격문과 전단은 무려 5만 장이었다. 그 정도야 조선 사회주의자 조직이 만들 만한 양이기는 했다. 그러나 문제는 그것이 빙산의 일각인지, '거의 전부'인지, 짐작하기 어렵다는 점이었다. 또 다른 계열의 '주의자'들과 해외의 불령선인이 얼마나 어떤 준비를 하고 있는지 추측하기는 어려웠다. 만철을 타고 조선으로 들어오는 재중 조선인의 수도 박람회 개관 이후에 엄청나게 늘고 있었기 때문이거니와, 모모 조직이 서울로 잠입한다는 풍문도 계속 돌고 있었다.

게다가 4월 말부터 시작된 이 혼란은 카오스 자체였다. 그 카오스의 뿌리는 무척 깊었고 그 바닥의 깊이를 도무지 알 수 없었다. 거의 전 조선 민중이 술렁대고 자발적으로 움직인다는 것, 그것이야말로 혼돈의 본질이었다. 일제는 최선을 다해 그것을 통제 아래 두려 했다. 그러나 어떻게 이 열기를 가라앉힐 수 있을지 몰랐다. 대중은 공포였다.

송학선 사건 같은 것이 대표적이었다. 송학선처럼 어떤 이름 없는 자생적인 민족주의자가 칼을 들고 총독을 찌르려 할지, 강우규 같은 어떤 등록되지 않은 테러리스트가 폭탄을 들고 나타날지 알 수 없었다. 다만 6월 10일이 조용히 지나가기를 바랄 뿐이었다. 수상한 자들이나 '방침'에 위배되는 행동을 한 조선인들을 닥치는 대로 잡아들인 이유는 여기에 있었다. 그들이 6월 10일에 거리에 있지 않게 하는 것, 그것이 일제의 목표였다. 그리고 가끔 그런 저인망底引網 속에 대어들이 걸려들기도 했다.

종로경찰서 풍경

김기전은 형사를 따라 2층 고등계로 올라갔다. 종로경찰서 고등계. 그곳은 조선인의 양심과 민족적 아이덴티티가, 대일본제국이 무소불위로 위임한 '총독정치'와 온몸으로 맞부딪히는 상징적인 공간이었다.

그런데 6월 6일 오후의 종로경찰서 고등계는 완전히 난장판, 시골 장바닥 그 자체였다. 수많은 피의자들이 우왕좌왕하며 사무실을 가득 메우고 있었다. 제자리에 좌정하고 있는 형사들은 하나도 없었다. 꽁지에 불붙은 개처럼 피의자들을 으르고 다스리느라 정신이 없었다. 와중에 악명 높은 고등계장 미와 경부를 비롯한 형사들은 쉼 없이 들락거리며 사람들을 어디에선가 끌고 왔다.

형사는 뒤쪽 좀 큰 방으로 기전을 데리고 갔다. 원래는 회의실이었을 듯한 임시 취조실이었다. 그 방에는 벌써 너덧 명의 "동무"가 들어와 있었다. 여자 셋에, 흰 갓에 상복 입은 노인도 있었다. 시골에서 올라온 게 분명한 듯한 노인은 이번 국장이 만든 전형적인 모습을 갖추고 있었다. 이런 영감님을 끌고 온 것을 보면 이 대규모 연행은 어디선가 발생한 "중대 사건"[43] 때문만은 아니었다. 아마 영감님은 나라님 잃은 감정을 주체 못하여 주책없이 순사들의 눈에 거슬리는 불온한 언행도 했을 것이다. 영감님은 그러나 기가 죽어 조용했다. 연행자들이 앉은 사이로 정복 순사들이 앉아서 틈틈이 잔소리를 해댔다. 말하지 마, 돌아보지 마. 하지만 신문은 시작되지도 못했다. 기전은 팔짱을 낀 채 남의 집에 구경 온 양, 밖에서 나는 소리나 듣고 있었다. 우당탕탕 웅성웅성, 불난 호떡집이 따로 없었다.

해가 지고 저녁이 되어 계속 잡혀 들어오는 연행자들의 꼴을 보니 가관이었다. 모자 쓰고 외출복 입은 이도 있고, 그저 동저고리만 입은 놈, 양복 하의만 입은 이, 그야말로 가지각색이었다. 아마 저녁 먹다가 또는 산보하다가 그냥 잡혀들어온 형색들이었다. 눈에 띄는 것은 초등학교 5~6학년생, 중학교 1~2학년생밖에 안 돼 보이는 피의자들이었다. 그들은 테니스 라켓을 든 채였다. 그런 애들까지 잡아들여 어쩌자는 것인가? 도대체.

저녁밥 때가 되자 순사가 돌아다니며 "저녁은 먹었는가, 어떻게 할 건가" 하며 물었다. 기전은 은근히 부아가 났다.

'니기미, 아무 죄 없는 사람들을 잡아다 놓고는 밥도 지 돈으로 사먹으란 말이가. 더러번 종간나덜.'

그러나 종로서는 피의자들에게 관식官食은 대접했다. 쪼글쪼글하게 낡아빠진 조그마한 "변또"가 나왔다. 그 속에 풀기 없이 훅 불면 날릴 듯한 밥이 한 덩어리 얹혀 있고, 그 옆으로 쥐똥 같은 콩자반 몇 알이 때굴때굴 굴러다니고 있었다.

낙천적인 기전은 그래도 한 그릇을 뚝딱 비웠다. 밥을 먹고 나니 한결 기분이 나아졌다. 당직 순사가 오래된 신문지를 몇 장씩 나눠준다. 그것을 이불 삼아 마룻바닥에서건 걸상 위에서건 알아서 자라는 뜻이다. 버릇처럼 신문지의 활자들에 눈길이 갔다. 〈동아일보〉 올 신년 특집호 부록이었다.

사카이 도시히코堺利彦니 야마가와 히토시山川均 같은 일본의 유명한 사회주의운동 리더와 중국 사회주의자들을 비롯한 각국 사회주의자의 신년 기고가 실려 있었다. 읽은 기억이 없는 걸 보니 아마 압수 조치된 면이었던 모양이다. 흥미롭게 한 면을 다 읽어가는데 칼 찬 순사 한 놈이 오더니, "아, 이건 안 돼" 하며 신문지를 싹 걷어가버렸다.

인산 리허설의 아침

조사다운 조사도 못 받고 조사실 벤치에서 칼잠을 자고 난 뒤 아침에 일어났다. 그새 "동무"들이 더 늘어나 있었다. 새벽에도 형사들이 쉴 새 없이 조선인들을 실어 나른 것이었다. 다시 어제와 똑같은 관식 "변또"가 들어왔다.

형사와 정복 순사가 장부 하나를 들고 들어오더니 장내를 정돈하고 사람들 이름을 하나하나 부르기 시작했다. 마침 임시조사실에 칠판도 있고 교단도 있어 영락없이 선생이 조회 시간에 출석을 부르는 꼴이었다. 조선인들은 아이들 같이 '하이', '하이' 하며 고분고분 대답도 잘 했다. 와중에도 김기전은 그 광경에 저절로 웃음이 났다.

'꼭 학교 다닐 때 1교시 같은 기분이구만. 형사 저 간나는 고보 2학년 때 수학 갈키던 두꺼비랑 얼굴도 똑같이 생겨먹었네. 으흐흐흐.'[44]

이름을 죽 불러가다가 몇 사람을 지명해서 따로 갈라놓았다. 기전도 그 속에 포함되었다. 이름을 불린 사람들을 태운 자동차는 종로 거리를 통과해서 경기도경찰부 본부 쪽으로 방향을 잡았다.

6월의 햇살이 가득한 광화문 앞거리는 아침부터 인파로 가득했다. 이날 6월 7일에는 '인산대습의因山大習儀', 즉 국장의 총리허설이 있었다. 오전 9시부터 4,000명 이상이 참가한 행렬이 덕수궁 앞을 나섰다.[45]

차창 틈으로 이 광경을 바라보다 어느덧 경기도경찰부에 다다랐다. 경찰부 유치장에 들어갈 때는 할 일이 많았다. 양복을 입은 자는 한복으로 갈아 입었고, 한복을 입은 자는 옷고름을 다 뜯어야 했다. 자살이나 자해를 방지하기 위해서였다.

가운데 방으로 들어가니 개벽사의 직원들이 모두 잡혀와 있었다. 제본부에서 노동하는 노인과 어린 소년도 있었다.

"아이고, 영감님도 오셨구만요. 언제 왔어요? 어디 뚜두루 맞은 데는 없고요?"

그들은 새벽에 끌려왔다고 한다. 그들뿐만 아니었다. 개벽사 전체가 그대로 경기도경찰부로 옮겨온 꼴이었다. 편집부의 차상찬도, 영업부의 민영순도 보였다.[46]

기전은 반가운 마음에 동료들에게 농담을 건넸다.

"보라우. 우리 인간이래, 살아 있으몬 이래 만나게 돼 있는 기야. 상찬이 형! 어제 보고, 오늘 또 이런 데서 만나니까니 더 반갑잖우? 하하하! 근데 이거는 누구 똥 냄새야? 아따 지독하네. 보리밥만 처 먹었나."

기전은 유치장에 갇혀보기가 이번이 세 번째였다. 경찰서 유치장에 갇힌다는 것, 그것은 곧 똥 냄새 속에 갇힌다는 것을 뜻했다. 유치장은 4평 한 칸에 삼 면이 판벽板壁이고 한 면은 목창木窓이다. 그 안에 똥 누는 데가 있다. 환기를 기대하는 것은 사치였다.

4평짜리 방에 처음에는 기전 외에 《개벽》 제본부의 두 노동자와 노농총연맹에서 일하는 이 모라는 활동가, 네 사람이 있었는데, 한 명 한 명 더 들어오기 시작해서 밤에는 무려 24명이 한 방에 자게 되었다. 한 사람 당 차지하게 된 공간은 0.17평. 밤의 잠자리는 과연 괴로웠다. 모로 눕는 건 기본이고 발을 펼 수조차 없었다. 그들은 그렇게 6월 10일을 맞을 것이었다.

경기도경찰부가 개벽사에서 격문과 전단을 발견한 것도 우연이었다. 종로서는 처음부터 격고문의 인쇄소로 개벽사를 찍기는 했다. 그러나 6월 6일 저녁의 수색은 실패였다. 그런데 다른 종로서 형사들이 돌아가고 난 뒤에도 조선인 형사 하나가 끝까지 남아 몸을 슬쩍 숨기고 개벽사의 부녀 노동자들이 떠는 수다를 들어봤다. 그중 누군가가 무심코 석유 상자를 가리키며 저 속에 뭐가 가득 들어 있다는 둥, 인산일에 큰 난리가 난다는 둥 말을 했다. 형사는 그 석유통을 덮쳤다.

6월 6일의 수색과 검속은 결정적이었다. 권오설도 이 수색과 검속이 아니었으면 몸을 피할 수 있었다. 아니, 오설의 젊은 목숨도 지킬 수 있었으리라. 6월 7일 결국 오설의 동지들은 은신처 주소를 대지 않을 수 없었다. 경찰은 서울 장사동 112번지를 급습했다. 거짓말처럼, 거기 과연 권오설이 있었다.[47]

그리고 8일부터 10일 사이에 일본 경찰은 정말 있는 힘을 다해서, 낌새가 있는 모든 곳에서, 모든 불령선인을 검속하고자 기를 썼다. 형평사 본부, 서울청년회, 정우회, 경성여자청년동맹 등등의 사상단체와 천도교, 시천교의 조직 사무실과 계룡산 사무실도 털었다. 휘문고와 보성전문을 비롯한 학교들에서도 유인물을 찾아내기 위한 검색이 실시되었다. 부르주아민족주의자의 대표격인 김성수와 최린도 연행되었다.[48] 일군의 학생들이 유인물을 만들면서 임의로 명의에 "조선 민족 대표 김성수 최남선 최린"이라 써놓았기 때문이었다.

1926년의 의식적·자생적 네트워크

운동은 반드시 대중적인 이데올로기와 실천을 통해서만 결정적인 전진을 한다.

1920년대 후반의 대중운동을 전진시킨 것은 그해 초여름, 왕의 죽음으로 촉발된 민족주의와 만세운동이었다. 그 초여름의 민족주의야말로 대중의 이데올로기이자 심성이며, 사회주의로 나아가기 위한 불가피한 디딤돌이기도 했다. 민족개량주의나 자치론과는 차원이 다른 이 대중

적인 민족주의는 민족주의와 사회주의의 역사적 조우를 가능하게 할 것이었다.[49]

신간회는 6·10만세운동으로부터 약 7개월이 지난 후 결성된다. 사회주의자들은 '의식적'으로, 민족 해방 투쟁이 곧 계급 해방 투쟁이라는 견지에서 6월 10일을 준비했다. 그들에게 1926년 6월은 과연 '목적의식성의 전야'이며 가장 '넓은 자연발생성의 공간'이라 할 만했다.[50]

조선 전역의 노동조합과 노동단체 수는 1924년 91개, 1925년 128개, 1926년에 182개로 급격하게 증가하고 있었고, 1925년 하반기부터 1926년 사이에 서울·목포·원산·북청·나주·광주·인천·함평·보성·구례·익산 등 주요 도시에서 활발하게 노동운동 지역 연맹체들이 생겨났다.[51]

또한 청년조직과 사상단체들은 1920년대 초반부터 《개벽》의 지방 배포망을 중심으로 반도 땅 전역에 미세혈관을 드리우고 있었다. 《개벽》의 유통망은 지역 유지와 지식인, 사회활동가, 독립운동가, 사회주의자의 지적·인적 네트워크와 상당 부분 일치했다. 1925년 하반기에 《개벽》의 지사·분사는 무려 총 114개에 달했는데, 그 상당수는 각 지역의 청년회와 한 사무실을 썼다.[52] 거기서 청년들은 신문과 잡지를 회람하며 조선의 앞날에 대해 토론하고, 스포츠 경기와 야유회를 만들었다. 이들은 이후 신간회를 정점으로 한 민족 해방 통일 전선의 토대가 될 것이었다.

이러한 정세에서 봉건의 상징이자 망국의 표상인 왕이 죽었던 것이다. 그 죽음이 만든 공간은 민중의 이익을 위해 의식적으로 활용돼야 했고, 그를 통해 반봉건 반자본주의적 관계에 묶인 가난한 민중이 일보 전진해야 했다.

대중사회만이 선진 대중의 조직을 가능하게 한다. 이름 없이 비슷비슷한 익명의 존재들을 기반으로 해서, 그들 중의 두드러진 부분이 나타나는 것이다. 자생적인 것과 의식적인 것은 역사의 흐름 속에서 극적으로 만나게 된다.

그해 6·10만세운동을 준비한 '조선학생과학연구회'가 보여준 것도 그렇다. 당대의 학생은 첨단적인 유행과 대중문화를 누리는 대중이면서 동시에 선진적 지식 계층과 노동자 계급의 예비군이기도 했다. '조선학생과학연구회'는 대중이라는 늪pool 위에 떠 있는 의식적인 조직이었다. 그들은 대중적인 학생 조직을 표방하면서도 조선공산당과 긴밀한 조직적 관계를 맺었다. 6·10만세운동 주도자인 이병립·윤기현을 비롯한 지도자급은 2차 조선공산당의 프락션으로 권오설의 지도를 받았다.[53]

이들은 당대의 유행 사상이며 지적 헤게모니를 발휘했던 사회주의를 매개로 해서, 사회과학의 보급·학생의 사상 통일과 상호 단결·인간 본위 교육의 실시·조선 학생 당면 문제의 해결 등을 강령적 과제로 내세웠다. 이를 위해 도서관 설립과 지방 학생과의 유대 강화, 강연회 개최 등을 주요 활동으로 벌여나가 6·10만세운동 무렵에는 회원이 전국에 500여 명에 달할 정도로 조직이 확대됐다.[54]

또 다른 학생 조직도 만세 시위를 준비하고 있었는데, 중앙고보와 중동고보 학생인 이동환·박용규·김재문·황정환·곽재형 등이 주축이 된 이른바 '통동계'였다. 이들의 시위 준비는 완전히 자생적이어서 다른 조직과 무관하게 조직되었다. 이들은 5월 16일에 모임을 갖고 역시 6월 10일 순종 인산일을 기하여 거사하기로 합의를 보았으며, 각 학교에 연락을 취하여 5월 23일에 삼선동에서 각 학교의 대표자 회의를 가졌다. 학교 대항 축구시합을 준비한다는 명목이었다.[55]

이날 소집 취지를 설명하던 중앙고보 5학년생 이동환은 획기적인 제의를 했다. 만세 몇 번을 부르고 마는 미온적인 투쟁 방법보다는 일본인들의 집단 거주지인 본정(지금 충무로 일대)을 습격하고 총독부를 때려 부수자는 것이었다. 이는 합방 이후 한 번도 실행되지 못한 방식이었다. 그러나 이동환의 제의는 무모한 것으로 받아들여졌다. 동등계 학생들은 박용규를 통해서 '조선학생과학연구회' 측과 조우했으나 끝까지 독자적이며 자생적으로 준비를 해나갔다.

당시 양정고보 5학년생이었던 류하녕이 6·10만세운동에 참가하게 된 경위를 보면 평범한 조선인 학생이 순종 인산에 대해 어떻게 생각했는지, 그리고 그들이 어떤 네트워크를 통해 시위에 참가할 수 있었는지를 알 수 있다.

국상 기간의 어느날 P학교의 K모라는 학생이 류하녕의 하숙집으로 찾아왔다. 하는 말인즉, '이번에 우리나라 마지막 황제였던 순종 황제 이왕 전하의 영결식이 끝난 후 그의 영혼을 전송하고저 그 즉시 대한 독립운동의 만세를 부름으로써 우리 민족이 혼을 살려보자'는 것이었다. 류하녕은 그 자리에서 찬성을 표하고 같이 참가할 것을 결의했다.[56]

그러나 평범한 학생이었던 류하녕이 할 수 있는 일이란 별것 없었다. 그가 한 일은 다음날부터 평소에 마음이 맞는 학교 친구들에게 제안 받은 내용을 이야기하고 6월 10일에 나가서 만세를 부르자고 권하는 것이다였다. 친구들도 쉽게 동조해주었다. 그러고는 그냥 친구 K모가 태극기와 삐라를 거사 전날 가지고 오길 기다렸다. 그런데 K가 어느 학교 지하실에서 삐라를 등사하다가 형사들에게 발각되어 압수를 당하는 바람에 류하녕과 반 친구들은 그냥 아무 준비 없이 6월 10일을 맞을 수밖에 없었다. 물론 혼자 마음의 준비는 했다. 독립 만세의 엄청난 정치적 파장에 비하면 류하녕 같은 학생들의 만세 준비는 참으로 단순 소박했던 것이다.

한편 대구 부신정에 살던 열여덟 살 난 이덕근과 그 친구 세 명은, 종이에 태극기를 그리고 옆에 '독립 만세'라 쓴 종이를 대구 부내 일곱 개 학교에 망곡일날 붙이다 대구경찰서에 보안법 위반 혐의로 검거되었다.

이처럼 자생적인 움직임은 광범했다.

6월 10일

흰 옷 물결

드디어 6월 10일이 왔다. 김기전과 그의 《개벽》 동료들은 여전히 감방에 있었다. 동쪽 창으로 들어오는 햇빛 때문에 아침부터 마음은 설레었지만, 그들이 할 수 있는 일은 아무 것도 없었다. 바깥에서 들려오는 단편적인 소리라도 붙잡아서 상황을 짐작하려 했으나 그마저 여의치 않았다.

그러나 바깥에선 정말 많은 일들이 벌어지고 있었다. 그날은 모든 관공서와 직장의 임시 공휴일이었다. 6월 9일 서울 사람 전부는 초상 치레 밤샘을 했다. 전차는 밤새 운행하며 국장 참가자들을 사대문 안으로 실어 날랐다. 대신 다음날 아침 7시부터는 구간별로, 즉 창덕궁정류소에서 동대문정류소 사이, 약초정정류소에서 동대문 사이는 운행을 정지할 예정이었다.

일상의 거대한 톱니바퀴는 잠시 멈춰 있었다. 서울 사대문 안에 살던 이들은 새벽밥을 지어먹고 거리로 나왔다. 이미 서울의 큰길들은 분주히 오고가는 사람들로, 또 미리 좋은 자리를 잡기 위해 거리에서 밤을 샌 흰 옷 입은 군중들로 메워져 있었다. 발인發靷날의 초상집답게 거리에는 날카롭고도 신선한, 그러나 피곤한 기색이 역력했다. 사람들은 모두 들떠 있고 분주했다. 마치 간밤의 축제가 덜 끝난 것처럼 숙취가 남은 듯도 해 보였다.

이날 거리에 나온 군중은 약 40만 명이었다.[57] 개별적 참가자들 외에 '봉도단'들은 자리가 정해져 있었다. 학교, 단체, 지방별로 미리 자리를 맡았다. 돈화문에서 황금정로 서쪽에는 공사립 고보생 5,000여 명과 대학생 500명 등 총 7,000여 명, 남측에는 여자실업학교와 여자고보, 여자사범학교 생도 등이 약 3,000명 등등 하는 식이었다. 돈화문에서 홍릉까지 도열한 학생은 총 2만 4천여 명이었다.

"이화李花 같이"[58] 꽃단장하고 하얀 소복을 곱게 차려 입은 기생 500명도 청량리 경성제대 예과 부근에 자리를 잡았다. 이들은 한성권번, 조선권번 등 서울 각 권번 소속으로 참여했다. 대구권번에 소속된 20명도 끼어 있었는데 기생들은 새벽 4시에 도착하여 간부들의 인솔하에 정렬했다.

서울 시내 죽첨정에 있는 조선맹인조합에서는 국장 당일에 회원 100여 명이 나가서 봉도의 뜻을 표하기로 했으나 당일은 매우 혼잡할 것으로 예상되어 일반 대열에 섞이는 것이 위험했다. 맹인들은 서대문경찰서의 경고를 받아들여 국장 전날 청량리에 미리 간 뒤 경성제대 예과 부근에서 기다렸다가 장례 행렬이 닿을 때 봉도를 하기로 했다.[59] 〈동아일보〉 구독자 봉도단은 동대문 밖 동묘에 모이기로 했다. 상춘원에 〈동아일보〉 깃발을 내걸고 독자들이 찾아오기 쉽도록 했는데, 동아일보사 측에서는 음료수와 인식표를 나눠주었다.

지방에서 올라온 이들은 흰 옷 입은 봉도대만은 아니었다. 평안도, 강원도 등의 경찰도 6월 9일에 입경했다. 이날 사대문 안에만 5,000명의 군대와 2,000명의 정사복 경찰이 배치되었다.

7년 만의 "대한 ○○ 만세"

드디어 8시경, 장례 행렬이 창덕궁을 빠져나오기 시작했다. 최선두에 일본 기마경찰, 다음에 해군군악대, 그리고 해군기병과 보병이 뒤따랐다. 그 다음에 조선보병대 등의 의장대가 모습을 나타냈다. 뒤이어 조선인 궁궐 관료들이었다. 예당禮堂, 병당兵堂에 이어 황룡기, 백룡기가 나부끼고 청사등롱, 홍사등롱이 나타나자 제복을 입은 내시의원들도 죽 나타났다.

그리고 "에이고, 데이고" 하는 곡관들의 노래와 누런 굴건(상주가 두건 위에 덧쓰는 건)들이 줄줄이 나타나는가 싶더니 드디어 500여 년 이어진 왕조의 마지막 주인이 누워 있는 상여가 군중들 앞으로 그 모습을 드러냈다. 폭탄이 터지듯 일거에 곡성이 터지고, 곡소리는 물결처럼 돈화문 앞에서 종로 쪽으로 퍼져갔다.

1926년 6월 10일.
조선조 마지막 황제 순종의 국장.
이날을 기해 6·10만세운동이
일어났다.

> 종로3가 단성사−8시 30분경. 행렬이 극장 앞을 막 지날 때, 중앙고보생 대열에서 5학년생 이선호와 그의 동료 학생 40여 명이 만세를 외침.

> 돈화문에서 황금정로 서쪽 − 공사립 고보생, 대학생 등 총 7,000여 명

> 창덕궁 돈화문−류하녕을 비롯한 양정고보생 봉도단

> 돈화문에서 황금정로 남쪽−여자실업학교와 여자고보, 여자사범학교 생도 등 약 3,000명

> 사대문 안− 5,000명의 군대와 2,000명의 정사복 경찰

경복궁 / 서대문구 / 종로구 / 창경궁 / 창덕궁 / 종로구청 / 광화문 / 종로3가 / 서대문 / 서울시청 / 을지로 / 남대문 / 중구

서양식 황제복을 갖춰 입은 순종.
그는 1926년 봄 망한 나라의
표상이었다.

6월 10일 서울 태평로를 메운 시민들. 왕의 죽음을 계기로 식민지 조선인들은 새삼 망국의 회한과 상실감에 휩싸였다. 이 슬픔은 곧 만세운동이라는 자발적인 대중적 네트워크로 폭발했다.

종로 관수교-연희전문생 이병립과 박하균을 비롯한 연희와 보성 두 학교 학생 50여 명이 3,000여 장의 격문을 뿌리며 만세를 외침

돈화문에서 홍릉까지-학생 총 2만 4천여 명.

홍 릉

국장행렬 이동경로

청량리 경성제대 예과 부근-기생 500명

동대문
동묘

청량리

동대문 밖 동묘-〈동아일보〉구독자 봉도단

동 대 문 구

오전 11시쯤에 훈련원에서 봉결식을 마치고 나오는 순종황제의 국장 행렬.

경성사범학교-9시경. 중앙기독청년학관 소속 학생 박두종이 만세를 외침. 격문 1,000여 장이 뿌려짐

국장 행렬 이동
창덕궁(8시) → 단성사(종로3가, 8시 30분) → 경성사범학교(9시) → 훈련원 마당, 봉결식(9시 30분)

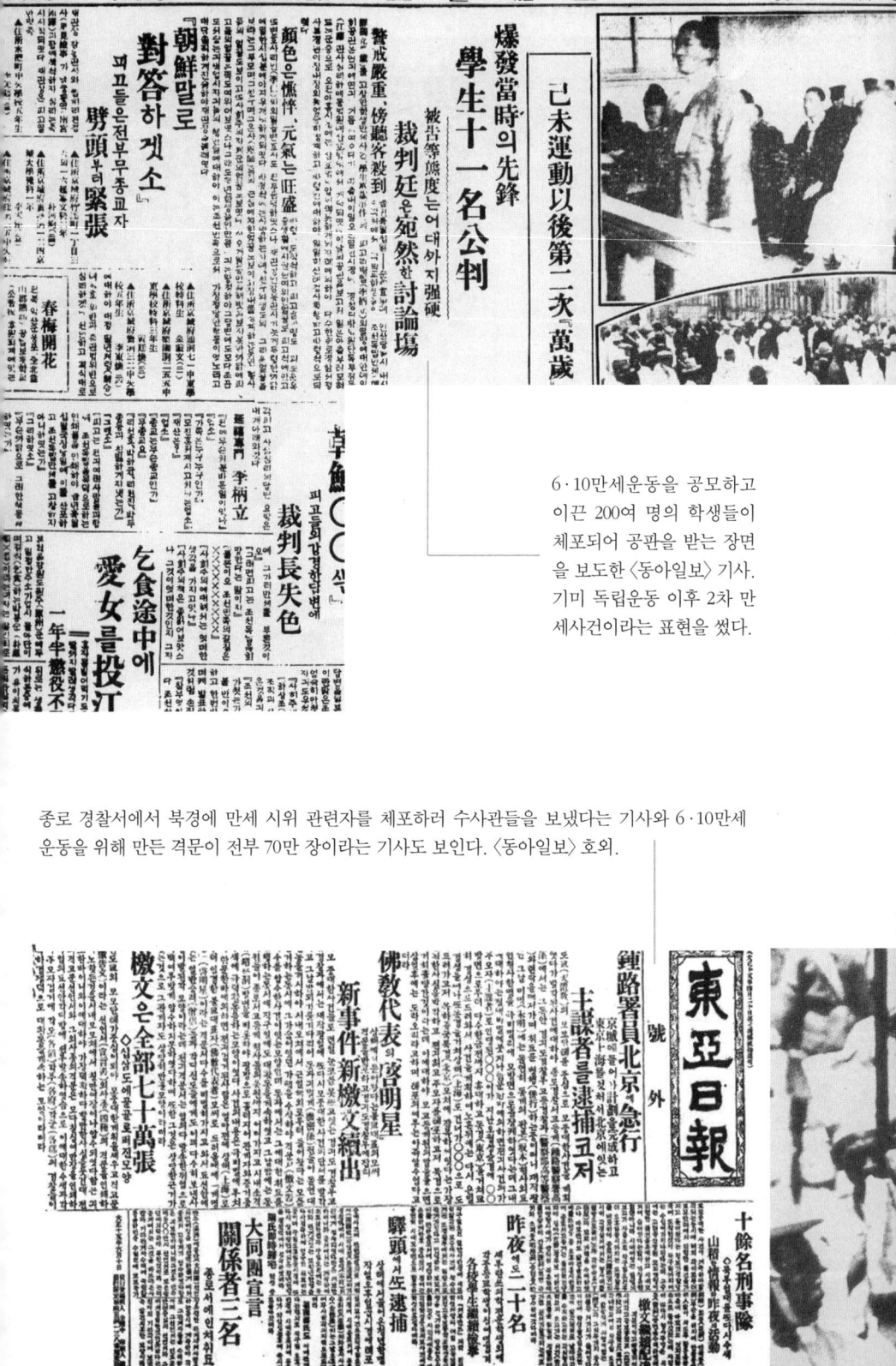

6·10만세운동을 공모하고 이끈 200여 명의 학생들이 체포되어 공판을 받는 장면을 보도한 〈동아일보〉 기사. 기미 독립운동 이후 2차 만세사건이라는 표현을 썼다.

종로 경찰서에서 북경에 만세 시위 관련자를 체포하러 수사관들을 보냈다는 기사와 6·10만세운동을 위해 만든 격문이 전부 70만 장이라는 기사도 보인다. 〈동아일보〉 호외.

6·10만세운동에
일본인 기마병이 출동해
진압에 나섰다.

순종 인산 행렬의 만장.

행렬은 서서히 훈련원 쪽으로 움직였다. 그저 조용히 묵도하며 보기에는 죽은 자는 너무 뜨겁고 너무 어이없는 상징이었다. 날씨도 뜨거웠고 나팔 소리, 조포 소리, 울음 소리가 온통 뒤섞여 사람들의 귀가 마비될 지경이었다.

종로통은 긴장이 터질 듯했다. 그것은 차갑고 날카로운 긴장이 아니라, 한 달 보름 간 달궈질 대로 달궈지고, 식었다가 또 달궈져 부풀어 오른 뜨겁고도 둥근 긴장이었다. 오히려 이 순간들이 지나면 흥건하고 질탕한 흔적을 남긴 채 썩어버릴 것 같은, 그래서 왠지 온몸의 맥이 다 풀려버릴 듯한 그런 긴장이 넘쳤다.

절망과 낙관, 슬픔과 흥분, 두려움과 이완이 뒤범벅되어 거리에 꽉 메워졌다. 그래서 거리에 나온 흰 옷 입은 무지렁이들은 위험했다. 그들은 무엇을 벨지 모르는, 뭉툭하게 갈린 크나큰 칼이었다. 그들의 마음에는 빈 데가 한 군데도 없었고 맑게 비어야 할 자리에는 자포자기가 다 들어차 있었다. 오늘 기꺼이 조선인이 되어 카니발에 참가하고자 한 군중에게 부족한 것은 조직과 무력뿐이었다.

8시 30분경, 행렬이 종로3가 단성사 앞을 막 지날 때 중앙고보생 대열에서 5학년생 이선호가 툭 튀어나와 동을 떴다. "조선 독립 만세!" 동료 학생 40여 명이 이 단순하디 단순한 구호를 따라 외치며, 품에 숨겼던 격문과 태극기를 꺼냈다. 주위의 시민들과 학생들은 약 2~3초간 어리둥절했다. 그리고는 바로 구호를 따라 외쳤다. 기다리지 않은 것도 아니고 기다린 것도 아닌, 올 것이 왔다는 심정이었다. 그런 심정은 머리를 비우고 행동을 용감하게 했다. 후일 '사직동계'라 불린 조선학생사회과학연구회 학생들이 뿌린 종이 쪼가리에는 매우 간단한 문장이 적혀 있었다.

이천만 동포여!
원수를 구축驅逐하라. 피의 값은 자유이다.
대한 독립 만세!

만세가 외쳐지는 그 순간은 말 그대로 찰나처럼 느껴졌다. 주변의 기마경찰과 정사복 형사들이 강물에 몸을 날리듯 흰 옷 입은 대열 속으로 뛰어들었다. 순식간에 학생 40여 명이 연행되었다.

그 사이에도 장례 행렬은 구렁이 기어가듯 서서히 종로 쪽으로 밀려갔다. 이날 학생 시위의 총 프로듀서격인 연희전문학생 이병립과 박하균이 이끈 대오는 관수교 부근에서 행렬을 기다리고 있었다. 장례 행렬이 그들 앞을 통과할 때, 연희와 보성 두 전문학교 학생 50여 명이 3,000여 장의 격문을 뿌리며 "조선 독립 만세"를 외쳤다.

행렬이 경성사범학교 앞에 이른 9시경에는 중앙기독청년학관 소속 학생 박두종이 군중을 헤치고 뛰어나와 격문 1,000여 장을 뿌렸다. 여기에서도 연도의 민중들이 만세를 따라 불렀다. 시민들 사이에 끼어 있던 사복 순사들이 권총을 빼내들고 학생들을 쫓았다. "와아!" 하는 함성과 함께 민중들은 이리 밀리고 저리 밀렸다.

밀리고 쫓기고 하는 와중에 다친 사람이 많았다. 전북 김제에서 올라

온 김씨 부인과 배재중학 학생 하나는 중상을 입었다. 사범학교 담장이 무너졌고 이리저리 뛰던 부녀자들이 중국 요릿집 열빈루 앞개울에 떨어지기도 했다. 혼란의 와중에서 누구 입에서부터 나왔는지 알 수 없는 소문도 떠돌았다. 부녀자 하나가 죽었다는 둥, 누군가 봉결식장에 폭탄을 던졌다는 둥 소문이 급격히 퍼졌다. 〈동아일보〉는 이런 소문을 담아 호외를 제작했으나, 당국의 금지 조치로 뿌리지는 못했다.

행렬은 9시 30분경에 훈련원 마당에 도착해서 오전 11시에는 공식 봉결식을 마칠 예정이었다. 봉결식은 별 차질 없이 치러졌다. 왕의 시신이 식장을 나서자 다시 아이고 데이고 곡성이 터졌다.

류하녕과 그 친구들이 포함된 양정고보 봉도단의 자리는 창덕궁 돈화문 앞이었다. 그가 시위에 끼게 된 것은 영결식이 끝나고 영구 행렬이 서울운동장쯤에 다다랐을 때였다. 조포가 터지자 그 소리에 맞추어 어딘가에서 미리 정보를 알고 온 학생들은 "대한제국 독립 만세"[60]를 불렀다. 류하녕과 친구들도 그 구호를 따라 앞뒤 안 가리고 만세를 외쳤다. 그리고 기마경찰들의 무차별 진압이 시작됐다. 학생들은 정신없이 도망갔다.[61]

그날 경찰에 구금된 학생은 200여 명 정도였고 총 여덟 곳에서 만세가 "발기"[62]했다. 이중에는 〈시대일보〉 배달부 김낙환이 주도한 것도 있었고, 창신동 부근에서 웬 50대 노인이 만세를 선창한 일도 있었다. 통동계 학생들은 동표 부근에서 오후 2시에 만세 시위를 시작했다.

조선의 마지막 왕 순종은 '독립 만세' 소리를 서울 하늘 몇 군데에 뿌려놓고 역사의 저편으로 사라졌다.

표상을 둘러싼 투쟁

흰 옷에 담긴 작은 욕망들

결국 1926년 봄·여름의 조선 패션 시장에서 연분홍·연옥색 치마저고리가 전혀 위세를 떨치지 못한 것은 그들이 임금을 잃고 '상중'이었기 때문이었다. 《신여성》 1926년 6월호는 이와 관련된 흥미로운 기사를 싣고 있는데, 그해 봄의 슬픔과 신드롬이 가진 또 다른 본질을 잘 묘파하고 있다.

《신여성》은 한참 '봉도' 분위기가 확산되고 있을 즈음인 4월 말의 풍경을 묘사하면서 "여학생들의 눈가가 붓고, 맵시 있던 옷이 깃옷으로 변한 까닭은?"이라는 질문을 던졌다. 표면적으로 그것은 분명 국상에 대한 조의 때문인데, 자세히 살펴보면 희한한 일이 벌어지고 있었다는 것이다. "자기 부모가 죽어도 울지 않던 학생이 목을 놓고 운다. 그것도 사람 많은 길바닥에서."

그러니까 마지막 임금의 죽음을 두고 투쟁을 벌인 것은 무시무시한 대타자들, 즉 민족과 왕조 혹은 민족 해방 투쟁, 그리고 그 정반대편에 있었던 식민지 지배권력과 그 폭압 기구뿐만이 아니었다. 그 투쟁에는 그렇게 진지하고 엄숙하며 분명 '남성'적인 대타자들과 아무 관계없어 뵈는 작은 욕망들도 끼어 있었다.

여학생들은 "남들은 모두 깃옷을 입었으니 자기도 해내라며 야단이" 났고, 가난한 부모는 하는 수 없이 "이것저것 전당포에 맡기고 돈을 빌려 옷을 지어" 입혔다. 게다가 무명으로 된 상복인 깃옷은 원래는 성복날이나 입는 옷인데 성복 전부터 시도 때도 없이 이 옷을 입고 다니고 있다는 것이다. 또한 비단 여학생만이 아니라, 귀부인·여염집 아낙·기생·창부 등도 모두 예법과 무관하게 깃옷을 입고 봄의 서울 거리를 활보했다. 더 나아가서 어떤 여학생은 상복을 입은 채 오색찬란한 파라솔을 들기까지 했다. 상복에 파라솔. 그것은 매우 당연한, 유행의 새로운 창조이자 개성적인 응용이었으나,《신여성》편집자가 보기에 그것은 "말세"의 징후였다.

그런 응용은 그 작은 주체들이 민족과 국가에 의해 영토화되지 않는 타자, 여성이었기 때문에 가능한 일이었다. 그런데 실은 남자들도 별반 다르지 않았다. 이해 봄 서울의 신사들 사이에서는 때 이르게 백구두가 유행이었다. 여느 여름에나 조선 사람들은 흰 구두, 흰 고무신을 많이 신었지만 그해에는 흰 신발 유행이 무척 빨랐다. 그 또한 국상 때문이었다.

죽은 왕을 '추모'하는 것 자체가 하나의 유행이었고 추모 행위는 새로운 유행을 창조했다. 유행은 대중이 대중을 의식함으로써 창출된다. 국장은 일종의 희-비극적인 카니발이자 대중적 스펙터클이었던 것이다.

스펙터클의 재현

장례가 끝나자마자 일제는 모든 강경 수단을 동원해서 분위기를 가라앉히기 위해 애썼다. 그리고 약간의 소란은 더 있었지만 조선 반도는 다시 일상으로 돌아가고 있었다.

6월 10일의 만세 시위는 실패였다. 시위는 '산발'에 그치고 말았다. 일제의 폭압 기구가 총동원되어 계획을 사전에 발각해낸 것이 무엇보다 큰 원인이었지만, 1919년과 달리 1920년대의 사회가 오히려 발전·분화되어 '민족'의 대오가 분리되어 있었다는 것도 원인이었다. 민족보다는 계급을 앞세운다는 사회주의자들이 독립 만세 시위를 주도한 반면, 부르주아민족주의자들은 거의 움직이지 않았던 것이다.[63]

그러나 상징과 표상을 둘러싼 싸움에서 적어도 그 1926년에 일제는 연패했다. 일제는 강압과 국가권력을 썼을 뿐, 헤게모니를 창조할 표상을 새로 만들지는 못했다. '민족'은 1926년에 조선 전 계층으로 확대재생산되었다.

6월이 가라앉아가던 시점에서 〈동아일보〉는 상징적인 마지막 의례를 주도했다. 국장이라는 대단한 스펙터클을 영화에 담아 상영회를 열었던 것이다.

극장은 스펙터클이 펼쳐지는 또 다른 사회적 공간이자, 실재하는 스펙터클의 통조림으로서 이미 엄청난 영향력을 가지고 있었다. 영화는 20세기의 인류를 동시성同時性의 세계 속으로 밀어넣고, 시간과 공간을 압축하고 있었다. 덕분에 여전히 소달구지를 타고 다니며 토담으로 바람벽을 친 집에 사는 조선인들도, 뉴욕의 엠파이어스테이트 빌딩이나 파리의 샹젤리제 거리에 사는 이들과 자신이 동시대인임을 느낄 수 있었다. 할리우드 영화만 보고, 미국 배우의 패션을 흉내 내기 바쁜 할리우드키드들은 조선에 수두룩했다.

동아일보사는 "조선 사람 된 이의 가슴에 골고루 슬픔의 큰 못을 박은" 이 사건을 계속 기억에 머무르게 하고 "조선 민중의 이 성심을 부질없이 않게 하기 위해" 활동사진 촬영반을 두 패나 가동하여 "가장 엄숙한 태도와 주밀한 주의를 기울여 삼가" 인산 실황을 찍었다 했다. 상영회는 6월 15, 16일 양일 동안 서울·대구·평양·함흥에서 동시에 있었다.[64] 국장에 참석하지 못한 지방의 민중들도 조선인으로 다시 호명 당하여 극장으로 갔다.

대성황이었다. 특히 무료 상영이었던 서울 상영회장인 장곡천정 공회당은 미어 터졌다. 사람들 물결에 쓸려 모자를 잃은 남정네와 치마를 찢긴 아낙네가 무수했다. 옥외 집회가 허락되어 있지 않았기 때문에 공회당에서 상영할 수밖에 없었지만, 그 많은 관객을 수용한다는 것은 애초에 무리였다. 겨우 장내가 정돈되자 〈동아일보〉 기자 최원순이 간단한 인사말을 하고 불이 꺼졌다. 곧이어 화면에 빛이 나타나자 늘 그런 것처럼 관객들은 일제히 박수를 쳤다. 그러나 곧 "설움에 젖은 인산 광경이 실경을 보는 듯이 나타나"자 관객석은 무거운 침묵에 잠겼다. 엄숙한 기분에 촤르르르 촤르르르 영사기 돌아가는 소리만 영화관에 울렸다.

기록영화로서는 드물게 길어서 무려 50분이 넘는 3,000척 분량이었다. 영화가 끝난 뒤에도 관중들은 몸이 무척 무거웠다. 1회 상영을 본 관객들을 겨우 뒷문으로 내보내고 곧 밖에서 기다리던 관객들을 들여보냈다. 원래는 두 번만 틀 예정이었으나 2회 상영이 끝난 뒤에도 흩어질 줄 모르고 기다리는 관객이 많았다. 주최측은 한 번 더 돌리기로 했다. 그래서 10시 반부터 영화는 세 번째로 상영되었다.[65]

일경, 송학선과 권오설을 몰래 죽이다

송학선이 1심 재판에 회부된 것은 1926년 7월 15일이었다. 옥양목 저고리를 입은 그는 시종 태연한 표정이었다.

재판장은 물었다.

"일한합방 이래 피고는 총독 정치에 불만을 품고 총독 암살을 목적하였다고 검사국에서 말한 것은 어떤 말인가?"

송학선이 답했다.

그런 생각은 어렸을 때 동무들끼리 의논한 일은 있소.

"피고는 공산주의나 사회주의자는 아닌가?"

아니오.

"피고는 전일 안중근이가 이토 히로부미를 암살하였을 때 안중근의 사진을 '진고개'에서 얻어 보고 어떠한 생각을 했는가?"

그때 여러 동무들과 같이 안중근의 사진을 보고 그가 잘난 사람이라고 생각했었소.

"왜 총독을 죽이려 했는가?"

생활이 곤란해 살기가 어려워서 여러 가지로 생각하다가 그 같은 결심을 했소.

송학선은 형법 199조, 동 203조, 동 55조에 의해 살인 및 살인미수 혐의로 사형을 언도받았다. 송학선은 이에 항소하고 3개월 뒤(10. 11) 복심 법정에 섰다. 그는 1심 때의 진술을 완전히 뒤집는 말을 했다. 죽은 일본인이 탄 자동차가 빽빽한 군중을 헤치고 기마순사들이 군중들을 비키게 하는 것을 보고 분개하여 우발적으로 범행을 저지른 것이며, 총독을 살해하겠다는 의도는 전혀 없었다는 것이었다.

송학선은 살고 싶었던 것이다. 그러나 2심도 사형이었다. 송학선은 언도를 내린 재판장을 향해 표정 변화 없이 고개를 한 번 '끄덕' 했을 뿐이었다.

이날 복심 재판에서 송학선 외에도 사형을 언도받은 조선인 청년들이 있었다. 방봉준(31세), 김일송(24세), 황일천(22세)이 그들이었다. 그들은 아편 장사를 하고 있었는데, 함북 경성군 주남면 어대진漁大津경찰서 소속 조선인 순사 김경하를 공모 살해한 혐의였다. 아편 취체를 "너무 심하게 하고 못살게" 굴었기 때문에 방봉준을 잡아 압송할 때 공모하여

그를 때려 죽였다.[66]

살고 싶었던 송학선은 최고 법정에 상고했으나 기각되었다. 일제 사법당국은 꼭 그를 죽이고 싶어 했다. 사건이 발생한 1년 1개월이 채 못 된 1927년 5월 20일 당국은 언론에 공표하지 않은 채 "쥐도 새도 모르게"[67] 송학선의 교수형을 집행했다. 이 서른 살의 자생적 민족주의자에게 조선인들의 관심이 뜨거웠기 때문이다. 경찰은 그날 오전 학선의 가족들에게 시신을 찾아가라고 통보했다. 그의 형이 시신을 찾아서 대현리 화장장으로 옮겨갔다. 경찰들이 엄중한 경계를 펴는 가운데 학선의 젊은 몸뚱아리는 불태워졌다. 집에 돌아와서도 학선의 형은 병상에 누워 있는 어머니에게 어디 갔다 왔노라고 아무 말도 하지 못했다.

1926년 6월을 만들어낸 또 하나의 주역인 권오설도 일제 경찰에 의해 비열하게 살해당했다. 1930년 4월 17일, 서른한 살의 나이였다. 사인은 병사라고만 했다. 권오설은 그 6월에 서대문형무소에 갇힌 뒤에 엄청난 고문을 자행했던 종로경찰서 형사를 고소하기도 했다. 일제는 권오설이 참 싫었다.

아들이 죽었다는 연락을 받고 안동의 부친이 서대문형무소로 갔다. 오설의 죽음이 조선의 '주의자'들을 자극하는 것을 바라지 않았던 일경은 그의 가족에게 시신을 인도하는 것도 기피하고 화장할 것을 유도했다. 오설의 몸을 담은 관은 양철판으로 땜질 밀봉이 되어 있어 열어볼 수도 없었다.

오설의 부친이 격하게 항의하자 일제 경찰은 평토장을 지낼 것만을 허락했다. 시골의 보수적인 유생이었던 오설의 부친은 가장 뛰어난 혁명가의 하나였던 아들의 죽음 앞에서, 조선 선비들이 잘 그랬듯, 젊은 자식을 앞세운 아비의 애통 절통한 심정을 긴 제문에 써 남겨 두었다.

彼曰山不可卒 許館則尤不可矣 方含忍之餘 自不勝激發忿憤之心 乃失聲奮罵曰 若輩雖犬豚之不若 山不可館不可則 其將背負而周鐘路乎

그 자들(일제 경찰)이 말하기를 산에 장사지내는 것은 급작스러워서 허락할 수가 없고 (신간회) 회관에 두는 것도 못한다고 했다. 이에 분을 참지 못하여 격한 목소리로 소리를 쳤다. 너희는 개나 돼지보다도 못한 것들이다. 산도 안 된다, 회관에도 못 둔다 하니 그렇다면 대체 시체를 등에 메고 종로 바닥을 헤매라는 것이냐[68]

《개벽》의 죽음, 《별건곤》의 탄생

순종 인산은 그런 기억을 남기고 역사가 되었다. 1926년을 대중적인 민족적 표상의 형성이라는 견지에서 기억하게 하는 두 개의 사건을 덧붙이자.

1926년 8월, 일제의 강압에 더 견디지 못하고 김기전과 방정환의 《개벽》은 폐간되었다. 1920년대적인 계몽주의와 좌파 민족주의를 대표하는 매체였던 월간지 《개벽》은 발행된 6년간 40회 이상의 발매 금지 처분을 당했고, 정간 1회·벌금 1회 처분을 받았으며, 약 148개의 기사가 완전 삭제 혹은 부분 삭제 처분을 받았다.[69] 그러니까 《개벽》은 일제와 좌파 민족주의 사이의 상징 전선의 주요 고지였던 셈이다.

검열이란 무엇인가? 글과 음악, 영화에 가해지는 그것은 표상과 상징의 생성 작용을 가로막기 위한 것이다. 즉 검열은 집단이 미디어를 통해 공유하게 되는 공동의 심성에 작용하기 위한 지배권력의 작용이다. 모든 파시스트와 반인간적인 권력은 검열을 자신의 중요한 지배도구로 삼는다.

한국의 근대 문학사와 출판사, 그리고 영화사와 가요사도 일제가 행한 검열의 작용을 빼고 생각하기 어렵다. 일제의 검열은 한국 정신사와 문화사에 본질 구성적인 힘이자 내층에 드리워진 그림자인 것이다.[70]

일제가 조선의 책, 신문, 잡지 나아가 노래와 영화에 대한 검열을 더 체계적으로 수행하기 위해 총독부 경무국 내에 검열 전담 기구인 도서과를 신설하고 인원을 확충했던 것도 1926년이었다는 것을 기억할 필요가 있겠다. 한마디로 '민족'·'계급'에 관련된 '치안 방해' 검열 수요가 폭증하고 있었던 것이다.[71]

《개벽》의 폐간에 즈음하여 총독부 경무국 다나카 다케오田中武雄 고등경찰과장은 다음과 같이 발언했다.

> 원래 《개벽》 잡지로 말하자면 종교잡지로 출현되엿스나 점차 정치를 언론하게 되야 론조가 항상 불온함으로 주의도 여러 번 식히고 발매금지

도 여러번 식혓스며 금년에 일으러서는 그 불온한 정도가 너무 심한 고로 곧 발행정지를 식히랴고 하엿스나 삼월 달에 특히 개벽사 책임자에게 엄중히 주의하고 다시 그의 태도를 살펴오던 중 그 이후에도 겨우 한 번만 무사하고 기타는 다달이 발매금지를 아니 할 수 업게 되엿다.[72]

다나카 다케오의 말에서 거의 일상적인 검열 전투가 《개벽》을 둘러싸고 벌어졌다는 것을 알 수 있다. 다나카는 표상을 둘러싼 투쟁의 최전선에서 조선인들과 싸웠던 일본인이다. 우리는 조선인만큼 조선 민족주의에 대해 잘 알았던 이 경찰 관료를 일장기 말소사건에서 다시 만나게 된다.

그런데 《개벽》은 평균 9,000부 정도의 발간 부수를 가진 대단한 잡지이기는 했지만 결코 대중적인 잡지는 아니었다. 1920년대 중반 보통학교만 나와도 배운 축에 속했지만, 《개벽》의 문장과 내용은 그 정도의 학력을 가지고는 읽기 어려웠다. 《개벽》의 독자는 1900년대 이래 조선에서 생성된 상위의 고급독자들이라 보아야 할 것이다. 《개벽》의 난해함과 지사적 성격은 전통적인 엘리트주의와 새로운 계몽주의의 합력에 의해 빚어진 것이었다. 물론 그럼에도 어느 정도의 대중성을 가지고 있었던 잡지였다.

그런 《개벽》이 없어진 자리에 《별건곤》(1926.11)이 나타났다. 《개벽》의 편집진이 거의 이 잡지로 옮겨 가서 잡지를 냈는데, 《별건곤》은 《개벽》과는 다른 지향을 가진 '대중잡지'였다. 《별건곤》은 독자의 수준을 그야말로 당시의 중학생 정도로 낮췄다. 그랬기에 《개벽》의 폐간은 〈동아일보〉가 표현한 대로 조선 '언론계 일대 참극'(1926.8.3)임에 분명했지만, 《별건곤》의 탄생도 적지 않은 의미를 지닌 것이었다.

《별건곤》의 탄생은 독서가 명백하게 대중문화의 한 영역 속에 포함되고 중간 정도의 교양과 취향을 지닌 대중이 존재한다는 실증이기 때문이다. 《별건곤》은 창간호부터 '민중적 취미'를 표방하고 나왔는데, '취미'는 새롭고 근대적인 가치로서 교양과 오락 사이에 있는 어떤 것이었다. 1926년 11월 16일자 〈동아일보〉는 출판계의 동향을 보도하며 "족보·문집이 최고 수위"이고 "소설·전기 등 취미가 기차其次, 정치와 과학 방면은 효두曉頭의 잔성殘星"이라 쓰고 있다. 가장 많이 출판되는 책은 족보나 개인 문집류고 그 다음이 소설과 전기, 정치나 과학서적은 매우 드물다는 것인데, 소설과 전기류의 책은 '취미'에 분류된다는 것이다.

'취미' 잡지 《별건곤》의 존재는 가벼워져서 대중 속으로 들어간 민족주의를 상징한다. 《별건곤》은 비교적 가벼운 읽을거리를 매개로 민족의 상징과 존재를 말하기 위한 일종의 우회로로 볼 수 있다.

1926년의 아리랑

1926년 10월 1일 금요일, 종로 단성사에서 한국 영화사를 다시 쓰게 한 영화 〈아리랑〉이 개봉되었다.

스물다섯 살의 나운규가 감독·주연한 무성영화였다. 이 영화는 당시로서는 첨단적인 이야기 기법을 도입하고 강렬하고도 분명한 저항 민족주의적 메시지를 담아, 흔한 말로 '작품성과 흥행 양면에서' 대히트였다.

〈아리랑〉 때문에 "관객들은 연일 장사진을 이루는 형편이었고, 단성사 매표원은 기쁨의 비명을 울려야 했다."[73] 영화관 앞에 기마순사가 동원되었고, 밀려든 관객들로 인해 단성사의 문짝이 부서졌다. 한번 극장에 들어가면 인파 때문에 나올 수가 없었고, 어린아이를 데리고 온 관객들은 그 자리에서 바지를 까고 오줌을 뉘었다.[74]

원래 이 영화에 돈을 댄 제작자는 일본인 요도 도라조淀虎藏였는데 서울과 지방에서 첫 번째 흥행이 성공하자 더 이상의 흥행이 불가능하리라 생각하고, 재빠르게 흥행권을 팔았다. 그러나 요도는 크게 후회하게 된다. 〈아리랑〉은 서울과 지방에서 계속 관객을 끌어 모았고 흥행권을 사들인 임수호를 벼락부자로 만들었기 때문이다.

영화 〈아리랑〉의 대히트에는 1926년 6월 국상으로 고조된 슬픔의 분위기가 작용했다. 이미 두어 달 동안 눈물 흘리는 데 익숙해진 대중은 조선적인 슬픔을 즐기기 위해 돈을 지불할 의사를 갖고 있었다.

영화 〈아리랑〉은 마치 국상 신드롬이 그랬던 것처럼 수난과 슬픔을 기본적인 감성의 축으로 삼고, 웃기는 것과 낯선 것, 오래된 것과 새로운 것을 잘 섞었다. 그리고 무엇보다도 '민족 영화'로서의 요건을 두루 갖추고 있었다. 민족의 표상은 작품 속에 반영되어 있었고 또한 작품의 수용을 통해 새롭게 창출되었다. 즉, 이 한 편의 대중영화로 인해서 민족과 민중은 새로운 공동의 표상을 얻게 되었다.

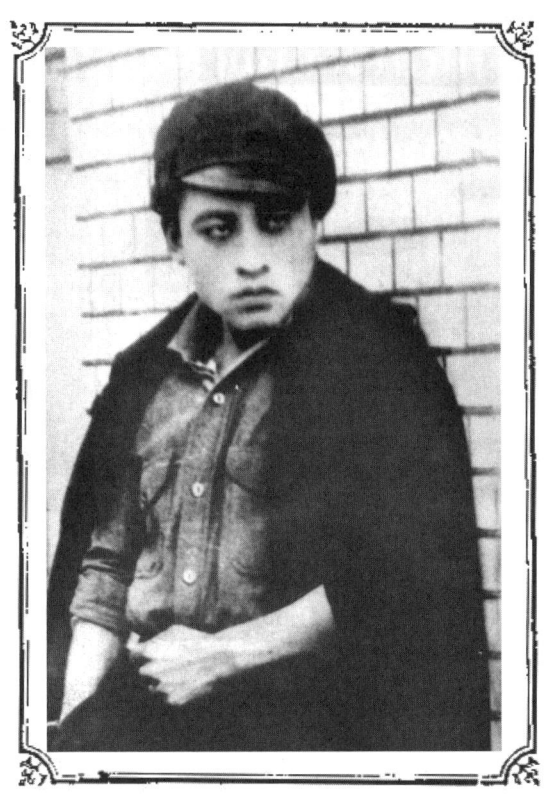

영화계의 귀재 나운규. 자신이 직접 시나리오를 쓰고 메가폰을 잡은 〈아리랑〉은 식민지 민중의 애환과 항일의식을 담아내 많은 조선인들의 공감을 이끌어냈다. 이렇게 민족이데올로기는 대중문화라는 매개를 통해 확산되고 있었다.

영화 시작을 알리는 종소리가 나고 불이 꺼지면 '아 리 랑'이라는 자막이 올라갔다. 관객들은 여느 영화관에서처럼 모두 박수갈채를 보냈다. 그러나 그 갈채의 의미는 좀 의미가 달랐다. "예술에 국경이 없다 할지라도 우리 단체의 손으로 되고 우리 국경에 가까운 영화인 만큼 그만큼 환희 같은 것"이 있었기 때문이었다. 또한 중요한 점은 "밤낮 꼬불꼬불한 영어 자막만 비추던" 스크린 위에 나타난 한글이 반가웠다는 것이다.[75]

1920년대 영화 관객의 주류는 도시에 거주하는 학생과 봉급생활자들, 그리고 그들의 상대가 되는 여러 종류의 '모단modern' 걸들이었다.[76] 그러나 〈아리랑〉은 이 점에서도 좀 달랐다. 전 조선에서 크게 히트한 이 영화를 보면서 처음 영화 관객이 된 조선인들이 많았다. 당시 초등학생이었던 안동수는 어머니를 따라 〈아리랑〉을 보러 갔다. 이웃에 사는 어머니의 친구들인 아낙네들도 함께였다. 그들은 모두 난생 처음으로 활동사진 구경을 온 사람들이었다. 마지막 장면에 이르러 이 아낙네들은 일제히 손수건을 꺼내어 눈물을 닦으며 흐느꼈다.[77]

그처럼 이 영화 속에는 "소박하나마 조선 사람에게 고유한 감정, 사상, 생활의 진실의 일단이 적확히 파악되어 있고, 그 시대를 휩싸고 있는 시대적 기분이 영롱히 표현되어 있었던 페이소스"[78]가 있었다.

〈아리랑〉의 첫 장면은 '개와 고양이'라는 자막을 깔고 두 사내가 마주보는 투 샷으로 시작된다. 한 사내는 도리우치에 몽당수염을 기르고 양복을 입은 오기호이며, 한 사내는 한복을 입은 주인공 최영진이었다.[79]

오기호는 직업이 마름(지주의 위임을 받아 소작지를 관리하던 사람)으로서 식민지 지배의 대리인 격이다. 그는 지주에게는 "한없이 귀염을 받지마는 동리 사람들은 송충이같이 싫어하는", "주인의 권력을 믿고 동리 사람들을 여지없이 압박하며 피와 기름을 빨아먹는 악마 같은 사나이"다. 최영진은 몰락한 중농의 아들로, 서울로 유학갔다가 병을 얻어 광인이 된 인물이다.

'몰락한 중농', '서울 유학생', '광인'은 모두 당대의 코드들이다. '몰락한 중농과 서울 유학생'은 1920년대 조선 사회에서 흔히 볼 수 있는, 그러면서도 당시 사회의 모순을 드러내는 전형성을 나타내고, '광인'은 그러한 모순을 비판하기 위한 전략이다. 이념적 민족운동을 하는 최영진의 친구 현구, 그리고 현구의 애인이었으나 오기호에게 수난을 당하는 여동생 최영희 또한 식민지 젊은 여성의 표상으로서 자격을 가진 인물들이다.

영화의 결말에서 최영진은 오기호를 살해한다. 제정신이 아닌 영진이 식민지 지배의 대리자를 살해한다는 이 설정은 영화에서 제시된 갈등에 대한 가장 명백한 해결이면서, 영화관 바깥의 현실을 직설적으로 표현하는 것이었다. 영진은 〈아리랑〉 노래가 나오는 가운데 고갯마루를 넘어 경찰에 끌려가고 관객들은 울음을 터뜨렸다. 그러나 이는 패배가 아니었다

영화는 해를 건너 장기간 성공을 거두었다. "전 조선 각지에서 흥행을 하여 도처마다 큰 성공을 이룬 영화"(〈동아일보〉 1927. 2. 9), "여러 차

례 상영하여도 인기는 그대로 올라가는 영화"(〈조선일보〉 1927. 10. 21), "아직까지의 조선 영화 중에서는 가장 좋은 것"(〈매일신보〉 1928. 4. 3), "볼수록 더욱 감흥을 일으키는 영화" "조선 영화계의 자랑거리"(〈동아일보〉 1928. 4. 3)가 〈아리랑〉에 대한 당대의 반응이었다.

  영화의 제목과 주제가로 사용된 민요 〈아리랑〉도 이 영화를 통해 재발견되었다. '아리랑'은 영화 전체의 메시지를 압축하고 민족의 수난을 대유하여 보여주었다.

    아리랑 아리랑 아라리오
    아리랑 고개를 넘어간다
    문전의 옥답은 다 어이하고
    동냥의 쪽박은 웬말인가

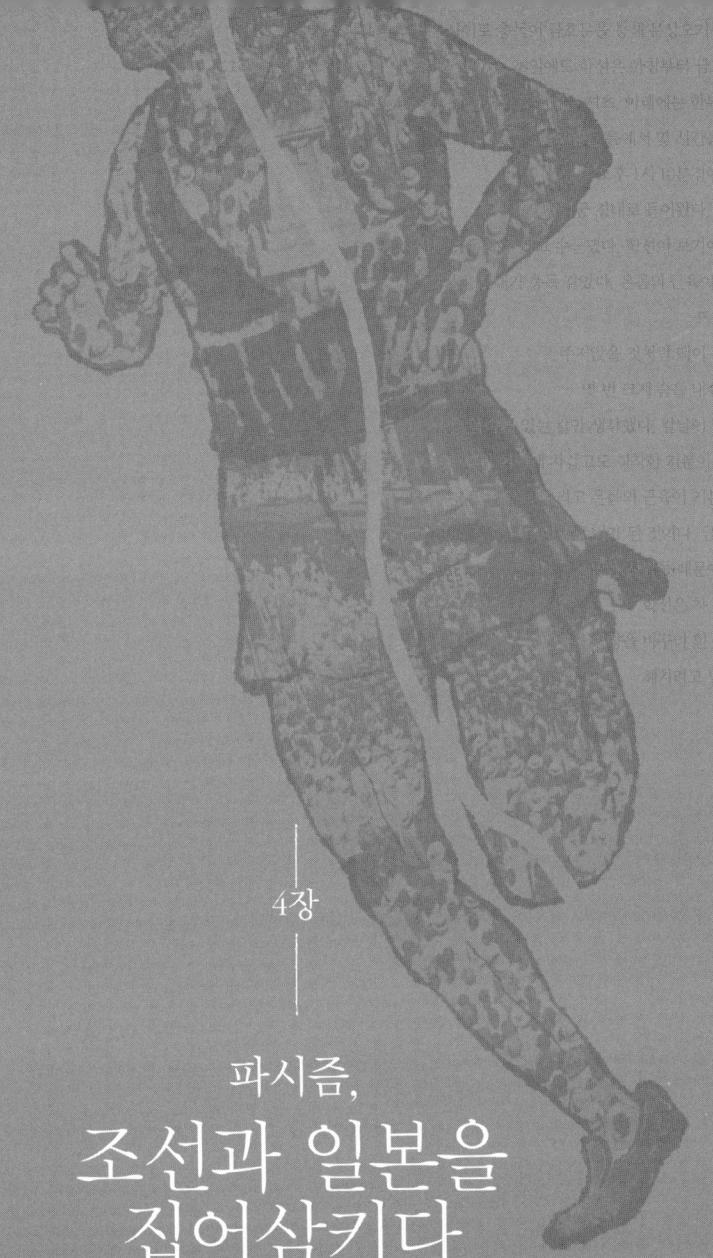

4장

파시즘,
조선과 일본을
집어삼키다

1930년대로

'문화'라는 우회로

1930년대에 들며 부르주아민족주의자들은 스스로의 논리적 모순이나 일제의 방해 때문에 다른 계열의 민족주의자나 사회주의자와 실천적으로 연대하거나 자치운동을 하는 것이 불가능해졌다. 그래서 그들은 민족의 문화적 상징을 만들어내고 민족을 '환기'하는 데에 더욱 열중했다. 그렇게 1930년대 초부터 부르주아민족주의는 더 강한 문화민족주의적인 성격과 복고적인 색채를 띠었다. 조선시대를 회고하고 '조선적인 것'을 강조하는 일련의 흐름도 나타났다. 이순신을 비롯한 민족의 영웅이 '고적'과 '역사소설'들을 통해 부활했다. 1931년의 이순신 추모열을 주도한 것은 〈동아일보〉였고, 대중잡지《삼천리》도 온갖 종류의 '회고'에 앞장서고 있었다. 또한 안재홍 등 민족주의 좌파가 관여된 조선학운동도 새롭게 붐을 만들었다.[1]

이 단순하지 않은 복고열은 일반에게도 영향을 미치고 있었다. 문화전 영역에서 '조선적인 것'이 갖는 것의 위력은 만만치 않았다. "조선의 고전을 찾아보려는 학구적 양심을 가진 학도들이며 한글의 문헌에서 우리의 '넋'과 '얼', 모든 특색이며 자랑이며 모든 문화적 유산을 알아보자는 학생들 내지 일반 민중의 심리현상의 발현"[2]이 광범했다.

이같은 '고전부흥론'과 조선학 운동에서 발견되고 개발된 '조선적인 것'은 아슬아슬하게 제국 일본의 손에 의해 관리되고 있었다.[3] 즉 그것은 단순한 복고열이 아니었다. 그 '민족적인 것'은 '대일본제국'에 의해 구현된 양항, '제국의 것'과 '지방적인 것' 사이에 있는 무엇이었고, 근대적인 하드웨어와 결합하여 갱신된 것이었다.

이런 이데올로기적·문화적 정황 속에서 소화 11년의 전야(1935)에 한국 최초의 발성영화 〈춘향전〉이 단성사에서 개봉됐다. 〈춘향전〉은 조선인이라면 남녀노소 누구나 잘 알고 있는, 그리고 20세기에 재발견되어 '민족의 이야기'의 반열에 오른 고전이었다. 이런 이야기에는 종족의 심성이 담기고 가장 원형적인 공동의 경험이 반영된다.[4] 한국영화사에서 "다른 예술의 보조를 받지 않고", 독립된 영화로 제작된 최초의 무성영화 또한 〈춘향전〉이었다[5]는 점을 상기하면, 또 20세기 초 한국에서 가장 많이 인쇄된 책이 《춘향전》이라는 점을 상기하면 첫 번째 발성영화가 춘향전을 소재로 선택했다는 것은 필연에 가까울 것이다.

발성영화 〈춘향전〉은 작품의 완결성이 부족했다. 다른 무엇보다도 대사와 음향을 전달하는 데 가장 큰 문제가 있었다. 녹음 기술이 미비해 잡음이 많았고, 과장되고 큰 목소리의 대사가 배우의 연기와 어울리지 않았다.[6] 문제라기보다 '최초'의 발성영화가 감당해야 했던 한계였는지도 모르겠다.

그러나 〈춘향전〉은 흥행에 크게 성공했다. 그것이 〈춘향전〉이기에 가능했던 것 말고도 이유는 있었다. 극장에 가서 영화를 본 대부분의 사람들은 이미 미국과 일본에서 수입된 유성영화에 익숙해 있었다. 그래서 마치 〈아리랑〉에서 조선어 자막이 한글만 겨우 깨친 조선 민중에게 준 것과 비슷한 만족을, 〈춘향전〉의 우리말 음성이 가져다준 것이다.

"종래 발성영화라면 의례히 외국 영화로서 거기서 지껄여 나오는 외국어는 들어도 모르는 채 궁금히 넘기는 것이 일대 유감이지만 차에 어색하고 서투르나마 알아들을 수 있는 정도의 조선어가 화면에 움직이는 조선인의 입에서 들리는 것이 마치 양요리에 질린 사람에게 김치 맛이 정다웁듯하여 보기와 듣기에 어지간히 호감이 돌게 될 것도 당연한 일이다."[7]

〈춘향전〉은 제작비가 물경 1만 2천여 원이나 투여된 당시의 블록버스터였다. 관람료가 상등석은 1원, 하등석은 70전이었는데 개봉 첫날 수입이 1,580여 원이었고 서울에서의 2주간 상영으로 제작비를 건졌다. 식민통치가 시작된 지 한 세대였지만 1930년대 중반에도 '민족'은 '문화' 속에 건재했다.

양키들을 당당히 물리치는 작은 고추

이광수에게 스포츠는 민족을 '근대적으로' 계몽하면서도 과거의 전통을 환기시키는 매개였다. 1933년 이광수는 〈스포츠열〉이라는 글에서 당시의 왕성한 스포츠 열기를 거론하며 서정권·김은배 등의 이름이 세계적으로 알려진 것이 놀랍고 기쁜 일이라 했다. 그러면서 이광수는 이를 교묘하게 전통의 '복고'와 연결했다. 문약이 결국 나라를 망하게 한 조선도 초기까지는 국민개병주의와 '숭무'에 입각하여 각지에 활터와 말 달리는 터가 있었고, 이 '전통'은 신라의 국선國仙까지 거슬러 올라간다는 것이다.[8] 그러나 1930년대 조선의 스포츠는 이광수가 아는 범위보다 더 멀리 나가 있었다.

1932년 벽두 이길용은 로스앤젤레스올림픽에 대해 《신동아》에 다음과 같은 글을 기고했다.

"이 세계 스포츠계를 통틀어 가장 의의 있는 기념할 이 해를 맞이하여 태평양 저 언덕의 불로만 보고 있기에는 너무도 가슴이 아프다. 그들이 지으려는 기록, 지으려는 결심부터 이것을 짓기까지에 밟고 쌓은 연습의 과학적 경로와 그 민족적 의기! 이에 본뜨고 배워야 할 것이며, 이에 학구적 연구를 쌓아야 할 것이다."[9]

과연 1932년 로스앤젤레스올림픽은 강 건너 불이 아니었다. 일본 대표선수단에 마라톤선수 권태하·김은배와 함께 권투의 황을수도 라이트급 대표로 뛰었다. 세계가 민족의 눈앞에 있었다. 조선은 드디어 '세계'에 자신의 이름을 등록하는 듯했다.

1935년 10월 21일 밤, 일제 시대 거물 정치인이자 걸출한 웅변가인 몽양 여운형이 동대문에 모인 6,000여 명의 서울 시민 앞에서 일장 연설을 했다. 〈조선중앙일보〉 사장이기도 했던 민족 지도자 여운형이 나타나 연설한 곳은 동대문운동장 특설 링. 그의 웅변은 '독립'을 선동하기 위한 것이 아니었다. 한 권투선수를 격려하기 위한 것이었다. 서울 시민들은 "감격"하며 우레와 같은 박수를 보냈다.

이날 밤 전 일본 아마추어 권투선수권자이며 프로 권투 세계 랭킹 6위로서 미국에서 활약하던 '독침' 서정권徐廷權이 귀국 환영 경기를 가질 예정이었다. 서정권은 1931년 여름에 도미하여 미국 서해안 일대의 권투 강자로 군림했다. 인기가 오르자 원래 1년 기한이었던 체류 일정을 연장해 3년간 머무르면서 총 54회의 대전을 가졌다. 뉴욕·워싱턴 같은 미국 동부와 캐나다의 몬트리올까지 진출하여 대단한 활약을 펼쳤다.[10]

그런 그의 귀국은 서울 시민들을 경기 전부터 흥분시킬 만했다. 남대문과 청량리를 오가는 전차 속 신사와 청년·학생들은 모두 권투 이야기에 여념이 없었다. 전차와 자동차는 쉼 없이 관중을 동대문으로 실어 날랐고 500촉 전구가 켜진 경기장 장내 정리를 위해 보이스카우트 단원들이 운동장에 배치되었다.

오픈 경기가 끝나자 다시 여운형이 링사이드에 나타났다. 그리고 그 뒤를 따라 드디어 한 청년이 모습을 드러냈다. 그가 바로 서정권이었다. 플라이급이라 몸이 작았지만 미남형인 얼굴에는 "범하기 어려운 투지"가 엿보였다. 상대는 역시 미국에서 활약하는 스페인계 라슈 죠. "그야말로 서반아인의 강한 쟁투심을 보인다 하여 전 미국 사람을 놀라게 하였고, 세계에서 '표범'이라고 별명을 불러오던 권투계의 강적"이었다.

경기가 시작되었다. 서정권은 조선 사람들의 기대와 흥분을 배신하지 않았다. 관중들의 긴장은 금방 환호로 바뀌었다. 1회부터 서정권은 라슈 죠를 강하게 몰아붙였다. 2, 3회에도 일방적인 우세였다. 결국 4회에 라슈 죠는 무방비 상태로 소나기 펀치를 맞고 "이마가 터지며 피가 흘러" 다운되었다. 심판은 서정권의 TKO승을 선언했다. 깔끔하고 통쾌한 승리였다. 경기가 끝났는데도 관중들은 서정권의 얼굴을 한번이라도 더 보려고 흩어질 줄 몰랐다.

월간《삼천리》의 기자는 이날의 감격을 다음과 같이 쓰고 있다. "이 5척 어린 청년 앞에 전 세계의 코끼리 같은 양키-들이 길을 피하고, 그의 앞에 무릎을 꿇음에 우리들은 그와 피와 산천을 같이 하였음을 영광이라 하지 않을 수 없다. (······) 이리하여 아, 동방東方에도 우리 반도半島에는 세계적으로 우러러보는 새로운 영웅 한 분이 나타났다. 우리는 그의 장래를 빌며 그가 현재의 제6위로부터 제1위에 오를 날이 하루 급하기를 빌 따름이노라."

세계 랭킹 6위의 권투선수 서정권은 민족의 영웅이었고 그러했기에 그가 링에 입장할 때 여운형 같은 지도자가 앞장을 서고, 귀국 환영행사를 했을 때는 조선총독부마저도 카퍼레이드를 위해 그에게 차를 내주었다. 이날 관중 중에는 스포츠에 관심이 많았던 시인 김기림도 끼어 있었다. 김기림은 훗날 '서정권 선수의 권투시합 가 보니 대단해서 박싱 선수 되려고 했더니 소질 없어 낙망했다'고 익살을 떨었다.[11]

《삼천리》의 기자가 썼던 것처럼 1930년대 중반 한국 스포츠 영웅의 이미지는 정해져 있었다. 그 영웅은 '코끼리 같은 양키들을 당당히 물리치는 맵고 작은 조선 고추'였다. 이는 미국팀의 방한 자체에 엄청나게 감격해하던 1920년대와 또 다른 면을 갖고 있었다. 작으면 작은 대로 서양인과 맞붙을 수 있다는 생각이 많은 대결 경험을 통해서 자라온 것이다. 1930년대에 들어 조선인팀이 세계 스포츠계에 명함을 내미는 일은 훨씬 잦아졌다. 그리고 일본에서 열린 각종 경기대회에 출장하여 그들과 겨루는 일은 다반사가 되었다. 그 대결에서는 조선인은 '작은 고추'가 아니었다.

1936년 올림픽에서 조선인들이 일곱 명이나 출전할 수 있었던 것도 이런 배경을 깔고 있었다. 그리고 이즈음에 와서 농구와 축구 같은 종목에서 조선인은 일본인을 따라잡기 시작했다. 경성축구단은 1935년 6월 올림픽 예선을 겸한 제1회 전일본축구선수권대회에서 우승을 차지했고, 10월에 열린 제8회 명치신궁경기대회에서도 우승했다. 이 대회의 농구 경기에서 평양 숭인상업고등학교가 우승했고, 1936년 1월 5일부터 열린 제16회 전일본종합농구선수권대회 겸 올림픽 예선에서는 연희전문이 우승했다. 그렇게 스포츠가 부르주아민족주의자들이 기대한 것보다 더 많이 나간 까닭은 그것이 '민족'을 상기하게 하는 기능 이상을 갖고 있었기 때문이었다.

1930년대에 스포츠는 남성·여성을 초월하여 각 개인들에게 부과된 근대성의 징표였고 자본주의에 의해 장악되어 가치를 창출하였다. 예컨대 권투는 경쟁과 육체적 극한을 보여주는 스포츠로서 인기를 구가하

"스포츠의 보편화"라는 제목으로 〈조선일보〉 1933년 11월 19일자에 실린 기사. "요사히 건투가 조선에도 수입되여 부녀들도 '링싸이드'에서 손뼉을 친다"라는 대목이 점차 광범위해지고 있는 스포즈의 인기를 반영한다.

고 있었으며, '부녀자들'에게도 인기를 끌었다.[12] 그래서였는지 서정권은 나중에 전주 부호 김인철의 여동생과 결혼했다. 지참금이 자그만치 3만 원이었다. 스포츠 영웅은 돈과 인기를 몰고 다니는 스타가 되기 시작했던 것이다.

그런 현상이 전에 없었던 것은 물론 아니었다.[13] 하지만, 1930년대가 되자 스포츠에는 좀 더 확실하게 자본의 줄이 가로 그어졌다. 동아일보·조선일보 같은 거대 언론사는 각종 스포츠 대회를 후원하고 미디어이벤트의 주요 항목으로 스포츠대회를 대상으로 삼았다. 특히 동아일보는 조선체육회와 긴밀한 관계를 맺고 조선체육회 주최 각종 대회를 후원했다.[14] 1934년에는 조선체육회 창립 15주년 기념 전조선종합대회가 농구·축구·야구·정구·육상 등의 5대 종목으로 열렸는데, 이 또한 동아일보 미디어이벤트의 중요한 대상이었다. 그리고 아직 프로스포츠를 생각할 단계는 전혀 아니었지만, 조선 체육계는 빠르게 자본주의화되는 미국과 일본의 스포츠를 주목하고 있었다.[15]

물론 '문명'과 '위생' 같은 오래된 대문자를 그대로 거느린 채였다. 스포츠는 다른 어떤 것보다 '건전'해 보였기 때문에 그런 일이 가능했다. 인기는 돈으로 연결되었고 또한 돈과 결합하기 시작한 스포츠는 '민족'과 전혀 대립하는 것이 아니었다. 오히려 민족은 더 큰 돈을 모으는 데 도움이 되는 요소였다. 가난하고 일상적으로 차별받는 대중이 원하는 것 중 하나가 바로 민족이었으며, 그들은 스포츠를 통해 위안을 얻고 백일몽을 꾸었다.

일장기 말소사건

'민족'과 '국민' 사이의 간극

일장기 말소사건은 민족주의적인 한 스포츠 저널리스트의 머리에서 계획된 일이지만, 우발적인 성격도 띠고 있었다. 그러나 맥락과 그 효과를 따지고 보면 사건은 필연이었다. 우리의 지레짐작과는 달리 일장기 말소사건은 손기정이 우승한 지 무려 16일이 지나서, 우승으로 인한 신드롬이 농익다 못해 고비를 넘고 있을 즈음 뒤늦게 터졌다. 이 사건은 동아시아 각 나라와 민중의 운명을 바꾼 결정적인 해, 1937년을 눈앞에 두고, 그것도 조선 총독을 비롯한 식민지 권력이 전면적으로 교체되던 미묘한 시점에서 터져 식민지 정국을 확 바꿔놓았다.

일장기 말소사건은 '일장기'라는 식민 지배의 표상을 두고 부르주아민족주의가 최후로 일제와 충돌한 사건이다. 사건을 통해 조선인들의 '민족'과, 일제가 제국 영토의 주민들에게 부여한 '국민'이라는 정체성 사이의 깊디깊은 간극이 알몸으로 드러났다. 식민지하 부르주아민족주의의 운명은 이 사건으로 인해 파국을 맞았다. 그러나 이 싸움의 효과는 현재까지도 남아 있다. 대한민국의 언론 권력은 일장기 말소사건을 얼마나 자랑스러워하고 또 부러워하는가.

쾌절장절한 실경

1936년 8월 하순에 들자 〈동아일보〉는 올림픽 기념영화 상영회를 준비하고 있었다. 〈동아일보〉는 오사카아사히 신문사를 통해서 비행기편으로 짤막한 뉴스릴 필름을 공수받았다.[16] 그리고 1926년 순종 인산 때 그랬던 것처럼 〈동아일보〉 구독자들을 위해 이 영화를 무료로 상영하기로 했다. 미처 상영회의 시간과 장소가 정해지기도 전인 8월 23일 석간 2면에 첫 사고社告를 내보냈다.

이제야 올림픽의 막은 꺼졌다. 그 설비와 규모에 있어서 공전空前[전례 없이] 하였고 그 기록과 수확에 있어서도 공전하였다. 그러나 인류 이십이 억의 선두를 달린 우리의 손·남 두 용사의 역사적 제패전을 보고 온 자 누구며 또 영예의 월계관을 싸워 얻은 뭇 선수들의 씩씩한 거동을 보고 온 자는 몇몇이더냐. 혹은 전파가 소리를 전하였고 활자가 기록을 말하였다 할지라도 그 성전의 쾌절장절快絶壯絶한 실경實景을 보지 못한 것은 한 큰 한사恨事라 할 수밖에 없다.

그랬다. 승리의 소식이야 이미 전파와 신문지상을 통해 모든 조선인들이 알았지만, 베를린에서 그 광경을 실제로 지켜본 조선인은 이상백과 정상희, 권태하 같은 '관계자들', 그리고 출전 선수들. 그야말로 열 손가락 안에 들 정도였다. 그것은 조선의 한계이자 시대의 한계였다. 그러나 수십만 리 떨어진 곳에서 열린 올림픽을 '본다는 것'이 불가능한 일만은 아니었다. 조선인들은 이미 영화를 통해 수천 수만 킬로미터 떨어진 외국의 풍정과 사건을 보는 데 익숙해 있었다.

〈동아일보〉는 "그 실경을 만천하 독자와 더불어 같이 관람하게 될 것을 생각하면 더욱 흔쾌함을 마지않는다"고 기대감을 한껏 띄웠다. '마라톤 우승'이라는 사건은 얼마나 통쾌하고 중차대한가. 사고를 맡은 기자는 이미 원고 분량을 다 채웠다. 그대로 끝맺어도 좋았지만 그는 잠시 망설이다 마지막으로 대구對句 하나를 하나 끼워 넣었다.

"기다리자 몇 날을, 박수하자 감격으로"

와래라노 손기정

8월 23일은 일요일이었다. 이날도 이길용은 출근했다. 출근하자마자 경쟁사들의 신문을 죽 훑어보던 이길용은 〈오사카아사히〉를 펴든 채 굳어져버렸다. 〈오사카아사히〉 5면에 눈을 박고 꿈쩍힐 수가 없나. 서기 〈동아일보〉가 정말 싣고 싶어 한 그런 사진 한 장이 실려 있었다. 마라톤 우승 시상식장에서 사진기자 사사키가 찍어 일본으로 '릴레ー리

レー'(전송)한 사진이었다.[17] 사진은 그동안의 긴긴 사연을 그야말로 한 컷 속에 압축해놓고 있었다. 백 마디 말을 단번에 눌러버리는 '실경實景'의 힘이 거기 있었다.

사진 속의 손기정은 빡빡머리에 월계관을 두르고 양손에는 올리브나무 화분을 들고 있었다. 그는 가슴 한복판에 일장기가 선명히 새겨진 하얀 트레이닝복을 입고 있었다. 기미가요가 연주되는 순간이었던 듯, '패자覇者' 손기정은 눈을 내리깔고 있었다. 사진은 너무도 선명하게 얼굴의 표정과 명암을 드러내놓고 있었다.

〈오사카아사히〉의 편집기자는 사진 제목으로 "讚へん哉, 覇者の譽れ 찬양하라, 패자의 영예를"이라는 문구를 뽑아놓았다. 그리고 "頭上に月桂冠, 兩手に欟の鉢植 머리 위에 월계관, 두 손에 올리브 화분", "マラソン優勝者, 我らの孫基禎選手 마라톤 우승자, 우리들의 손기정 선수"라고 덧붙였다. 〈오사카아사히〉의 편집기자는 무슨 생각에서인지 "우리들의 손기정 선수"에 눈에 띄게 큰 따옴표를 쳤다.

'와래라노(우리들의)라고……?' 이길용은 캡션 문구들을 곱씹었다. 순간 이길용의 뇌리를 스쳐지나가는 어떤 생각이 있었다. 아니 그 생각은 그저 스쳐지나가지 않고 무섭고도 강한 힘으로 그의 머릿속을 채워버렸다. 그는 몸을 부르르 떨었다. 이길용은 올림픽 우승 이후 손기정의 사진을 볼 때마다 마음이 불편했다. 사진마다 손기정은 일장기를 단 일본인이었다.

그때 편집국 후배 장용서가 다음 날 신문을 조판하다말고 들어왔다.[18]

"이 선배님, 이거 마지막 문장을 손봐주셔야 되겠는데"라며 신문 대정을 내밀었다. 전날 실렸던 올림픽 영화 상영 사고가 2면 가운데에 실려 있었다. 기사에 한 번 눈길을 준 뒤 이길용은 〈오사카아사히〉를 내밀었다.

"야, 그런데 니 이거 한 번 봐라. 어째 생각하나?"

"와!⋯⋯ 이 사진 진짜 선명하네. 죽이네. 손 군 표정이 참 묘한 걸. 고개를 팍 숙인 게."

"이 사진, 우리도 실어야겠지⋯⋯?"

"응, 뭐 그러죠."

일본 신문의 사진을 전재하는 것은 드문 일은 아니었다.

"한데 이 가슴팍에 꺼 말이다. 음⋯⋯ 이거를 지우고 사진을 내면 어떻겠냐?"

장용서의 눈이 휘둥그레졌다. 이길용의 눈은 반짝이고 있었다. 장용서는 그가 무슨 일을 꾸미려 하는지, 그 의미가 어떤 것인지 한꺼번에 다 알아차렸다. 잠시 장용서는 말을 잊었다. 그의 머릿속도 복잡해졌고 두려워졌다. 용서는 조금 뒤 길용이 어떤 말을 꺼낼지 다 알 것 같았다. 그리고 길용의 제안을 결코 거부할 수 없으리라는 예감이 들었기에 더욱 무서워졌다. 그러나 어쩔 수 없었다.

"용서야, 이 사진 어차피 우리가 전재하면 희미해진다. 사진 기술 평계를 대면 말이지. 13일에 〈조선중앙일보〉 친구들도 그런 식으로⋯⋯"

"선배님, 그 사진은 별로 크지도 않았고, 위치도⋯⋯ 이 사진은, 이렇게 선명하게 히노마루가 나와 있잖아요."

8월 13일자 〈조선중앙일보〉가 손기정 사진을 실으면서 일장기를 희미하게 처리한 것을 기자들은 알고 있었다. 유해붕 기자가 그 당사자였다. 그 사진도 손기정이 시상대 위에 올라서서 월계관과 화분을 들고 있는 장면이었으나, 〈오사카아사히〉가 찍은 것과 다른 각도에서 찍은 것이었다. 그 사진은 매우 흐렸고 광고단 바로 위 구석에 조그맣게 자리잡고 있었다. 일장기만 사라진 것이 아니라 손기정의 얼굴조차 알아보기 어려웠기에 일장기를 고의로 지운 것인지 아닌지 가리기 어려웠다.

이길용은 이 사실을 유해붕에게 전해 들었다.[19] 유해붕은 손기정과 같은 양정고보 출신으로서, 기자가 되기 전 동아일보사가 주최한 경영마라톤대회(1931. 3)에서 준우승할 만큼 뛰어난 마라토너였다.

장용서는 깊이 한숨을 쉬었다. 이길용의 마음을 이해하고도 남았기 때문이었다. 〈동아일보〉는 올림픽 화보 특집을 서너 차례 내보냈지만 도무지 만족스럽지 않았다. 사진은 다 전재된 것이었고 화질도 별로 좋지 않았다. 〈동아일보〉는 마치 〈오사카아사히〉의 지방판 같았다. 전혀 취재를 하지 못하고 그들의 보도와 사진에 근거해서 기사를 내보내는 일은 기자의 자존심을 다치게 하는 일임에 분명했다. 아니, 그보다는 현재의 민족적 열기에 걸맞는 보도가 필요했다. 두 사람은 말없이 공감했다.

다음 날 8월 24일 아침 11시.[20] 이길용은 여자 사환을 시켜 3층의 조사부로 사진을 보냈다. 조사부에는 늘 그렇듯 화가 이상범이 작업을 하고 있을 거였다. 사환은, 이길용 기자님이 손 선수 가슴에 있는 일장기 마크를 지워달래요, 라고 말했다. 무슨 말이지? 이상범은 구내전화로 이길용을 찾았다. 이길용이 자기 생각을 구체적으로 말했다. 이상범은 곧 말귀를 알아들었다. 약간 불안감은 들었지만 곧 빙그레 웃음이 나왔다. 이길용의 성격을 잘 알기 때문이었다.

가타부타 다른 말이 없었다. 이상범은 붓으로 일장기가 있는 손기정의 가슴 부분을 문질렀다.

그날 오후 사회면 편집담당자 장용서가 사진부로 찾아왔다. 다시 동판에 앉힌 사진은 많이 흐려져 있었다. 그러나 히노마루의 흔적은 아직도 남아 있었다. 그 사이에 이길용은 사진과장 신낙균에게서도 무언의 승낙을 얻어냈다.

"과장님, 이거 이 화백이 지우기는 했네. 근데 히노마루가 있었던 거는 알겠거든. 더 안 보이게 하려면 어째야 되지요?"

옆에 있던 사진부원 서영호가 끼어들었다.

"그러려면 청산가리 용액으로 문질러야 돼요. 그러면 일부러 지운 표가 많이 날 텐데요."

"그렇게 해줘라. 영호 씨."

장용서가 이제 더 적극적이었다. 일장기를 '확인사살' 한 것은 장용서였다.

讚へん哉、覇者の譽れ

〈오사카아사히〉에 실린 원래의 사진. 전체적으로 사진이 선명하고 가슴에 일장기도 뚜렷하다.

榮譽의 우리 孫君

〈오사카아사히〉를 전재한 일장기가 지워진 〈동아일보〉판 사진. 이 유명한 한 장의 사진으로 인해 일장기 말소사건이 발생했다. 그리고 이 사건은 식민지의 정세를 바꾸는 기폭제가 되었다.

또 다른 운명의 날

그렇게 해서, 8월 25일 화요일 석간 2면에 문제의 사진이 실린 채 신문이 나왔다. 북태평양에서 발생한 태풍이 일본 규슈와 한반도 동남부 사이를 지날 것으로 예상된다는 기상 예보와, 이선준이라는 서른 살 "노총각"의 익사체가 마포에서 발견되었다는 기사와 함께였다. 생선 행상인 이선준은 마포 도화정 셋방에서 "독수공방 외롭게 살던" 청년이었다. 어느 날 밤 선준은 문득 찾아온 "고적孤寂"을 못 이겨 모처럼 "향락장"을 찾았다가 성병을 얻었다. 입에 풀칠도 하기 어려운 형편에 성병까지 생기자 비관적인 생각이 들어 한강물에 뛰어 들었다. 죽은 자는 유서를 남기지 않았는데, 수사 검사의 '상식'이 내린 자살 동기에 대한 결론이었다.

월계관을 쓴 채 고개 숙인 손기정의 사진은 석간 2판부터 실렸다. 검열을 받아야 했던 1판 사진에 히노마루는 선명했다. 그런 식으로 사전 검열을 피하는 일은 묵인되어온 일종의 관행이었다.[21]

사진은 전체적으로 선이 흐려지고 무뎌져 있었다. 일장기가 있어야 할 손기정의 가슴에는 검은 그림자만 약간 남았다. 신문에 따라서 손기정의 가슴팍 부분은 올리브 잎들과 함께 엉켜 그저 시꺼멓게 보이기도 했다. 이 사진은 〈오사카아사히〉에 실린 사진과는 너무 확연히 구분되었다. 〈동아일보〉는 사진만이 아니라 사진 설명도 그대로 베끼다시피 했다. "머리엔 월계관, 두 손엔 감람수의 화분! 마라톤 우승자 "우리 용사 손기정 군"" 〈오사카아사히〉가 "我らの 孫基禎選手"에 따옴표를 친

것도 똑같았다.[22]

경기도경찰부와 헌병대가 그 신문을 본 것은 오후 4시경이었다. 경기도경은 매우 바빠지기 시작했다. 위로 총독부 경무국에 사건을 보고해야 했고, 아래로 〈동아일보〉의 관할서인 종로경찰서에 압수 지시를 내려야 했던 것이다.

화가 이상범은 석간 일이 마무리되자 초저녁에 퇴근해 광화문 근처에서 친구를 만나 저녁 겸해서 막걸리 한 잔을 마시고 일찍 귀가했다. 한데 들어가자마자 급한 전언이 그를 기다리고 있었다. 조금 전에 회사 사람이 와서 전하길, 급히 회사로 들어오라 했다는 것이었다. 그제야 찝찝하고 불길한 예감이 들었다.

회사에는 이미 경기도경찰부 형사들이 나와 있었다. 이상범이 편집국에 들어서니 한창 바빠야 할 내일자 조간 담당 편집자들이 그날 나온 석간을 펴놓고 뺑 둘러앉아 있었다.

"청전 선생님, 석간이 다 압수되었습둥." 사회부 기자 임병철이 말했다. 임병철은 기막힌 이야기를 들려주었다. 경기도경찰부에서 나온 일본인 경부보警部補가 제판실에 와서는 문제의 사진을 다시 제판해 일장기를 처음처럼 선명하게 만들어서 압수한 석간지에 게재하라고 난리를 피운다는 것이었다.[23]

일간신문은 보통 조판한 상태로 교정쇄를 검열받았다. 문제가 있으면 경무국 도서과 검열관이 삭제 또는 압수 지시를 내렸다. 그 지시는 종로경찰서를 경유해 〈신문지 압수 명령서〉의 형태로 전달된다. 신문사에 그 명령서를 제시하고 나서 신문을 압수해가는 이는 광화문파출소의 순사였다. 그러면 신문 제작팀에서는 그 압수 부분의 기사나 사진을 납판에서 끌로 깎아버리고 그 날짜 신문을 일종의 호외처럼 다시 인쇄해서 배부했다. 이것은 신문사의 제작진과 검열자 모두에게 익숙한 일이었다.[24]

그러나 이날은 경우가 달랐다. 간부급 경찰관리가 직접 입회하여 사진을 다시 넣어서 인쇄하라고 채근한 것이다. 경력이 꽤 되는 이상범도 별로 겪어본 적이 없는 일이었다. 그리고 석간은 이미 배부가 끝난 상태라 지금 와서는 어쩔 수가 없었다. 배부하기 전이라면 몰라도 지금은 벌써 해 진 뒤라 더 이상은 석간신문을 돌릴 데도 팔 데도 없었다. 턱도 없는 일이었다. 동아일보사는 긴장 속으로 빠져들었다. 그러나 이날도 이상범은 그냥 퇴근할 수 있었다.

아직 총독부는 사건을 해석하거나, 사건을 기화로 〈동아일보〉를 전면적으로 압박할 준비가 안 되어 있었다. 청산가리 용액으로 일장기를 지운 8월 25일자 〈동아일보〉가 전국에 뿌려지던 그 오후, 〈동아일보〉와 조선 언론의 운명을 좌지우지할 일본인들은 아무도 총독부에 없었다.

일본, 파시즘이라는 악질에 걸리다

새 총독 미나미와 정무총감 오노

밤을 도와 현해탄을 건넌 관부연락선 게이후쿠마루景福丸가 부산항에 도착한 것은 8월 26일 06시 30분. 연락선에는 조선 총독으로 부임하는 미나미 지로南次郎가 그의 딸 도모코와 함께 타고 있었다. 부산항에는 이노우에井上 진해항 주둔 일본군 부사령관, 다나카 다케오 총독부 경무국장, 토미나가富永 후무국장, 이케다吉田 철도국장이 새 총독을 맞으러 나와 있었다. 경남과 부산의 조선인 '유지'들도 그들 틈에 끼어 있었다.[25]

일본군 예비역 육군대장 미나미 지로는 1934년 12월 이래 관동군 총사령관 겸 만주국 특명전권대사로서 만주국을 지배했고, 군복을 벗을 당시에도 관동장관이었다. 또 전 조선 총독 우가키 가즈시게宇垣一成의 최측근이기도 했다. 우가키는 다음 총리대신감이 자기라고 생각해 조선 총독 자리를 사임했다. 이때 사임을 권유한 이가 미나미였다.[26]

조선 총독으로 영전한 미나미는 유능하고 믿을 만한 행정가가 필요했다. 그래서 미나미는 주저하지 않고 측근 오노 로쿠이치로大野綠一朗를 정무총감으로 발탁했다. 오노는 일본이 도쿄제국대학 법학과를 통해 길러낸 전형적인 관료엘리트였다. 내무관리로서 화려한 경력을 쌓던 오노는 1932년 1월 경시총감의 자리에 오르자마자 조선과 악연을 맺어야 했다.

1932년 1월 8일, 이봉창이라는 조선인이 "불경"[27]하게도 히로히토 천황에게 폭탄을 던진 사건이 일어났다. 이봉창은 김구의 '사주'를 받고 상해에서 도쿄로 건너왔다.

서른세 살 먹은 이봉창은 한때 만철의 견습사원이었으며 오사카와 나고야를 떠돌며 노동을 했다. 별명이 '일본 영감'이었고 말술에 노래를 잘했다. 일본인 친구도 많았다. 떠돌다가 상해에 갔을 때, 이봉창은 조선인 독립운동가들을 만나게 되었다. 그들과 술자리를 함께 한 이봉창은, 자기가 보건대, 히로히토 일본 천황을 죽이는 일쯤은 결코 어려운 일이 아니라고, 자기는 일본 천황의 행차를 여러 번 봤노라고 기염을 토했다. 그러자 어느날 누군가가 이봉창을 김구에게 데려갔다.[28]

이봉창은 1월 7일 밤을 도쿄 교외의 유곽에서 게이샤와 보낸 뒤, 천황을 죽일 날을 맞았다. 신사복 차림에 검은 오버코트를 입고 머리는 올백으로 빗어 넘기고 오버코트 호주머니 속에 수류탄을 넣은 채 도쿄 중심가로 나왔다. 천황은 도쿄 교외 요요기代代木에서 열리는 관병식에 참석하고 난 뒤 제 집으로 돌아올 예정이었다. 이봉창은 3시간 가까이 천황

이봉창 열사. 거사를 치르기 전 찍은 기념사진. 그러나 저 손에 들린 폭탄은 히로히토 천황을 죽이지는 못했고 다른 한 발은 미처 던지지 못했다. 이 사진의 결의문은 김구에 의해 거사 후에 붙여진 것이다.

의 마차 행렬을 추적하느라 헤매던 끝에 드디어 시민들 틈에 끼어 노루목을 지키게 되었다. 천황의 마차는 경시청 앞에서 히비야日比谷, 사쿠라다몬櫻田門으로 길이 갈라지는 삼거리를 지나갈 예정이었다.

히로히토는 이봉창보다 한 살 어린, 만 서른한 살의 젊은이였다. 기독교 신자들에게 마치 예수가 그렇듯, 그는 사람이되 사람이 아니었다. 만물을 지배하는 히토가미, 즉 인신人神이었으며, 1899년에 공포된 〈대일본제국헌법〉 제1조와 제3조에 규정된 바, "만세일계萬世一系" "신성불가침神聖不可侵"의 존재였다. 동시에 헌법 제11조에 씌어진 것처럼 일본 육해군의 통수권자였다.

그런 그의 목숨과 일본제국주의의 행로가 1월 8일 오전, 경각에 달린 참이었다. 가네코 후미코나 박열 같은 몇몇 열혈 휴머니스트들도 천황을 죽일 상상은 했다. 그러나 아무도 실천에 옮길 엄두를 내지 못했다. 그런데 그 일을 못배우고 가난한 조선인 청년 하나가 해내려 하고 있었다. 만약 성공한다면 동아시아의 정세와 한중일에 살던 많은 사람의 운명이 뒤바뀔 수도 있는 거사였다.

11시 44분경, 첫 번째 마차가 나타났다. 이봉창은 폭탄을 꺼내지 않았다. 그가 보기에는 천황이 탄 마차가 아니었다. 곧이어 두 번째 마차가 나타났다. 이봉창은 두근거리는 가슴을 애써 누르며 수류탄을 꽉 쥐었다. 18미터 거리에서 힘껏 수류탄을 던졌다. 폭음을 내며 수류탄이 터졌다

그러나 이봉창은 실패했고 히로히토는 털끝도 다치지 않았다. 천황은 첫 번째 마차에 타고 있었다. 두 번째 마차에는 궁내대신이 타고 있

었다. 수류탄은 그 마차의 왼쪽 뒷바퀴 부근을 맞췄다. 그러나 김구가 중국인에게 의뢰해 만든 폭탄은 불량이었다. 현장의 경찰이 한 중년 남자를 범인으로 지목해 덮치자, 이봉창은 자신이 범인이라는 것을 밝혔다. 두 번째 수류탄을 꺼내야 한다는 것을 잊은 채. 아쉽게도 그는 훈련이 부족한, 아마추어 테러리스트였다.

이봉창은 일본 형법 제73조 '황실에 대한 범죄', 즉 '천황, 황후, 황태자, 황태손, 태황, 태황후 등에 대해 위해를 가하거나 위해를 가하려고 하는 행위'를 위반한 혐의로 기소되었고 고문을 받았다. 이봉창은 백정현이라는 이름을 가진 사람이 배후인물이라고 밝혔다. 일본 경찰은 그 백이 김구라고 단정짓고, 상하이에 수사관을 급파했으나 검거에는 실패했다.

경시청 정문 현관 바로 앞길에서 일어난 사건이었다. 꼭 그 장소가 아니었다 해도 치안 책임자인 경시총감이 책임을 지고 바로 옷을 벗어야 할 "대불경大不敬" 사건이었다. 그러나 오노는 면책되었다. 부임한 지 8일밖에 안 된 신임이라는 이유에서였다. 그럼에도 경시총감 오노는 4개월도 버티지 못했다. 일본 국내 정세의 급격한 변화가 한 관료엘리트의 인생을 완전히 바꿔놓았기 때문이다.

소화유신

1932년 5월 15일 오후 5시 30분경, 극우단체 혈맹단血盟團 소속의 청년 장교들이 수상 관저에 침입했다. 수상 이누카이 츠요시犬養毅를 죽이기 위해서였다. 혈맹단은 이해에 벌써 두 차례나 백색테러를 저질렀다. 2월 9일에는 대장상과 일본은행 총재를 지낸 이노우에 류노스케井上準之助를, 3월 5일에는 재벌 미쓰이 그룹의 이사장인 단타쿠마團琢磨를 살해했다.[29]

그날 저녁 수상 관저로 차를 몰고 간 혈맹단원은, 해군 중위 야마기시 히로시山岸宏와 미카미 타구三上卓, 해군 소위 쿠로이와 이사무黑岩勇, 그리고 세 명의 육군사관 후보생들이었다. 겨우 스물이 넘거나 스물다섯이 채 안 된 애송이들이었다. 그들은 경호원을 위협해서 이누카이 수상을 찾아냈다.

수상은 갑자기 총을 들고 눈앞에 나타난 젊은이들과 맞닥뜨리게 되자 자신의 명줄이 위태로움을 깨달았다. 그러나 곧 냉정을 찾고 이들과 대화를 시도해야 한다는 것을 알아차렸다. 그는 식당으로 청년들을 안내했다. 피던 담배를 여전히 손에 든 채였다. 수상은 무슨 일로 관저까지 찾아왔는가 하고 청년들에게 물었다. 순진하고 열정적인 청년 중위 미카미가 열에 들뜬 목소리로 물었다. 만주에서 일본과 싸운 중국 군벌 장학량의 집에서 일본으로부터 받은 정치 자금 영수증이 나왔는데, 그중에는 이누카이 수상 앞으로 발송될 것도 있었다. 청년들은 그게 어떻게 된 일이냐고 물었다. 이누카이 수상은 한숨을 돌렸다. 대화가 시작되면 청년들이 자신을 겨눈 권총을 집어넣을지도 모른다는 안도감이 머리를 스쳤기 때문이다.

그 순간 일본 근대사에 남은 가장 유명한 한 자락의 대화 아닌 대화가 이어졌다.

"아아, 그 때문인가? 그것은 이야길 들으면 안다."

다음 말을 꺼내려는 순간, 수상은 총을 겨눈 두 젊은이 뒤에서 날카롭게 외치는 소리를 들었다.

"대답은 필요 없다. 쏴버려!"

그렇게 수상은 말도 꺼내지 못한 채 왼쪽 뺨과 오른쪽 관자놀이에 총탄을 맞고 쓰러졌다. 뒤따라온 야마기시 중위의 명령에 구로이와 소위가 방아쇠를 당긴 것이었다.

돌아가는 길에 혈맹단원들은 경시청과 일본은행에 수류탄을 던졌다. 이누카이 수상은 그날 밤 11시 26분에 절명했다. 그리고 18명의 초급 장교와 사관 후보생들이 일본 육군헌병대에 자수했다. 짧고도 강렬한, 그러나 일본의 운명을 좌우한 두 쿠데타, 그 첫 번째였다. 귀때기 새파란 우익 청년들의 손에 의해 내각이 붕괴하고 나라가 통째로 흔들렸다.

천황은 해군대장 출신이며 전 조선 총독인 사이토 마코토에게 조각의 '대명'을 내렸다. 도쿄제대를 나온 법관 출신이며 이누카이 내각에서 내무대신을 맡았던 스즈키 키사부로鈴木喜三郎가 수상을 맡을 것이라는 일반의 예측은 완전히 빗나갔다. 사이토가 수상이 됨으로써 일본의 정당 정치는 급격히 흔들리고 군부가 전면적으로 정권을 장악하게 됐다. 사이토 자신마저 4년 뒤, 1936년 2월에 있을 또 다른 우익 쿠데타에 의해 살해될 운명이었다.

혈맹단은 와세다대학을 나온 만철 사원 출신 이노우에 닛쇼井上日召가 조직한 우익 테러리스트 집단이었다. 그들은 '일인일살一人一殺주의'를 내걸고 자유주의적인 정치인이나 부패한 관료, 기업인을 처단할 것을 공언했다. '천황 곁의 간신들을 척결하고, 국민의 적인 부패한 기성 정당과 재벌을 타도해 새 일본을 건설하는 것'이 이들이 추구하는 이른바 '소화유신昭和維新'이었다. 소부르주아와 농민 국가 건설을 목표로 내건 이들 혈맹단은 일본식 파시스트의 한 종류였다.

일본은 파시즘이라는 병에 걸려 완전히 미쳐가고 있었다. 1930년대 초에 혈맹단 같은 자생적 우익집단에 가입한 민간인은 무려 30만을 넘었다. 군부는 은근히 그들을 비호하거나 이용해 먹으려 했다. 또는 군부야말로 그 암을 키우는 밭이었다. 극단적인 우익의 발호에 자유주의자와 온건파는 저항하지 못하고 무기력했다. 게다가 양심적인 진보 세력과 좌익은 감옥에 가 있거나 탄압 앞에 무너지고 있었다. 대세는 오른쪽과 군부로 이미 기울고 있었다.

때로 파시즘은 젊고 활기차며 부패를 모르는 검소함의 이미지를 풍긴다. 이에 비해 자유주의는 퇴폐적이며 몽롱해 보인다. 그래서 파시즘은 위험하다. 파시즘은 단지 전체주의일뿐 아니라 신경증의 일종이며, 타인의 고통에 무감한 사이코의 사상이다. 그러나 그러한 본질이 드러나기 전까지 파시즘은 늘 활발하고 건강한 공동체의 사상인 것으로 포장된다. 히틀러와 무솔리니가 미혹시킨 것은 중·남부 유럽의 백인 청년들만이 아니었다. 수없이 많은 일본의 청년도 1930년대에 이들 인류사 최대의 악당들에게 매혹되었다. 특히 히틀러의 《나의 투쟁》(1925~27년)의 영향은 대단했고, 그리하여 그 물결은 조선에까지 밀려 들어왔다. 처음 《나의 투쟁》을 조선어로 번역·소개한 것은 이광수였다. 박정희 같은 어리고 멋모르는 조선인 일본군 장교가 히틀러를 존경하고 '유신'에 관심이 있었던 것은 그리 특별한 일이 아닐 수도 있었다.

2·26사건

1936년 소화 11년 2월 26일, 무려 30센티미터가 넘는 폭설이 쏟아진 도쿄에 두 번째 우익쿠데타가 발생했다. 이른바 '황도파'라 불리는 군부내 우익 분파의 위관급 청년 장교 22명은 각기 전날 밤 자기 부대의 야간 주번 사령을 맡았다가 새벽 3~4시 사이에 비상을 걸었다. 근위 사단 보병 제3연대, 제1사단 보병 제1연대, 제3연대 등 총 1,483명의 일본 육군이 쿠데타군이 되어 출동했다.

반란군은 아카사카의 요정 '행락'을 본부로 삼고 도쿄의 관청가를 점거하기 시작했다. 오카다 게이스케 수상·스즈키 간타로 시종장의 관저, 다카하시 고레키요 대장상·사이토 마코토 내무대신·와타나베 조타로 교육총감의 사저, 그리고 경시청·육군성·육군대신의 관저, 그리고 육군 참모본부와 아사히 신문사가 1차 목표였다. 이 와중에 다카하시·사이토·와타나베 등의 고위 관료가 살해되었고 오카다 수상은 겨우 목숨을 건졌다.[30]

이들의 명분도 '소화유신'이었다. 순진하고 과격한 청년들은 천황 주변의 "간신"을 제거해 국가를 개조하고 위기에서 구하겠다는 우익적 망상에 사로잡혀 있었다. 사건의 배후에는 이른바 '황도파皇道派'와 '통제파統制派'의 갈등이 있었다. 이는 군과 지배계급 블록 내부의 갈등이었다. 황도파가 '일본 정신' 등 정신주의를 표방했던 데 비해 통제파는 장기적인 경제 계획과 국가 총동원 체제가 우선한다는 현실적인 입장이었다. 결국 어떤 파시즘의 길을 걸을 것인가에서 입장 차가 생겨난 것인데, 이는 파벌 간의 세력 싸움으로 구체화됐다. 점점 황도파가 수세에 몰리자, 그들은 최후의 반격을 시도해 '일본 정신'에 감염된 우익 청년 장교의 반란을 조장했다. 혈맹단에 동정적이었던 육군대신 아라키 사다오荒木貞夫가 황도파의 대표격이자 정신적인 배후였다.[31]

쿠데타를 일으킨 우익 청년 장교들은 육군대신을 만나 '궐기 취지서'를 전달했다. 황도파의 장성들은 사건의 원만한 해결을 모색하는 한편, 사태를 이용해 집권할 꿈을 꾸었다. 그러나 그것은 헛된 꿈에 지나지 않았다. 결정적으로 천황의 마음을 얻지 못한 것이다. 천황은 과격한 하극상에 놀라 쿠데타군을 '폭도·반란군'이라 규정하고 육군대신에게 즉각적인 진압을 명했다. 가련한 우익 청년들은 믿었던 도끼에 발등을 찍힌 셈이었다.

육군이 머뭇거리며 즉각 진압에 나서지 않자, 히로히토는 자신이 직접 근위사단을 이끌고 사태를 진압하겠다며 화를 냈다. 그러자 황도파에 동정적이었던 육군 내의 일부 세력도 싹 정리됐다. 해군의 움직임도

기민했다. 황도파의 주요 타도 대상인 오카다·사이토 등이 모두 해군 출신으로 해군의 이해를 대변해왔기 때문이었다. 요코스카의 해군 제1 수뢰 전대가 시바우라에 상륙하고, 제1함대의 전함이 도쿄만에 배치됐다. 천황이 진압을 지시했다는 소식이 전해지자 제1함대는 함포를 모두 도쿄 시가를 향해 정렬하고 열어두었다.³²

내전을 막기 위한 시도도 이어졌다. 부대 복귀를 명하는 천황의 지시가 주동 장교들에게 전달되었고, 투항을 권유하는 '병사들에게 알림'이라는 라디오 방송도 나왔다. "지금도 늦지 않았다"는 글귀가 씌어진 애드벌룬도 띄워 귀순을 권고하는 한편, 비행기와 탱크를 계속 배치하여 반란군이 중과부적임을 깨닫게 했다. 그러자 영문도 모른 채 반란군에 끼었다가 사세가 그른 것을 알게 된 병사들이 이탈하기 시작해 쿠데타의 실패가 확실해졌다. 결국 2월 29일, 주동자 노나카 시로와 강경파 안도 대위가 권총으로 자결하고, 수상 관저와 육군대신 관저의 부대가 투항함으로써 반란은 막을 내렸다.

이 사건은 가담 장교와 배후 지도자 등 총 19명이 사형당하고, 69명이 유죄 판결을 받는 것으로 쉽게 종결됐으나 파장은 상당히 컸다. 오카다 내각은 총사직했다. 3월 4일 천황은 곧 고노에 후미마로에게 조각을 명령했으나 그는 고령을 핑계로 수상직을 고사했다. 천황은 다시 민간인 출신의 히로다 고우키廣田弘毅³³에게 조각 명령을 내렸다. 히로다는 구체적인 조각 방침을 정했지만 군부의 반대에 부딪혔다. 데라우치 육군대신 내정자가 입각 예정자 다섯 명을 비토하며 수상의 조각 방침을 거부한 것이다. 그들이 '자유주의자'라는 이유에서였다. 그중에 특히 '자유주의의 급선봉'인 〈아사히신문〉의 시모무라와 요시다 시게루吉田茂가 가장 큰 문제였다. 전후 일본의 수상으로 일본 재건의 최대 공헌자로 인정받게 되는 요시다는 도쿄제대 출신으로 히로다 수상의 외무성 동기였고 외무상 내정자였다. 또한 요시다는 황도파가 2·26사건 때 죽이려 했던 전 내무대신 마키노 노부아키의 사위였다. 파시스트가 보기에 그들은 썩은 귀족이자 친서양파였고, 때문에 요시다는 군부의 적으로 낙인찍혔다.

자유주의자들을 배제한 뒤 새 내각은 출범했다. 그러나 이것으로써 일본이 메이지 유신 이후 나름대로 키워온 민주주의는 죽었다. 일본은 사실 출발점에서부터 민주주의를 향해 똑바로 전진하지 못하고 게걸음을 쳤다. 첫단추를 잘못 끼운 채 근대라는 옷을 입고자 했던 것이다. 그들의 근대화는 '천황'과 '일본 정신' 때문에 민주주의가 아니라 군국 파시즘에 접속됐다.

새 내각은 '군부대신 현역 무관제'를 부활시켜 현역 장성 중에서만 내각의 육군대신이 나올 수 있게 조치했다. 전후 최대의 전범이 될 도조 히데키가 이끄는 통제파가 군을 완전히 장악했다. 그로부터 2개월 뒤 일본은 공식 국호를 '대일본제국'이라 통일했다.

국체명징, 선만일여 : 미나미의 통치 방침

경시총감 오노는 혈맹단사건 때 사직했다가 1935년 관동국關東局 총장으로 관직에 복귀하였다. 그는 미나미 관동군 총사령관과 깊은 인연을 맺고 신임을 얻었다. 그러나 사실, 신임 미나미 총독과 오노 정무총감은 둘 다 조선에 대해 아는 게 거의 없었다. 미나미는 1929년에 조선군 사령관으로 근무한 적이 있었지만 아주 짧은 기간이었고, 오노는 조선에서 근무한 경험이 전혀 없었다.

대신 미나미는 만주국을 실질적으로 만들어내고 지배한 인물이었다. 이런 경력의 미나미를 조선 총독에 임명한 것은 조선보다는, 다가 올 전쟁을 고려한 것이었다. 만주는 일본이 중국 및 소련과 맞서는 최전선이었고, 조선은 그 후방의 기지여야 했다.[34] 미나미가 내세운 시정 목표는 '국체명징國體明徵・선만일여鮮滿一如・교학진작敎學振作・농공병진農工竝進・서정쇄신庶政刷新' 다섯 가지였고, 그중 여타 상투적인 구호 외에 독특하게 '선만일여'가 끼어 있었던 것은 전혀 우연이 아니었다.

1936년 8월 26일 아침 6시 40분 미나미 총독이 부산항에서 발표한 간단한 도착 성명에도 그 내용이 들어 있었다. "금일 세계 정세는 위기다. 유럽 대륙에는 스페인 내전의 풍파가 휩쓸고 있고, 소련과 중국의 정세도 안정되어 있지 않다. 목하 만주국과 조선이 불가분의 관계를 깊이 하는 데 중점을 둘 것이다."[35]

총독을 위해 임시 편성된 특급 열차는 오전 7시에 부산을 떠났다. 미나미 신임 총독이 서울역에 당도한 것은 그로부터 8시간 10분이 지난 오후 3시 10분이었다. 서울역에는 오노 총감, 고이소 쿠니아키 조선군

사령관, 미야케三宅 사단장, 그리고 조선인과 왕족을 대표하는 박영효 후작, 재경 외교관들이 총독을 맞으러 나왔다. 총독은 오노가 왔을 때 그랬듯 먼저 조선신궁에 참배했다. 그리고는 창덕궁에 있던 이씨 왕족을 찾아갔다. 그리고 8월 27일, 그가 총독부로 처음 등청한 바로 그날 〈동아일보〉 무기정간 처분이 결정되었다.

신임 총독이 부임한 뒤에도 수해는 중단되지 않고 있었다. 수해는 천재天災라기보단 인재人災의 성격이 강했지만 매년 되풀이되다시피 했다. 갓 부임한 미나미와 그의 수하 오노로서는 최우선적으로 해결해야 할 과제가 다름아닌 수해였다. 북상한 태풍이 삼남을 덮치고 있었다. 오노는 내무관료 출신답게 조선에 부임하자마자 경남 지방의 피해를 둘러보고 현장을 지휘했었다. 남부 조선의 모든 큰 강들이 범람했고, 강물은 둑이 약하고 강기슭보다 낮은 지역을 군데군데 쉬지 않고 공격했다. 8월 11일부터 홍수가 경북·경남 일대를 휩쓸자 낙동강이 상류 하류를 가리지 않고 범람해 안동 시내가 물에 잠겼다.

그러고도 비가 그치지 않아 8월 19일에는 낙동강 최남단 부산의 구포·화명·금곡·덕천이 물속에 들어갔다. 8월 22일, 논과 밭이 물에 잠겨 그대로는 모두 아사할지도 모른다는 위기감에 이 동네 주민 200여 명이 시위에 나섰다. 그들은 경남도청으로 몰려가다 구포에 출장 근무 중이던 부산경찰서 고등계 주임의 제지를 받았다. 수해민들의 요구 사항은 매우 간단했다. 첫째, 문제 있는 제방의 조속한 수리. 둘째, 토지 매수 대금 지불 촉진. 셋째, 수해 지역 토지 보상, 이 세 가지였다.

관동군 사령관 출신의 미나미 지로 총독. 일장기 말소사건이 터지자마자 부임한 미나미 총독은 〈동아일보〉에 무기정간 조치를 내렸다. 전쟁을 준비하던 일본으로서는 식민지에 대해 강력한 통제가 필요했던 것이다.

신임 총독 미나미는 결코 기 싸움에 밀리지 않겠다는 각오라도 한 듯, 〈동아일보〉 문제도 수해도 단숨에 해결할 기세였다. 미나미의 서울 파견이야말로 식민지 조선을 전시 체제로 전환시키기 위한 것이었던 만큼 그는 '조센징'들에게 뭔가 본때를 보여줘야 했다.

8월 26일, 폭풍우

성냥개비로 태워버린 고루거각

평소와 똑같이 이상범은 시간에 맞춰 출근했다.[36] 그날 자기 신상에 무슨 일이 벌어질지 짐작하지도 못한 채였다. 회사 안은 무겁고 습한 공기가 가득한 게 형사들이 다녀간 지난 밤보다 분위기가 더 침울했다. 간밤에 형사들은 사회부 기자 임병철과 백운선을 경기도경 본부로 데리고 갔다. 사실 이 두 사람은 별로 관계가 없었다. 본격적인 수사에 앞서 탐문이 시작된 것이었다. 이상범 자신을 비롯해서 정작 일을 일으킨 당사자들은 아직 무사했다. 이상범은 마음이 불안해져서 자리에 오래 앉아 있지 못하고 편집국에 가 보았다. 장용서는 여느 날처럼 편집국에서 석간 조판에 열중이었다. 사회부장 현진건은 보이지 않았다.

예정대로 이날 오전부터 올림픽 기록영화 상영회가 시작되었다.[37] 동아일보사는 구독자들에게 세 가지 색깔로 된 초대권을 발송했다. 황색·녹색·홍색으로 날짜를 구분하고 거기 다시 횡선을 그어 회차를 구분했다. 무단 입장하거나 두세 번씩 보는 사람들을 막기 위해서였다. 황색 표에 줄이 하나 있는 표를 든 사람들이 오전 9시부터 태평로의 부민관으로 밀려들었다. 경성부립 부민관은 조선 전체에서 가장 크고 현대적인 시설을 갖춘 극장의 하나였다. 전체 객석은 1,800석이나 됐고 냉난방 시설도 갖춰져 있었다.

불이 꺼지자 객석을 꽉 채운 수백 명의 관객이 일제히 박수를 쳤다. 영화는 개막식부터 폐회식까지 전 과정을 다룬 뉴스릴의 일종이었는데, 분량은 10분 남짓했다.[38] 손기정이 나오는 장면마다 뜨거운 박수가 터졌지만 관객의 기대에 비해 뉴스릴은 짧았다. 그래서 주최측이 따로 준비해놓은 것이 있었다. 이날 상영회는 '이본동시'였던 것이다.

대중적인 관객이 몰리는 연극장에서 흔히 그랬듯, '본편'에 끼워진 영화는 코미디였다. 제목은 〈망나니 부부〉. 메리와 톰이 등장하는 할리우드 영화였다. 메리의 아버지가 죽자 못된 변호사가 메리의 상속재산을 횡령하고도 부족했는지 메리의 아버지가 남긴 낡은 배 한 척마저 염가로 매수하려 한다. 갖은 간책을 다 썼지만 실패하고 결국 메리의 남편 톰과 백부가 계교로써 재산을 다시 찾는다는 스토리였다.[39] 비는 점점 거세졌지만, 부민관 앞은 이날 종일 붐볐다.

이길용이 경찰에 끌려간 것은 8월 26일 새벽 2시경이었다. 그는 성북동 집에서 자다가 종로경찰서 형사들에게 연행되었다.[40] 그날 오후 2시경에 임병철·백운선 두 기자는 풀려났지만 두 사람은 회사로 들어가지 못했다. 밤 사이에 매를 많이 맞은 탓이었다. 뺨을 때리고 몽둥이찜질을 하는 것은 특별한 수사 방식이 아니었다. 일본 경찰은 불온의 냄새가 조금만 나면 사정없이 가혹하게 다뤘다.

밤 사이에 경찰은 사건의 개황과 신문 제작 과정을 파악했다. 그래서 주범과 종범, 배후가 누군지 윤곽을 그릴 수 있었다. 이길용이 주범, 장용서·이상범이 공범, 서영호가 종범이었다. 편집국장이나 주필, 혹은 사장 같은 최고위급이 어떻게 연루되었는지는 더 조사해봐야 할 사안이었다.

오후 3시가 되자 일본인 형사 하나와 조선인 형사 둘이 동아일보사 편집국으로 왔다. 제일 먼저 형사들은 이상범을 찾았다. 이상범은 형사들과 함께 2층 사장실로 들어가서 송진우에게 인사를 했다. 송진우는 굳어진 표정을 풀지 않았다. 그는 일장기 말소를 저지른 당사자들에게 화가 나 있기도 했고, 신문의 앞날에 대한 걱정으로 마음이 어두웠다. 송진우 사장은 이길용의 면전에서도 화를 냈었다. "성냥개비로 고루거각高樓巨閣을 태워버렸다"[41]는 것이었다. 지금은 일장기 말소사건이 동아일보사의 자랑이지만, 당시는 그렇지 않았다.

형사들과 함께 다시 편집국에 들어갔다. 장용서는 그 순간까지도 사회면 대정大訂을 보고 있었다.[42] 장용서는 형사들과 이상범을 보자 각오하고 있었다는 듯 순순히 의자 위에 걸쳐 있던 '우와기'를 입었다. 그들이 편집국을 나서자 또다른 형사가 들어와 영장을 내밀며 책상을 뒤지기 시작했다. 이날 밤 사진부 서영호와 사회부 임병철이 다시 잡혀왔다.

다음 날인 27일부터는 간부 사원들도 연행되었다. 사회부장 현진건과 사진과장 신낙균, 자매지 《신가정》 편집자 변영로도 잡혀왔다. 《신동아》 부장 최승만은 사건이 일어났을 때 9월호의 편집을 끝내고 십이지장충 치료를 위해 병원에 입원해 있었다. 《신동아》 9월호는 올림픽 우승 관련 화보를 실으면서 〈동아일보〉 사진을 그대로 썼다. 최승만은 퇴원한 후 동료들이 잡혀갔고 경기도경찰부에서 자신을 찾는다는 말을 듣고 총독부 건물 앞에 있던 경기도경으로 자진 출두했다.[43] 《신가정》은 손기정·남승룡의 전신이 아니라 다리 부분만 찍은 사진을 실었다고 트집 잡혔다. 변영로는 "마라톤 경기에 다리가 제일이지 얼굴이나 전신이 무슨 관계가 있나. 독자들을 위해 그 건장한 다리를 일부러 확대 게재하였소"라며 항변했다. 그러자 형사들은 "풍속괴란죄에 해당한다"고 얼버무렸다.

8월 28일부터 주범들에 대한 고문 수사가 본격적으로 시작되었다. 처음에는 한 사람씩 취조실에 불러 수족을 결박해놓고 나무 의자에 앉혔다. "누가 시켰느냐?"가 반복되는 질문이었다. 질문이 반복되면서 수사 방법이 달라졌다. 상대적으로 나이가 많고 약해 보이는 이상범은 몇 대 맞기만 했지만 주범 이길용과 젊은 장용서와 서영호, 임병철은 혹독하게 얻어터지고 당했다. 발길로 차고 뺨을 때리는 기본 고문 외에 때로는 권총 손잡이로 머리를 때렸고, 때로는 바닥에 넘어뜨려놓고 형사 서너 명이 가슴팍에 올라타기도 했다. 수사 강도가 높아질 때는 물고문을 당하기도 했다. 각각 서너 통씩 물을 마셔야 했다. 코로 물이 어느 정도 이상으로 출입하고 나면, 콧속 점막이 약해져서 콧속으로 물을 들이부을 때마다 코피가 터졌다.

그 중 함경북도 출신의 무뚝뚝한 사내였던 임병철은 특히 많이 맞았다. 일제 경찰은 함경도에 대해 유감이 많았다. 러시아·만주와 국경을 대고 있는 함경도는 끝까지 일제가 완전히 장악하지 못한, 치안 취약지대였다. 더구나 임병철은 얼굴이 검고 우락부락하게 생겨 형사들이 때려도 눈매가 고분고분하지 않았다. 형사들은 임병철이 공산당 조직과 연락이 있는지를 조사한다고 억지를 부리며 더 때렸다.[44]

총독부의 실세, 다나카 다케오의 판단

그렇게 일장기 말소사건은 생명을 가진 짐승인 양 자라나면서 스스로 의미를 만들어가고 있었다. 사건 자체는 '대일본제국'에 대단히 모욕적이며 '국체명징'이란 총독부 시책에도 분명히 어긋났다. 그러나 치안유지법, 보안법 제령 제7호, 신문지법 등등에도 일장기 마크에 대한 모독이나 훼손을 처벌하는 법 규정이 없었다. 따라서 문제는 지극히 정치적인 사안일 수밖에 없었다. 총독부가 손기정 우승 이후에 조성된 조선의 분위기에 대해 어떻게 생각하는지, 그리고 새로 부임한 총독과 정무총감이 향후 정국 운영을 어떻게 해나가려 하는지에 모든 것이 달려 있었다. 그 방향은 파시즘의 길로 미친 듯 달려가고 있는 일본의 현실과 동북아시아의 정세와 밀접한 관계가 있었다.

일장기가 지워진 채로 〈동아일보〉가 배포된 8월 25일 하오, 총독부의 치안 책임자인 경무국장 다나카 다케오는 부산으로 가는 기차를 타고 있었다. 신임 총독을 마중하기 위해서였다. 다나카는 신문을 펼치자마자 큰 풍파가 그의 눈앞에 지나가는 듯했다. 사진의 일장기는 고의로 악의에 의해 지워진 것이었다.[45] 〈조선중앙일보〉의 말소와는 질적으로 다른, 분명히 계획적이고 조직적인 범죄였다. 다나카의 마음속에 '정간停刊' 두 글자가 떠올랐다.

〈동아일보〉 정간 같은 중대 사안은 총독부의 수뇌가 직접 판단해야 하는 일이었다. 하지만 결정할 사람이 없었다. 지금은 권력 교체기였다. 총독과 정무총감은 이제 막 새로 부임했고 조선 사정도 잘 모른다. 자신도 경무국장 자리를 내놓아야 할 때였다. 다나카는 이것은 '내 일'이 아니라는 점을 확실히 깨달았지만, 일단 정간 조치를 해두고 총독의 하회와 후임자의 판단에 맡길 심산이었다.[46]

다나카는 그럴 만한 총독부의 실세였다. 마흔두 살의 다나카는 조선 총독부 관리 전체를 통틀어서, 심지어 조선인 관료들보다도 더 조선인의 민족주의가 무엇인지 잘 이해하고 있는 인물이었다.

기억력 좋은 독자께서는 앞 2장에서 1926년 여름 《개벽》을 폐간시킨 후 총독부의 입장을 공표했던 고등경찰 과장도 바로 다나카라는 사실을 기억하시리라. 하급 지방 관리의 아들로 태어난 다나카는, 엘리트 코스를 밟아 총독부 본청에 근무하는 고등문관시험 출신의 책상물림들과는 유가 다른 인간이었다. 그는 에너지가 넘쳤지만 성격이 과격하고 급했다. 어린 시절의 고생 탓이었다. 중학교 3학년 때 학내 데모를 주동해 학업을 중단했고, 아버지가 직장을 잃어 가세마저 기울자 고학을 하며 간 사이 대학 야간부를 다니기도 했다.

어렵게 다시 메이지 대학을 다닌 후 다나카는 경찰에 투신했다. 그리고 1919년 6월, 스물다섯의 나이로 처음 조선 땅을 밟았다. 3·1운동 이후, 일본이 민간인 경찰을 대거 조선에 파견해 헌병과 대체할 때였다. 조선에 온 뒤로 다나카가 한 일은 남이 하기 싫어하는 "탄압자의 역할"[47] 그 자체였다.

다나카는 조선인 민족주의자와 사회주의자들을 상대하는 고등경찰과 보안경찰을 고루 경험했다. 그야말로 제국의 최일선에서 저항자들과 싸워왔던 것이다. 다나카는 단호하고 철저했다. 그리고 과격했다. 그래서 함경북도 경찰부장, 경무국 고등경찰과장, 경무국 보안과장을 거쳐 조선 땅을 밟은 지 9년 만(1928)에 경기도경찰부장에 오르는 빠른 출세를 경험했다.

다나카는 조선인 저항자들과 맞상대하면서 일본인 통치자들이 얼마나 조선인들을 피상적으로, 그리고 근거 없는 우월감으로 대하는지를 알게 되었다. 그리고 다른 한편으로 조선인들에 대한 두려움도 갖게 되었다. 경찰인 그가 만난 대부분의 조선인들은 한마디로 뻣뻣했다. 일본인이 조선인에 대해 그런 것처럼, 많은 조선인도 일본인에 대해서 근거 없는 우월의식 같은 것을 숨기고 있었다. 그렇지 않은 경우라도 조선인의 복종은 '면종복배'일 뿐이었다. 다나카는 총독부의 최고위층이나 내지에서 파견돼온 엘리트관료들이 내선일체니 내선융화니 하는 구호를 내걸기를 좋아한다는 것을 알았지만, 그런 구호들이 그야말로 일본의 필요에 따른 구호일 뿐이라는 것도 인지하고 있었다. 불령선인들뿐 아니라 무지렁이 농민들도 '천황의 은혜'를 거의 믿지 않았다. 조선인 스스로 결코 일본에 '동화'되거나 마음속으로부터 천황에 대한 충성심을 가지리라고는 믿지 않았다.[48]

다나카는 조선인을 함부로 탄압하면서도 내지의 일방적인 대조선 정책에 맞설 자세를 갖고 있었다. 총독부 전체에서 가장 조선인과 직접 상대한 경험이 많은 그는 무엇인가 달라지지 않으면 안 된다고 생각했다. 일본이 획기적으로 조선인에게 자치나 참정을 허락하든지, 아니면 조선인들이 마음을 바꿔 일본에 진정으로 복종하든지 뭔가 본질적인 변화가 있어야겠다는 게 다나카의 생각이었다.[49]

이런 다나카로서는 일장기 말소사건이 얼마나 일본의 정책과 총독부가 내세우는 구호와는 정반대 방향으로 움직이는 힘을 가진 일인지 금방 알아차렸다. 군부의 강경파와 우익은 매일매일 압수하지 않으면 안 되는 그런 신문의 발행을 허가해봐야 무슨 소용이 있는가, 아예 없애는 게 낫지 않은가 하는 소리를 많이 해왔다. '문화정치' 초기(1922~1924)에 치안 책임자였던 마루야마丸山鶴吉 같은 선배는 그런 일방적인 정책과 생각이 조선인의 반항을 더 거세게 자극할 것이라고 주장했었다. 다나카도 기본적으로 마루야마의 생각을 지지하는 편이었다. 그러나 지금의 경우 문제가 달랐다.

다나카는 총독에게 사건을 보고하면서, 총독에게 이런 경우가 있었는지, 〈동아일보〉란 도대체 무엇인지, 어떻게 하는 게 맞다고 생각하는지 등등에 대해 설명해야 했다. 그런 뒤 다나카는 적절한 조치는 '정간'이라 답했다. 〈동아일보〉 정간 조치에 대한 총독부의 입장은 경무국장 다나카의 담화로 공식 발표되었다.

"조선 출신의 손기정 군이 우승의 월계관을 획득한 것은 일본 전체의 명예로 일본 내지와 조선이 함께 축하할 일이며 또 일본 내지와 조선이 융화할 계기로 삼을 것이다. 이를 역이용하여 조금이라도 민족적 대립의 분위기를 유도하는 기사가 있다면 이는 자칫 대립적 감정을 자극함과 같은데 이런 필치로 된 기사가 있어 전반적으로 유감스럽게 여겨온"바, "〈동아일보〉는 종래 누차 당국의 경고에도 불구하고 고의로 일을 저질렀다"는 것이다. 따라서 "마침내 그 신문에 대하여 발행 중지 처분을 내리게 되었다. 이같은 비국민적 태도에 대하여는 장래에도 엄중 통제를 가할 방침이므로 다들 과오가 없도록 조심하기를 바란다"[50]고 했다.

다나카는 오래전부터 〈동아일보〉의 논조에 불만이 있었던 총독부의 분위기를 숨김없이 드러내며, 향후 식민지 조선인 언론에 대한 강경한 태도를 공공연히 천명한 것이다. '비국민적 태도'가 요점이다. 손기정의 우승을 조선민족의 승리로 의미화하는 바로 그것이 민족 간의 대립적 감정을 자극하는 것이었다.

동아 정국

최대 일간지인 〈동아일보〉가 정간 당하자 그 영향은 일파만파였다. 우선 〈동아일보〉가 발행하는 월간 《신동아》가 발매 정지되고 《신가정》은 삭제 처분을 당했으며 《아이생활》과 〈기독신보〉도 압수 조치되었다. 그리고 가장 큰 타격을 입은 것은 〈조선중앙일보〉였다. 〈조선중앙일보〉의 체육부 유해붕·사진부 홍병옥 등 네 명이 여운형의 권고로 당국에 자수했다.[51] 그리고 1936년 9월 4일부터 휴간하기로 결정했다. 자진해서 움츠려 '근신'하는 자세를 취함으로써 〈조선중앙일보〉는 소나기를 피하고자 한 것이다.

〈조선중앙일보〉는 9월 "근고謹告"를 통해 "동업同業 〈동아일보〉의 발행 정지 처분이 "유감천만사"라 밝혔다.

> 본사에서도 이러한 일은 전연 없으리라고 믿었으나 〈동아일보〉와 마찬가지로 또한 손 선수의 일장기 마크를 지우고 게재한 혐의가 농후하게 되어 드디어 관권이 발동되고, 현재 관련자 수명數名은 당국의 엄중한 조치를 받음에 이르렀음은 이는 실로 염려스럽기 짝이 없다. 이에 본사는 취조 결과가 나오기를 기다려 그 책임 소재를 규명함은 물론이요, 당국의 처분이 내릴 때까지 근신하는 뜻에서 이제 5일부 조간부터 당분간 휴간한다. 다시 속간하는 날에는 전보다 배나 많은 애독 있으시기 바람.

당초 〈조선중앙일보〉 사장 여운형이 원한 것은 2주 정도의 휴간이었으나, 총독부는 이를 일축했다.[52] 총독부는 예상보다 훨씬 강경했다. 〈동아일보〉와 〈조선중앙일보〉의 정간 결정은 최초 단계에 그 정치적 의미가 확정되지 않은, 단지 '행정적 처분'이었다. 사건이 났을 당시 총독이나 정무총감이 사건의 의미를 100퍼센트 파악할 수 없었기 때문이었다. 그러나 시일이 흐르면서 사건은 미나미 지로의 조선 통치 구상 전체에 관련된 문제가 되었다.[53]

시간이 꽤 흐른 뒤에도 총독부와 부르주아민족주의자 사이의 공기는 아주 냉랭했다. 새로운 수뇌부와 대화의 창구를 여는 것 자체가 쉽지 않았다. 월간지 《삼천리》는 이러한 1936년 가을의 정세를 "동아 정국政局"[54]이라 불렀다.

두 신문의 정간 상태가 한 달 이상 계속되자 〈동아일보〉가 언제 해금될 수 있을지에 관심이 쏠렸다. 총독부 주변의 관측통들 중에는 발행 정지가 단기간에 그칠 것이라는 낙관적인 전망을 내놓는 사람들도 있었다. 〈동아일보〉의 히노마루 말소에 사장·편집국장·주필 등 회사의 상층부는 전혀 개입하지 않았고 이길용 같은 일선의 젊은 기자가 저지른 일이라는 것이 무엇보다 주된 근거였다. 또한 법적으로는 명백한 위법 행위를 한 것도 아닌데 조선 최대 언론사의 경영 자체를 중지시키는 것은 지나치게 가혹한 조치라는 판단도 있었다. 낙관론자들은 미나미 총독이 '신임'이라는 점도 들었다. 언제나 강온·은위恩威 양면의 정책이 상식이라 할 때, 정간과 같은 극단적인 강경 조치 뒤에 남은 것은 이제

'당근'이라는 것이다.

그러나 이런 예상과 반대로, 발금이 장기화되리라는 비관적 견해도 만만찮았다. 〈동아일보〉가 그동안 일본 황실 관련 기사를 싣는 데 있어 '충성'을 별로 보이지 않았으며, 총독정치에 대해 그리 적극적인 협조의 자세를 보이지 않아 미운털이 여러 번 박혔다는 것이 우선적인 근거였다. 그리고 무엇보다 시국이 예전과 다르다는 점이 거시적인 면에서의 이유였다. 일본은 만주사변 이후에 중국 대륙에서 국민당군과 대치상태에 있었고, 영국·미국과의 관계도 급속히 악화되고 있었다. 큰 전쟁이 일어날 것이라는 긴장감은 한껏 고조되어 있었다.

전쟁으로 치닫고 있는 일본이 식민지 조선에 대해 유화적인 정책을 펼 틈은 없었다. 즉, 조선의 정세는 일본의 국내 정세와 동북아 전체 정세에 영향을 받을 수밖에 없었고, 조선이 전선戰線의 이른바 '총후銃後'로서 어떤 역할을 해야 하는가에 대한 총독부 최상층의 판단에 〈동아일보〉의 복간 여부가 달린 것이었다.

처음에는 일본 국민 전체가 손기정의 마라톤 우승을 기뻐했다. 그것은 분명 '1억 일본 국민의 승리'였다. 일본인들은 손기정이 조선인이라는 거리낌은 일단 묻어두었거나, 아예 그런 거리낌조차 없을 정도로 둔감했을 것이다. 가해자의 특징은 자신의 행위가 피해자에게 끼치는 영향이 대부분 고통이라는 것을 결코 이해하지 못하는 데 있다. 그래서 그들은 제딴에는 시혜를 베푸는 행동조차 치명적인 가해가 되거나 증오를 불러일으킬 수 있다고는 꿈에도 생각 못한다.

일본 각의에서도 손기정의 우승이 거론되고 각료 전체가 손기정을 칭찬할 정도였으니, 미나미 총독이나 우가키 전 총독 같이 직접 조선을 다스리는 위정자들의 '기쁨'이야 오죽했겠는가. 미나미 총독은 조선 부임 직전 소식을 듣고 가마쿠라의 자택을 찾아온 〈매일신보〉의 기자 앞에서 "반도의 양 군이 일본 스포츠계의 명예를 획득해주어서 더 말할 수 없이 기쁘다"[55]고 말했다. 또 신구임 총독 미나미와 우가키가 축하연에서 축배를 드는 사진이 〈오사카마이니치〉 신문에 실리기도 했다.[56]

그러나 금메달에 관한 총독부의 기쁨은 일장기 말소사건과 더불어 종지부를 찍었다. 불경하다 생각해서였을까? 일본의 주요 신문들은 일장기 말소사건에 대해서는 단 한 줄도 보도하지 않았다.[57] 다만 조선에서 발간되는 일본어 신문인 〈경성일보〉가 '말리는 시누이' 격으로 〈동아일보〉를 맹비난했다. 결국 "조선의 특수성"과 "비국민적 태도"가 조선을 통치하는 일본인들의 기쁨을 망쳤다. 조선인들의 신드롬이 "민족적 감정으로 전화하기 쉬운 것"[58]임을 간취한 총독부 경무국은 8월 말부터 모든 축하 대회와 기념 체육관 설립운동, 축하 연설회를 금지시켰다.[59] 손기정의 우승이 만든 신드롬은 이제 없었다. 승리한 손기정은 그저 진하게 기쁘고 아픈 상징일 뿐이었다.

돌아선 조선 총독부

"미친 짓거리"

일장기 말소사건에 대한 조선 총독부의 공식적 입장은 총독부가 일본제국의회에 예산을 승인받기 위해 해마다 제출하는 자료인 〈제국의회 설명자료〉 1936년판과 1937년판에 기록되어 있다. 조선 총독부는 언론이 부추긴 올림픽 신드롬과 일장기 말소사건을 거시적인 차원에서 파악하고 있었다. 그것은 조선 민족주의자들이 벌이는 "민족적 비타협운동"의 연장선상에 있는 것으로 여겨졌다. 만주사변 이후 힘을 잃은 자치 운동 세력을 위시한 부르주아민족주의자들이 2·26사건을 보면서 일본 국민의 "국체"가 흔들린다고 오판해 민족운동을 재개할 호기로 생각한다는 것이었다.[60] 그 결과가 복고주의적 문화민족주의운동과 일장기 말소사건이라는 것이었다.

특히 일장기 말소사건은 "미친 짓거리"[61]였다. 손기정·남승룡이 우승하자 각 "언문" 신문들은 "경쟁적으로 과장되고 선정적인 기사"를 게재하여 민심을 자극해왔다. 그들은 "조선 민족의 우수성"을 떠들어댔는데 이는 암암리에 조선 독립이 불가능한 것이 아님을 선동하는 것이었다. 그것이 감춰진 핵심이었다. 일반 사회 역시 이런 분위기에 편승해 "열광적 흥분상태"에 이르러 조선인과 내지인 사이에는 "일말의 암영"이 드리워졌다. "미친 짓거리"는 이 와중에 일어난 일이었다. 두 신문에 대해 정·휴간 처분을 내리고 일반 민중에 대해서도 "적정한 지도와 취체를 가하여" 분위기는 차츰 가라앉고 있었지만 그럼에도 이 사건은 아직 조선인들의 가슴 깊이에는 "저류"하는 민족의식이 있고 기회가 있으면 언제 어떤 형태로라도 분출할 수 있음을 가르쳐주었던 것으로 파악되었다.

조선 총독부는 〈동아일보〉를 비롯한 조선어 신문들을 근본적으로 불신하고 있었다. 조선의 정치 안정이 조선 부르주아민족주의자들의 협력으로 가능하다는 것도 이제 인정하지 않으려 했다. 만주사변 발발 이래로 그들이 상당히 순치되고 조선어 신문들도 표면에는 "온건을 가장했지만", 내적으로는 여전히 "치열한" 민족주의 사상을 지니고 있다고 파악했다.[62] 불신은 그토록 깊었다.

일장기 말소사건이 일어나기 전, 총독부의 심기를 건드린 것은 특히 〈동아일보〉의 8월 11일자 사설이었다 한다. "세계 제패의 조선 마라톤—손, 남 선수의 위업"이라는 제목을 단 이 사설은 손기정과 남승룡의 승리가 "스포츠 이상의 승리"라는 것, 그래서 우리가 더욱 "감격"하는 것이며, 그 우승은 곧 "조선의 우승이며 조선의 세계 제패"라 썼다.

두 청년에게 조선이 준 것은 불우와 불행밖에 없지만, 그런데도 두 사람은 조선에게 바치고 갚았다. 이제껏 조선인들은 '숭문비무崇文卑武에 의한 뿌리 깊은 문약의 타성'과 고식주의 때문에 너무나 오랫동안 무력하게 살았다. 그러나 손남 양 군의 우승은 시드는 조선의 피를 뜨겁게 달구었고 까라진 조선의 맥박을 뛰게 했다. 한번 일어서면 세계도 손아귀 안에 있다는 신념과 기백을 가지도록 하였다.[63]

이 사설은 일장기 말소사건에 대한 〈동아일보〉나 부르주아민족주의자들의 공식적인 입장에 가까운 것이었다. 그러나 이 글이 그렇게 특별히 격앙된 어조와 과격한 논조를 갖고 있다고 말하기는 어렵다. 손기정 우승에 대한 조선인 전체의 상식적이고 평균적인 생각을 대변한 수준이었다.

심지어 〈매일신보〉도 그랬다. 〈매일신보〉는 손기정 우승을 놓고 공식적인 사설을 낸 적은 없었으나 문사 조용만이 8월 20일자 1면 머릿기사로 "마라손 제패"라는 글을 썼다. 조용만의 이 글은 무엇하나 보잘 것 없는 땅에 태어난 청년이 세계 강호를 물리쳤다는 것, 이 승리는 단지 '마라손'의 승리가 아니라 자라나는 조선, 청년 조선의 승리라는 것. 그리고 수입된 지 20여 년밖에 안 되는 근대 스포츠에 의해 500년 동안의 문약이 치유되고 있다는 것 등이 그 요지였다.

따라서 조용만의 글은 〈동아일보〉의 사설과 거의 비슷할 뿐 아니라, 당시의 조선인이라면 그야말로 삼척동자도 읊조릴 수 있는 평범한 수준이었다. 물론 '1억 일본 국민의 승리'라는 말 따위는 여기에도 전혀 없었다. 결국 손기정과 그가 일궈낸 우승에 대한 조선인 거의 전체와 일제 당국의 생각 차이는 그만큼 큰 것이었다.

〈동아일보〉와 〈조선중앙일보〉의 '반성'

정간이 단행된 직후부터 〈동아일보〉는 즉각 '반성'과 '사과'의 자세에 돌입했다. "송〔진우〕 사장 이하 동사원 200여 명과 지·분국원 3,000여 명 및 10만 독자가 일각이 삼추같게 초조하게 기다리고 있을 뿐더러 일반 사회에서도 적막한 현하의 반도 언론계의 명랑화를 위하야 하로 급히 속간되기를 고대"하고 있었고, 신문을 내지 못해서 보는 손해가 이만저만한 게 아니었다. 이길용, 현진건 등 당사자들을 파면했을 뿐 아니라, 송진우 이하 전 사원이 신문이 발행되던 때와 마찬가지로 매일 아침에 출근하고 저녁에 퇴근하는 근신의 '자세'를 성의껏 보여주고자 노력했다.[64]

일제는 그 '미친 짓거리'를 한 당사자들을 정식 구속하지 않은 채, 구류 기간을 연장시켜가며 무려 근 40일을 조사했다. 면회는 허용되지 않았고 차입만 허용됐다. 이길용의 아내 정희선은 속옷과 와이셔츠를 챙겨 넣어주었는데, 이길용이 내보내는 옷은 언제나 피투성이였다.[65] 일장기 말소 행위를 처벌하기 위한 법적 근거는 없었지만, 그와 무관하게 잔혹한 고문은 계속됐다.

10월 4일, 나카무라 경기도경찰부장이 관련자들 전체를 모아놓고는 일장 훈시했다. 그리고 다음과 같은 문구가 들어 있는 각서에 서명을 하게 했다.

-. 언론 기관에 일체 관여하지 않을 것.

-. 시말서를 쓸 것.

-. 만일에 또 다른 운동이 있을 때에는 이번 사건의 책임에 가중해 엄벌 받을 각오를 할 것.

서명을 요구받은 사람은 이길용 외에 현진건·최승만·서영호·장용서·신낙균, 다섯 명이었다. 이미 이들은 9월 25일자로 회사에 의해 파면당한 상태였다. 서명을 하고 그리고 귀가 조치되었다. 이길용은 골병이 들어 한 달간 운신을 못 하고 자리보전을 해야 했다. 주필 김준연과 편집국장 설의식도 8월 28일자로 이미 사직한 상태였다.[66] 송진우는 11월 11일자, 부사장 장덕수와 영업부장 양원모는 12월 20일자로 사직했다. 일제는 〈동아일보〉 편집진의 물갈이를 원했다. 그로써 일장기 말소사건에 관련된 〈동아일보〉와 총독부의 밀고 당기기는 새 국면을 맞았다.[67]

〈동아일보〉는 '관계 요로'를 통해 칼자루를 쥔 새 총독과 새 경무국장을 만나기 위한 노력도 병행했다. 전 총독부 간부 모 씨, 도쿄의 조선협회 간부인 모 씨, 도쿄에 본부를 둔 모 연맹의 모 씨, 도쿄의 모 신문사 사장 등이 나서서 "해금 알선을 하였으나 경무 당국의 의향이 아직도 굳어서 일이 여의치 못하였다는 설도 있고", 또 송진우 사장이 직접 나서서 미츠하시三橋 경무국장, 오노 정무총감, 미나미 총독을 만나 해금을 요청했으나 아직 "비국민적 자세"를 고치지 못했고 '개전'이 부족하다 하여 거절당했다는 설도 나돌았다.[68]

〈조선중앙일보〉도 표면적으로는 비슷했다. 여운형이 애초에 잽싸게 자진 휴간에 들어간 것은 〈동아일보〉보다는 죄질이 가볍다고 스스로 생각한 때문이었다. 또한 '신문지법' 때문이기도 했다. 이 법에는 일간지가 2개월 이상 휴간하면 정간이나 등록을 취소할 수 있다는 규정이 있었다. 그래서 휴간 만기일이 되는 11월 5일이 되기 전에 당국으로부터 속간에 대한 양해를 얻어내거나, 아니면 그날만 신문을 발간해서 휴간을 연장할 가능성도 있었다. 그러나 이것 모두 불가능했다. 〈조선중앙일보〉 간부가 신임 경무국장 미츠하시를 찾아가 속간 양해를 청했으나, 그는 아직 시기상조이며 '철저한 지면 개혁과 인사 개혁을 해야 한다'는 말만 되풀이했다.[69]

총독부의 목표는 분명하고 방침도 확고했다. 이 사단을 계기로 '민족의 표현 기관'을 자임하는 〈동아일보〉와 사회주의적인 색채를 공공연히 띤 〈조선중앙일보〉의 논조와 편집 방향을 확실하게 바꾸겠다는 것이었다.[70] 그러니까 문제는 반성과 '개전의 정'의 질과 수위였다.

〈동아일보〉의 경우 어떻게 자세를 바꾸고 총독부의 두 방침, 즉 '지면 개혁'과 '인사 개혁'을 만족시켜줄 것인가에 따라 복간 여부가 결정될 것이었다. 관측통들은 지면 개혁의 방향이 "황실 기사를 존엄하게 취급할 것", "총독부 시정 사항을 특보할 것", "장제스·스탈린 기사보다 동경 정계 뉴—스를 우대할 것"이라 전망하고[71] 후임 사장 자리에 사주인 김성수 자신, 전 신간회 회장이자 조선변호사협회장 김병로, 중앙고보 교장 현상윤, 그리고 미국에서 돌아온 장덕수 등을 하마평에 올려놓았다. "좌익적" 인사와 민족주의자의 퇴사 외에도 총독부가 가장 신경을 쓴 것은 〈동아일보〉의 사장 인선이었다.[72]

어쨌건 늦어도 연말쯤에는 문제가 해결될 수 있으리라 보았다. 하나 이는 오판이었다. 〈동아일보〉의 사후 조치는 표면적 '반성'에도 불구하고 총독부가 보기에는 '개전의 정'이 전혀 보이지 않으며, 개전을 말하면서도 내심은 모든 모략과 거짓말과 탄원에 의지해 성의 없이 얼렁뚱땅 사태를 마무리하려는 것이었다.

특히 총독부는 김성수를 중심으로 하는 이른바 "전남全南 블록"이 〈동아일보〉의 반일적 경향을 유지하고 김성수와 송진우의 '꼭두각시(괴뢰)'가 될 만한 인물을 뽑으려 한다고 믿었기에 이를 용서하기 힘들었다. 〈동아일보〉는 여러 차례 교섭을 통해서 사장 후보자들을 총독부에 제시했으나, 돌아오는 대답은 차가웠다. 그대로 연말이 지나가버렸다. 시일이 흐르면서 총독부 안에서는 강경론이 대두했다. 〈동아일보〉가 없으면 어떠냐는 것이었다. 졸지에 〈동아일보〉와 그 경영진은 곤경에 빠졌다.[73] 대결에서 〈동아일보〉가 동원할 수 있는 자원은 이제 별로 없었다. 미나미 총독은 식민지인들의 입을 완전히 봉할 계획을 뚝심으로 밀어붙이고 있었다.

뜨거운 감자, 손기정

영웅에서 일개 중학생으로

1936년 10월 8일. (……) 동경을 떠나 후쿠오카로, 울산을 거쳐 여의도 비행장에 안착했다. 비행장에는 이미 형사, 순사들이 깔려 있었다. 사고를 예방하고 나를 보호한다는 명목이었다. 그들은 비행장 입구를 막고 서서 환영 나온 인파들을 못 들어오게 했다. 마치 중죄인을 잡아가는 현장에서 구경꾼들을 막고 선 꼴이었다. (……) 아무런 환영 절차 없이 나는 이들에게 이끌려 승용차에 올라탔다. 그때까지 정복을 입은 순사가 내 뒤를 따르고 있었다. 죄수 호송과도 같은 장면이었다. 양정 교문 앞에는 갑甲, 을乙반 학생들이 모두 줄지어 서서 나를 기다리고 있었다. 급우의 올림픽 우승 소식을 마치 자신들의 일처럼 기뻐하며 자랑스러워했다. 그러나 서봉훈 교감은 차를 세우지 못하게 했다.[74]

그랬다. 이날 여의도 공항으로 민족 영웅 손기정을 환영하러 나간 인파가 "수만"에 달했다. 그런데 이들과 손기정은 직접 만나지 못했다. 손기정 일행이 군중을 만나지 않은 채 바로 차를 몰아 가장 먼저 간 곳은 남산의 조선신궁이었다.[75]

이 참배는 복합적인 의미를 지니고 있었다. 조선에 들어오는 일본의 공인들은 의례적으로 이곳부터 참배를 해야 했다.[76] 영웅 손기정 또한 일본의 공인이 된 셈이고, 그로써 손기정의 승리는 조선신궁에 모셔진 아마테라스 오미카미天照大神와 메이지 천황의 영전에 바쳐져야 했다.

이제 손기정이라는 존재 자체가 매우 복합적인 의미를 지닌 존재가 되었다. 그는 조선인과 상당수의 일본인들의 영웅임에 틀림없었다. 하지만 총독부에게는 뜨거운 감자였다. 총독부는 조선인들의 환영 행사를 완전히 차단하지는 않았다. 그러나 이미 분위기는 최대한 가라앉혀 놓은 상태였고 환영 행사를 가급적 통제하려 했다. 그러나 손기정을 '죄인 다루듯' 했다는 말은 과장이었다. 손기정이 연금되거나 전혀 조선인들과 접촉하지 못한 것도 아니었다. 총독부의 공권력이 손기정을 예의주시했지만 대부분의 일본인들은 손기정을 홀대하지 않았다.

손기정은 예정보다 일주일 늦게 도쿄에서 서울로 들어왔는데 도쿄의 이런저런 단체가 연 환영회에 붙잡혀서 몸을 빼지 못했기 때문이었다.[77] 비교적 양심적이며 자유주의적인 일본인들을 대변하는 일본 〈아사히신문〉은 1937년 1월에 '아사히상'을 식민지 출신의 스포츠 영웅에게 수여했다. 위업을 달성한 강자 손기정을 보통의 일본인들은 좋아했던 것이다.

그가 귀국하자마자 대규모 환영회가 열리기 시작했다. 원래 가장 큰 후원자였던 〈동아일보〉와 〈조선중앙일보〉는 없었지만, 신문사는 많았다. 〈매일신보〉〈경성일보〉 등 신문사들은 손기정 환영회를 조금이라도 먼저 하려고 별별 비열한 수단 방법으로 경쟁하였다. 근접 거리에서 이를 본 김교신이 "이런 때에 보면 신문사라는 것은 창녀들과 다르지 않다"라고 냉소할 정도였다.[78] 〈동아〉와 〈중앙〉이 없었기 때문에 가장 발 빨랐던 것은 역시 〈조선일보〉였다.

〈조선일보〉는 1936년 10월 19일 오전에 자사 강당에서 승리를 축하하는 모임을 열었다. 두 선수에게 〈조선일보〉가 제작한 상패도 수여했다. 같은 날 오후에 손기정과 남승룡은 〈오사카마이니치〉 조선 지국이 대대적으로 연 환영회에도 참석해야 했다.

총독부 기관지인 〈매일신보〉도 따로 손기정을 위해 지면을 할애했다. 그러나 〈매일신보〉는 손기정이 민족의 영웅으로 의미화되는 것을 중단시키고자 애썼다. 10월 20일자 〈매일신보〉는 손기정이 조선신궁에 참배하는 사진을 크게 싣고, 손기정이 이제 "일개 중학생"[79]으로 돌아가 4개월 동안 중단할 수밖에 없었던 학업에 정진할 것이라 썼다. 그러나 쉽지는 않았다.

손기정은 학교에 나가서 친구들의 환영도 받았고 김교신이 맡은 지리 수업 시간에는 후배들에게 특강도 했다. 특강 내용은 세계일주하면서 보고 온 베를린, 파리, 런던, 덴마크, 이탈리아, 네덜란드 각지와 수에즈 운하, 봄베이 등의 견문담이었다. 이런 세계 여행의 경험이란 당시 조선인들에게 가장 귀하고 가슴 설레게 하는 환상이었다. '세계'에 대한 조선인의 열망은 컸기 때문이었다. 교사인 김교신에게도 아주 유익했다.[80]

〈조선일보〉의 어부지리

역사의 신은 웬 까닭인지 〈조선일보〉를 키우기로 했다. 1936년에 들면서 〈조선일보〉는 공격적인 경영을 하며 상승세를 타고 있었다. '3대 민간지' 중에서 가장 먼저 지면을 12면으로 늘리고 사원도 증원했다. 5월에는 설립 이래 처음으로 사원위안대회도 열어 사기를 진작했다.[81] 이러한 성장세의 와중에 1·2등을 다투던 〈동아일보〉와 〈조선중앙일보〉의 정간은 그야말로 주마가편에 금상첨화였다.

1936년 가을부터 〈조선일보〉가 챙긴 반사 이익은 대단했다. 〈동아〉와 〈중앙〉의 독자 상당수가 〈조선일보〉에 흡수되었다. 일장기 말소사건 직전의 발행 부수는 〈조선중앙일보〉가 3만 2,782부로 3만 1,666부인 〈동아일보〉를 근소한 차이로 앞서 선두였는데, 두 경쟁지가 정간된 사이 〈조선일보〉는 발행 부수가 6만 부로 급증했다.[82]

두 신문이 정간된 사이에 〈오사카마이니치〉와 〈오사카아사히〉로 간 조선인 독자들도 꽤 있었다. 이 두 신문들의 구독자도 1,000명 이상 늘었다.[83] 또한 총독부를 대변하는 〈매일신보〉나 〈경성일보〉로 옮긴 독자들도 있었다. 그러나 그 숫자는 〈조선일보〉가 누린 반사 이익에 비하면 아주 작고 일시적인 것이었다.

〈조선일보〉에서 1936년 6월부터 11월 사이에 가장 '부수'를 많이 늘린 "최우수" 지국은 충남 서산 지국이었다. 〈조선일보사보〉에 실린 경력 13년의 서산 지국장 신항균申恒均의 경험담을 들어볼 만하다. 1923년 처음 서산에 〈조선일보〉 지국이 열렸을 때, 독자는 겨우 34명. 13년이 지난 현재 〈조선일보〉 구독자는 그보다 딱 열 배가 늘었다. 다음은 지국장 신항균이 지역민들로부터 신임을 얻기 위해 사용한 방법이다.[84]

첫째, 지방의 각종 사업에 경중을 막론하고 헌신 봉사하여 지역 인사들의 신임을 얻을 것. 둘째, 월 2회 이상 영화 상영회를 열고, 독자에게 봉사하는 한편 비독자에게도 봉사적 정신을 발휘할 것. 셋째 영화 상영회 같은 일반이 모이는 집회가 있을 때 신문의 필요성을 선전하는 "신문 강연"을 할 것. 넷째 독자나 비독자를 막론하고 사회 사업에 헌신적으로 봉사할 것. 다섯째, "우리 지방 기사는 우리 신문에 있다"는 평판을 듣게끔 "관내 통신"에 있어서 가장 신속·정확·공정한 보도를 하도록 노력할 것.

〈조선일보〉는 경쟁사로 가던 광고도 거의 독점하게 되어[85] 1936년 말부터 유례없는 호황을 누렸다. 광산 졸부 출신의 사주 방응모는 찬스를 놓치지 않고 아낌없이 투자했다. 새 고속윤전기를 도입하고 공장을 증축하는 등 과감하게 설비를 늘렸고[86] 소년면을 증면해 주간 타블로이드판 〈소년조선일보〉를 발행하기 시작했다. 월간지 《소년》도 창간하여 '약진'할 모든 자세를 갖췄다.[87]

그 사이 〈조선중앙일보〉는 회사의 존폐 자체가 기로에 섰고, 경성방직이라는 막강한 백그라운드를 가진 〈동아일보〉도 거액의 손해를 보고 휘청거렸다. 〈동아일보〉는 회계 보고를 시작한 1921년부터 1935년까지 매년 꾸준히 사세를 늘려왔었다. 1929년 세계적인 대공황의 여파로 조선 경제도 심한 타격을 입었던 때를 제외하고는 매년 3,000원에서 6,900원의 순익을 남겨왔다. 1930년에서 35년 사이에 〈동아일보〉의 매출 규모는 1.56배나 커졌다. 그러나 정간된 1936년 10월 1일부터 1937년 9월 30일까지의 매출은 전년도 61만 5천여 원보다 무려 36여 만 원이 줄어든 25만 5천 원이었다. 이 기간의 적자액은 2만 6천여 원에 달했다.[88]

1930년대 중반의 3대 조선인 언론사들은 모두 규모가 '재벌'이었고, '민족' 내부에서는 무소불위의 문화적 권력을 누렸으나, 궁극적 생사여탈권은 스스로 갖지 못했던 것이다. 군국주의 파시즘의 힘과 광기는 식민지 언론이 대항할 바는 아니었다. 그랬기에 1937년을 지나고도 살아남는다는 것, 그것은 식민지 언론에게는 단지 '재편'이나 '적응'의 수준이 아니라 완전한 자기부정과 굴종을 뜻했다. 〈조선일보〉가 택한 길이었다.

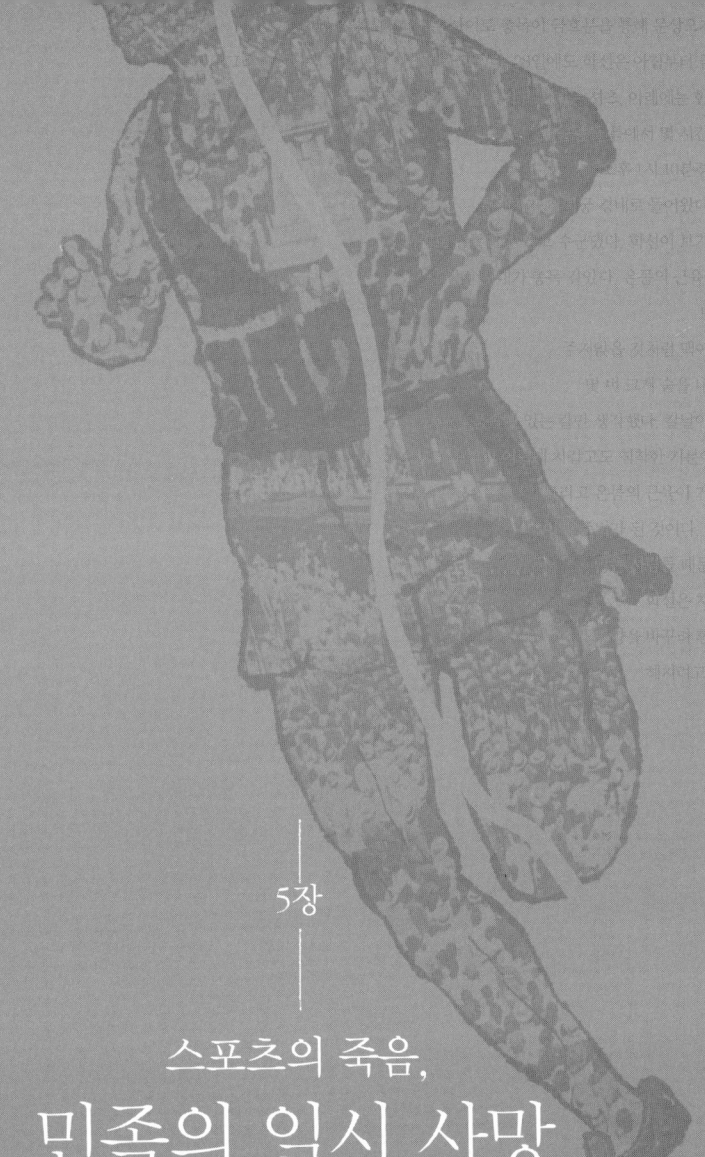

— 5장 —

스포츠의 죽음,
민족의 일시 사망

소화 12년 새 아침

김교신의 1937년

서기 1937년, 정축년이 밝았다. 날씨는 청명했다. 김교신은 의욕적으로, 그리고 성실한 마음으로 새해를 맞았다. 그는 평양에 있던 함석헌과 함께 1936년 12월 29일부터 일주일 예정으로 전국의 무교회주의 신자들과 학습과 강론회를 가지기로 했다. 매일 기도회와 강론과 토론회를 여는 일종의 방학 중 집중 연수이자 워크숍이었다.

김교신은 12월 28일 오후에 총독부 도서관과 우미관에 잠시 들렀다. 서울에서도 중·고등학생들이 가장 많이 모이는 이곳에서 '학생 교외 지도'를 하기 위해서였다. 각 학교의 교사들은 당번을 정해서 번화가와 학생들이 많이 출입하는 데를 순찰하며 '불량 학생'을 잡아냈다. 형식적으로 한 바퀴를 돈 김교신은 오류동의 합숙소로 갔다. 함석헌은 이미 도착해 있었다.[1]

성경 공부와 강론으로 이어지는 하루하루의 일정은 세밑을 건너 새해 첫날에도 변함이 없었다. 김교신은 참석한 신도들과 초청된 몇몇 이웃, 함석헌과 함께 새해 첫 새벽 기도회를 열었다. 그리고 같이 모여 아침 식사를 했다. 김교신이 대표로 기도를 올렸다.

"작년 한 해도 하느님 아버지의 보살핌으로 굶주림 없이 잘 지냈나이다. 새해 금년에도 아버지 손에서 양식 받게 하옵시며, 이웃들과 양식을 함께 나누기를 빕니다." 신도들의 얼굴은 모두 밝았다. 그들은 서로를 축복하며 덕담을 나누었다. "새해에도 더욱 건강하십시오." "새해에는 우리 민족이 좀 나아졌으면 좋겠습니다." 이날은 오전 모임을 쉬고 각자 새해 인사를 하거나 신년 축하식에 참석했다. 그리고 오후 3시에 모여서 다시 함석헌의 강화를 듣기로 했다. 그날 함석헌의 강화 제목은 '인자의 교육'이었다.[2]

1월 3일은 일요일이었다. 이날 오전에도 함석헌이 강론했다. 함석헌은 성서의 출애굽기 제2장을 소재로 '나라'에 대해 강론했다. 나라 잃은 백성이 나아가야 하는 가시밭길에 대해 함석헌은 힘주어 말했다. 시련과 수난은 신이 부여한 해방의 도정으로 나아가기 위한 소명이었고, 조선의 민중이 그 해결의 알기였다.

오후에는 특별 초빙된 류영모 선생이 강론했다. 김교신은 그에게 수년 전부터 요한복음에 대해 무교회 신자들에게 강론해줄 것을 청했었다. 류영모 선생의 요한복음 해석은 논란거리였다. "하나님이 세상을 이처럼 사랑하사 독생자를 주셨으니 이는 저를 믿는 자마다 멸망치 않고 영생을 얻게 하려 하심이니라." 기독교 교리 전체를 압축하고 있는 이 짧은 요한복음 3장 16절에 대해 류영모는 독창적인 관점을 가졌다. 그는 일반인들 앞에서 그것을 쉽게 말하지 않았다. 순진한 기독교인들에게는 충격을 줄 만한 내용이었고, 류영모 자신은 과격했지만, 타인의 기독교 신앙을 동요시키기를 원하지 않았다.

김교신·함석헌보다 열 한 살 위인 류영모는 그들의 동지이자 스승이기도 했다. 류영모는 양반가에서 태어나 어려서부터 한학을 배웠고 유교와 불교를 섭렵했다. 젊은 날 YMCA의 청년 강연회에 다니다 기독교 신자가 되었다. 1910년부터 오산학교 교사로 있었는데, 오산학교가 기독교 민족주의의 산실이 되는 데 크게 기여한 이가 바로 그였다. 그러나 류영모는 머릿속에 우주 전체를 담고 궁굴리는, 독창적인 사상가 스타일의 인물이었다. 어려서부터 배운 한학과 도교 또한 그를 그냥 신앙 깊은 기독교도에 머물러 있지 않게 했다. 그는 도쿄물리학교에서 최첨단의 서구 근대 과학을 공부하기도 했고, 노자와 톨스토이를 계속 사숙했다. 결국 류영모는 종교다원주의와 무교회주의에 가까이 다가갔다.

일주일간의 교육 강론회는 그 다음 날 마무리되었다. 마지막 날에는 특별한 프로그램이 준비되어 있었다. 그날 오후 5시에 김교신은 함석헌 등과 함께 춘원 이광수의 초대를 받아 그의 집을 방문했다. 이광수는 김교신의 활동을 잘 알고 있었고 그에게 무교회주의에 대한 강설을 듣기를 원했다.

이광수는 설명이 필요 없는, 이미 대가의 반열에 오른 문단의 거두이자 최고 인기 작가이며, 여전히 영향력을 유지하고 있는 부르주아민족운동의 한 정신적 지도자였다. 이광수는 생을 동학에서 출발했고, 젊은 시절에는 톨스토이를 사숙하여 기독교를 받아들였다. 오산학교에서 일하고 안창호를 스승으로 모시면서 흥사단과 민족개량주의의 이념을 체화했다.

《무정》을 발표하고 〈민족개조론〉을 쓴 조선 전체의 문제아이자, 1910년대 청년 정신의 대변자였던 이광수는, 그러나 기실 외롭고 여린 영혼을 가진 사람이었다.[3] 바로 그랬기에 그것은 그 자신뿐 아니라, 그를 태두로 한 조선 근대 문학과 그를 이데올로그로 삼은 조선 민족주의의 불행이었다. 그의 자아는 허약했다. 자기연민이 강하여 감상적이면서도 다분히 편집증적인 그의 정서는 망국 대중의 정서에 잘 맞았다. 또한 대중은 이광수의 소설을 읽음으로써 그러한 감상적 민족주의의 감성을 훈련했다.

이광수는 늘 자기구원의 문제 때문에 목말라 했다. 그즈음 중년이 된 그는 불교에 심취해 법화경 신도를 자처하며 금욕적인 생활을 하고 있었다. 이광수는 1934년에 아들 봉근을 잃었는데, 이후로 겉으로는 더 의기소침해지고 종교에 빠졌다. 정치적인 발언은 점점 더 궤변에 빠져, 돌이킬 수 없는 친일파의 길을 걷게 됐다. 1935년 말부터 《이차돈의 사》를 썼고, 1937년에는 〈조선일보〉에 자신의 반생을 소재로 한 《그의 자서전》이라는 소설을 연재하고 있었다. 종교적 심성과 '친일'이 뒤범벅되어 점점 괴물이 되어가고 있었던 것이다.

그러나 김교신도 보통 조선 사람들처럼 민족주의자 이광수는 좋아했다. 1931년 이순신 붐이 문화민족주의자들에 의해 조성되어 전국을 휩쓸었을 때, 〈동아일보〉는 7월 25일부터 이광수에게 역사소설 《이순신》을 연재하게 했다. 이 소설에서부터 이순신은 민족의 완벽한 '성웅聖雄'으로 재탄생했다. 이순신은 인격과 능력을 완벽하게 갖춘 외로운 군인이었다. 이광수의 이순신은 모략과 시기, 허약함 등 온갖 민족의 약점을 다 가진 원균 같은 조선인의 일반적 인간으로부터 벗어난 존재였다.

'민족성론'에 다른 작가의 의도에 무관하게 '왜적'과 직접 싸워 이긴 이순신이라는 존재가 가진 의미는 아주 오래된 여타 고대와 중세의 전

조선의 제일가는 지성인이면서 최악의 친일파였던 춘원 이광수. 그는 이순신을 다룬 역사소설을 써 민족주의적 정서를 북돋우기도 했다. 이광수가 지닌 복잡한 면모야말로 식민성의 복합성이다.

《성서조선》창간호(왼쪽)와 종간호(158)의 표지.

쟁영웅들과는 달랐다.[4] 굳이 현재와의 관련성을 이야기하지 않았음에도 식민지 민중은 이 소설에 뜨겁게 반응했고 일제는 불쾌해했다.[5] 김교신도《이순신》을 읽고 눈물을 흘린 사람 중의 하나였다.[6]

건강하고 신념에 차 있는 급진적인 크리스천 김교신과 함석헌 앞에서 이광수는 겸허했다. 그는 과거 자신의 삶과 신앙 생활에 대해 고백조로 한참 이야기했다. 건강이 나빠 목소리는 잦아들고 폐가 좋지 않은지 가끔 기침을 했지만, 그것은 누구라도 감동을 받을 만한 내용이었다. 그가 식민지 체제의 한 수호자이며 수십만 독자를 거느린 작가란 점만 뺀

《성서조선》 창간 당시 참여했던 사람들. 뒷줄 오른쪽이 함석헌이고, 앞줄 오른쪽에서 두 번째 앉은 이가 김교신이다(1927).

다면, 그것은 그저 외롭게 영혼의 외로운 모험을 해온 중년 남자의 고백이었다.

김교신은 진지하게 경청했다. 그리고 가끔 고개를 끄덕거리며 그의 영적 방황을 마음으로부터 동정해주었다. 이광수는 좌중의 분위기에 스스로 '감격'해 두 눈이 붉어져 있었다. 이광수가 긴긴 말을 마쳤을 때, 잠시 침묵이 흘렀다. 김교신은 "말씀 참 잘 들었습니다. 외람되지만, 선생님. 수양修養의 술術과 신앙의 도道는 서로 통하면서도 근본은 다른 법이외다"라며 이광수가 걸어온 길은 '신앙'과는 동떨어진 것이었음을 지적했다.

자기연민과 감상에 젖었던 이광수는 눈을 들어 의지에 빛나는 김교신의 얼굴을 바라보았다. 김교신도 그의 눈 속을 똑바로 바라보았다. 불교는 자기수양을 위한 좋은 방법이지만, 영혼을 절대자에게 의탁해야 하는 '신앙'이 될 수 없음을 말한 것이었다. 그의 말은 낮고도 정확했다. 산전수전 다 겪은 인생의 선배이자 대작가이며 유명인인 이광수 앞에서도 김교신은 꿀림이나 주저함이 없었다. 이광수는 그런 김교신이 더욱 마음에 들었다. 그들은 이광수의 부인 허영숙이 차려준 저녁 식사를 마치고, 밤 10시까지 쉴 새 없이 이야기를 나누었다.[7]

〈조선일보〉의 1937년 신년호

신념과 희망에 차서 새해를 맞은 또 다른 이들은 〈조선일보〉 사장 방응모와 '〈조선일보〉 사람들'이었다.

　1월 1일 오전 10시 조선일보사는 대강당에서 전 기자와 종업원들이 참석한 신년회를 열었다. 이 자리에서 방응모 사장은 '사원들이여! 일층 분투노력하라'라는 제목으로 '훈시'를 했다. "조선은 특히 청년을 기다린다"는 것이 방의 새삼스런 생각이었다. 또한 '우리'가 신문을 제작할 때 항상 염두에 두지 않으면 안 될 것은 "〈조선일보〉는 사회의 공기 公器"라는 점이며 "우리 〈조선일보〉가 귀한 점과 대중에게 절대의 지지를 받고 있는 것은 실로 이 점에 있다"[8]는 것이었다. 이런 자화자찬과 허위의식은 어디에서 왔을까?

　이날 12개 섹션 48면이나 발행된 〈조선일보〉의 신년호는 다른 조선인들이 상상하지 못할 정도라는 점에서 참으로 과감했고, 참으로 엽기적이었다. 〈조선일보〉의 위상과 운명은 이 1월 1일자로 인해 크게 구부러졌다. 〈조선일보〉는 '朝鮮日報' 위에 일장기를 달고 히로히토 천황 부처의 사진을 1면 머리에 올렸다. 고급스럽게 디자인된 일러스트를 배경으로, 젊고 당당해 뵈는 두 일본인이 군복과 가장 화려한 왕관을 쓰고 유일한 조선어 민간지의 화면에서 식민지의 신민들을 쳐다보고 있었다.

　〈동아일보〉가 당국의 철퇴를 맞고 복간되지 못한 이유 중의 하나는 '황실에 대한 충성심의 부족'이었다. 그러나 진실로 황실에 대한 충성심이 부족했던 것은 보통의 조선인 신문 구독자들이었다. 그들에게 히로히토와 그 가족들은 별로 인기가 없었다. 그런 사실을 '1등 신문' 〈동아일보〉는 잘 알고 있었다. 잘 알고 있었기 때문에 오히려 동티가 난 것

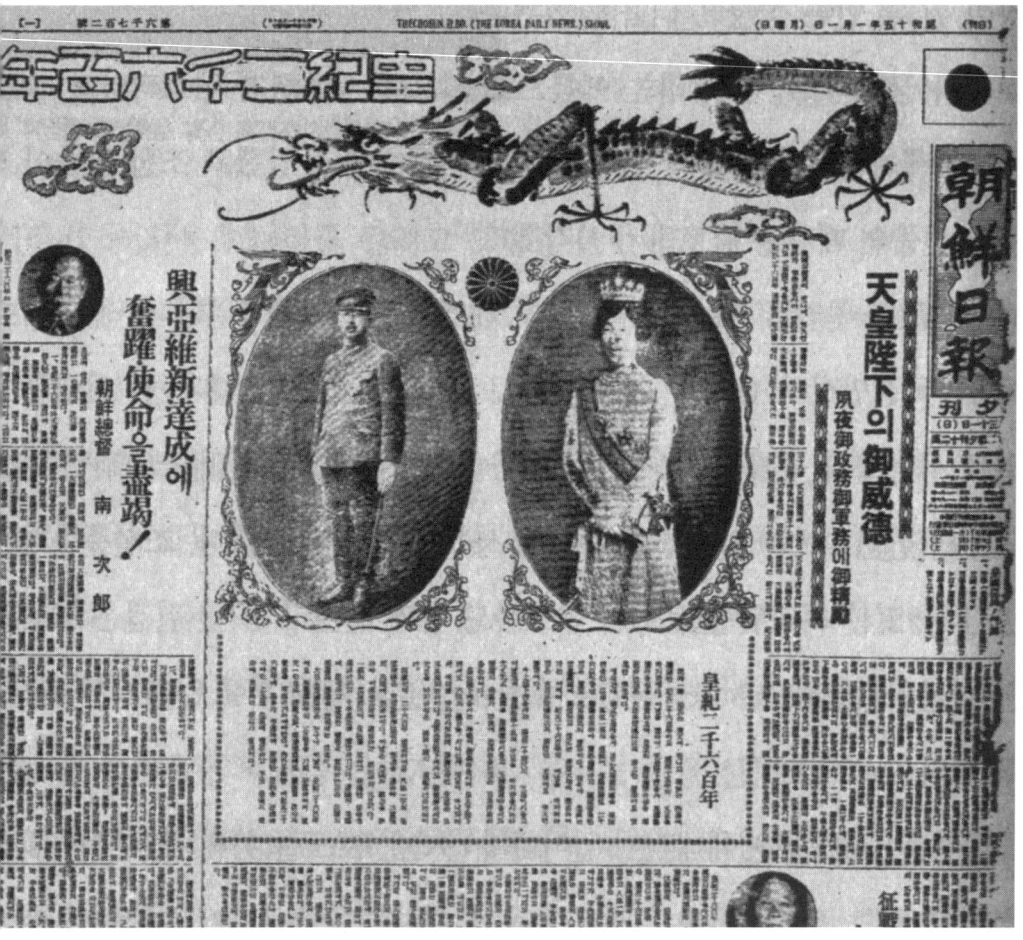

정간 처분 때문에 〈동아일보〉와 〈조선중앙일보〉가 발간되지 못한 상태에서 나온 〈조선일보〉의 1937년 신년호는 천황의 사진을 1면에 실었다 위 그림은 1940년의 신년호이다. 황기皇紀 2,600년을 맞아 천황 폐하의 성덕을 높이 기렸다. 왼쪽에 미나미 총독의 신년담도 보인다.

이었다.

그러나 〈조선일보〉는 그런 사정에 아랑곳없이 달라지기로 했다. 그것도 엄청나게 확. 히로히토 부처 옆에는 미나미 총독도 자리를 잡고 있었다. 그뿐 아니었다. 정무총감, 경무국장의 연두 소감도 1면에 실었다. 이런 신년호 구성 자체가 전에 볼 수 없던 것이었고, 존폐의 기로에서 강요된 불가피함을 넘어선 것이었다. 사실 주필 서춘은 히노마루도 빨갛게 인쇄해서 올리고 싶어했는데, 그나마 편집국장 김형원의 반발 때문에 뜻을 이루지 못했다.[9]

일제는 〈조선일보〉의 이런 몸 빠름을 기꺼워했다. "당국의 과감한 처단에 놀라서 필봉을 고치고, 기사의 편집 지면에 세심한 주의를 기울여 〈조선일보〉의 기사 수준은 〈동아일보〉 정간 해제 이전에 이미 현저히 고양"[10]된 것이라 평가받을 만했다.

경쟁자가 없었기 때문에 '신년 특집' 지면들은 '근하신년' 광고로 넘쳐났고 전에 없이 화려했다. 그리고 적어도 그날, 손기정과 조선 스포츠도 〈동아일보〉가 아니라 온전히 〈조선일보〉의 것이었다. 신년 특집호 2면에는 조선체육회 회장 윤치호와 손기정이 나란히 등장했다. 윤치호는 신년을 맞아 〈조선일보〉가 특집으로 마련한 '그들의 청년 시대'의 첫 번째 인물로 등장해서 유학 생활을 회고했다. 손기정은 도쿄고등사범 체육과에 진학하고자 열심히 공부하고 있다고 자신의 근황을 알렸다. 도쿄고등사범은 일본 최고의 사범대학으로 김교신의 모교이기도 했다.

1937년 정축년은 소의 해. 〈조선일보〉는 영웅 손기정을 황소 등에 태운 사진을 스포츠 특집 섹션에 한 번 더 등장시켰다. 이 특집에는 조선 체육회 상무이사 김규만, 관서체육회 회장 조만식, 중앙기독교청년회의 정상윤, 그리고 베를린올림픽의 또 다른 주역 정상희·이상백이 지면을 채우고 있었다. 신년을 맞아 더욱 힘차게 세계로 뻗어나갈 조선 스포츠계의 포부를 말하기 위해서였다. 그리고 육상·빙상·수영 각 종목의 조선 최고 기록 보유자와 기록의 일람표가 지면을 장식했다. 마치 스포츠 강국이 된 것 같은 자신감이 묻어났다.[11]

다음 날 1월 2일 저녁에는 〈조선일보〉 사원 신년회가 열렸다. 서울에서 가장 유명하고 화려한 극장식 식당이며 일종의 매매춘장이기도 했던 명월관에서였다. 서울 본사의 임·직원들, 도쿄와 오사카를 포함한 20여 개 지역의 지국장들, 총 300여 명의 〈조선일보〉 가족이 동석했다. 한 시간 남짓 명월관 기생들의 가무 공연을 보고, 방응모 사장의 치사를 들어야 했다. 이어 여흥 시간. 사원들의 장기자랑 순서였다. 영업국장이 흥타령을 했고, 편집국장은 단가를 쳤다. 이에 지방에서 올라온 지역 국장들이 지방 민요를 불러 화답했다. 분위기가 뜨자 기자 장한모가 서양춤을 추었으며, 《삼천리》에서 자리를 옮겨 막 정기자가 된 여기자 최정희가 최신 유행가도 불렀다.[12]

그해 7월 2일에 열린 전체 〈조선일보〉 사원 모임에서 방응모는 상반기를 평가하며 "극우極優 그러나 일보를 가加하라"고 명쾌하게 정리했다.[13] 〈조선일보〉의 경영이 "전례 없는 호성적"을 냈지만 멈출 수 없는 형국이라는 것이다. 그리고 '주마가편走馬加鞭'에 걸맞은 '당근'도 약속했다. '〈조선일보〉 사람들'의 월급을 일률적으로 10퍼센트 인상하기로 한 것이다. 시간 당 무려 10만 부 이상을 찍을 수 있는 초고속 윤전기 도입과 아울러 실로 과감하고 방응모다운 투자였다.

그리고 조선일보사의 '취체역(이사) 회장' 방응모는 〈동아일보〉와의 관계를 신중하게 처리하길 바랐다. "항간에서 두 신문 사이에 정당한 경쟁 이외에 무슨 암류暗流나 흐르는 것 같이 말"이 떠도는 것을 그냥 좌시해선 안 된다고 겸손하게 말했다. 그러나 〈동아일보〉가 복간되어 무주공산無主空山이나 다름 없던 신문 시장으로 돌아오자, 두 신문의 경쟁은 다시 불붙었다.

이상의 1937년

20세기의 스포츠맨

새해 첫날. 도쿄의 아침도 온화하고 조용했다.

이상이 눈을 뜬 곳은 도쿄 시내 간다神田 지구 짐보초神保町 3초메 101의 4번지. 대학과 고서점가를 끼고 있는 아주 오래된 거리의 낡은 집이었다. 이상은 거기서 하숙하고 있었다.

이상은 하숙집 들창으로 새해가 어슴푸레 밝아오는 것을 지켜봤다. 그러나 잠을 온전히 깨지는 못했다. 몸을 일으켰을 때는 이미 오전 11시였다. 상반신을 일으키자마자 이불 위로 기침이 쏟아져 나왔다. 스물일곱 살의 그는 빠른 속도로 죽어가고 있었다. 이상의 폐결핵은 나아지기는커녕 악화되고 있었다.[14]

이상은 손기정이 먼 길을 돌아서 서울에 금의환향한 그 즈음, 도쿄로 가기로 결심했다. 살기 위해서였고 생활을 바꾸고 제대로 된 작가로, 아니 "제법 근량斤量 나가는 인간" 자체로 거듭나기 위해서였다. 그 가을에 이상은 지난 26년간의 생을 정리하는 느낌으로 〈종생기〉를 써두었다. 이 짧은 소설은 "천하 눈 있는 선비들의 간담을 서늘하게 해놓기를 애틋이 바라는 일념"에서 씌어졌다. 이때까지만 해도 이상은 진정 자신의 생을 반성하지 못했던 것이다. 여전히 역설과 위트로 세상을 웃겨보리라는, 또는 세상을 뒤흔들 글을 써보리라는 야심을 놓지 않고 있었다. '이상'이라는 광대 혹은 예술가의 가면을 쓴 채로만 세상을 대면하려 했다. 물론 그런 제 자신을 잘 알고 있었다. 이상은 〈종생기〉의 끝을 이렇게 맺었다.

> 만 이십육 세와 삼 개월을 맞이하는 이상 선생님이여! 허수아비여!
> 자네는 노옹老翁일세. 무릎이 귀를 넘는 해골일세. 아니, 아니.
> 자네는 자네의 먼 조상일세. 이상以上.

이상以上. 농담은 그칠 줄 몰랐다. 그리고 그는 '도동渡東'했다. 도쿄에서 그는 진정 처절한 '종생'의 시간을 보내고, 〈종생기〉는 그가 죽고 난 뒤, 한참 뒤에야 발표될 것이었다. 농담 아닌 농담으로.

여전히 돈이 없었지만 동생이 도쿄에서 취직을 하게 됐고, 병을 치료할 구체적인 계획은 없었지만 약간의 자신감은 있었다. 의욕도 있었다. 결심한 대로 글도 꽤 꾸준히 썼다. 12월 19일에는 수필 〈권태〉를 고쳐 완성했고, 그 즈음 소설 〈실화〉를 쓰기 시작했다.

컨디션이 허락하는 날은 도쿄의 거리를 순례했다. 12월 23일에는 서

점가를 돌아다니다가 《타임즈판 상용영어 4천 자》를 샀다. 7개 국어를 떼겠다는 결심을 실천하기 위해서였다. 12월 29일에는 일본의 가장 큰 미전美展인 '제전帝展'을 보러 갔다. 해가 바뀐 1937년 1월에는 일본을 방문한 바이올리니스트 미샤 엘만의 히비야ひびや홀 연주회를 보러 갔다.[15]

이상 또한 스포츠를 알았다. 곧잘 이상은 스스로를 '20세기의 스포츠맨'이라 불렀다. 그러나 그것은 중의重意를 지닌 일종의 농담이요 풍자였다. 그는 결코 친구 김기림처럼 직접 운동장에 나설 스타일은 아니었다. 김기림은 체구나 외모에 걸맞지 않게 스포츠에 관심이 많고 직접 하는 것도 꺼리지 않았다. 그런 김기림을 이상은 칭찬하기도 놀리기도 했다. 하지만 김기림은 그에 아랑곳하지 않고 스포츠에 대한 정열을 실행으로 옮기고는 했다. 도후쿠제국대학에 입학한 김기림은 '바-레'(배구)팀에 들어갔다.

김기림은 이 사실을 편지로 이상에게 자랑했다. 1936년 12월 29일자로 답장을 쓰며 이상은 애정 어린 농담을 건네주었다. "여보! 당신이 바-레 선수라니 그 바-레팀인즉 내 어리석은 생각에 세계 최강인가 싶소 그려! 그래 이겼소? 이길 뻔하다 만 소위 석패惜敗를 했소?"

다시 온 답장에서 김기림은 배구를 하다 허리를 삐끗했다고 썼다. 그러자 이상은 좀더 진지한 어조로 친구를 비웃어주었다.

허리라는 지방은 어떻게 좀 평정되었소? 병원 통근은 면했소? 당신은

자칭 '20세기의 스포츠맨'이라 했던 이상의 말엔 어김없이 그 특유의 역설이 녹아 있었다. 이상은 스포츠맨의 단단한 몸은커녕 '노옹' 같이 결핵에 시달리다 일찍 생을 마감했다.

スポーツ〔스포츠〕라는 초근대적인 정책에 マンマト〔완전히〕 속아 넘어갔소. 이것이 이상 씨의 〈起林氏 バレーに 進出す〔기림 씨 배구계에 진출하다〕〉에 대한 비판이오.[16]

"스포츠라는 초근대적 정책"에 속아 넘어간 모더니스트 김기림. 그렇게 이상에게 스포츠는 모순으로 가득한 근대의 한 상징이었다.

그런데 이상의 철없는, 하나 밖에 없는 여동생이 신뢰하기 어려운 남자와 만주로 도망간 1936년 8월의 그날, 밤새 술을 마시면서 올림픽 중계방송을 듣고 있었을 때를 상기하며 이상은 이렇게 말했었다.

너희들이 국경을 넘던 밤에 나는 주석酒席에서 '올림픽' 보도를 듣고 있었다. 우리들은 이대로 썩어서는 안 된다. 당당히 이들과 열렬烈하여 똑똑하게 살아야 하지 않겠느냐.
정신 차려라![17]

정신 차려라! 마치 이광수나 〈동아일보〉에게처럼 이상에게조차 올림픽은 스포츠가 환기해주는 나와 타자의 비교, 그 몸의 비교로부터 빚어지는 스스로에 대한 환기였다. 이상은 저 이상답지 않은 사연을 여동생에게 보내는 편지 형식으로 잡지 《중앙》에 게재했다. 제목이 "동생 옥희 보아라"였는데 "세상 오빠들도 보시오"라고 그답지 않게 계몽적인 부제까지 붙여놓았다. 스포츠가 인간을 속이는 초근대적 '정책'일 뿐이라는 비판적 인식은 적어도 여기에서는 유보했다. "정신 차려라"라니. 이상 또한 당대 조선 지식인의 하나로서, 우리 조선인도 백인과 어깨를 나란히 해야만 한다는 식의 생각에서 자유롭지 못했다. 20세기 조선 그리고 한국이 지닌 고통과 모순은 기실 뒤쳐졌다는 사실 자체가 아니라, 뒤쳐졌다는 것을 인식하는 방법이었다. 누구도 자기 시대의 민족주의에 비판적 거리를 두기는 어려웠다.

그럼에도 이상을 이상이게끔 한 것은 근대의 시간이 자신의 생에 가하는 위력이 무엇인지 알고 있다는 점이었다. 자의식의 뇌세포가 유난히 발달한 그는 자신이 남들과 정당하게, 그러나 숨막히게 달리며 경쟁하는 진정한 '20세기의 스포츠맨'이 될 수 없음을 깨닫고 있었다. 이상이 남들보다 앞서 있고, 첨단적인 삶과 문학을 한다는 것은 겉모습일 뿐이었다. 물론 그 오해는 자신이 쓰고자 하는 가면에서 비롯되는 것이었다. 그저 이상은 최첨단의 시간 감각을 철저히 연기할 수 있었을 따름이었다. "그들은 이상도 역시 이십세기의 스포츠맨이거니 하고 오해하는 모양인데 나는 그들에게 낙망을(아니 환멸을) 주지 않게 하기 위하여 그들과 만날 때 오직 이십세기를 근근히 포즈를 써 유지해 보일 수 있을 따름이구려! 아! 이 마음의 아픈 갈등이여."[18]

죽음 혹은 부활

도쿄에서 이상은 특유의 관찰력과 직관으로 도쿄와 서울에서 구현된 서구적 근대의 허울을 꿰뚫어보았다. 그는 진짜 몸 빠르고 건전한 모더니스트였던 김기림에게 보낸 또 다른 편지에서 도쿄가 구역질난다고 썼다.

> 동경이란 참 치사스런 도십니다. 경성이란 얼마나 인심 좋고 살기 좋은 '한적한 농촌'인지 모르겠습니다.
> 어디를 가도 구미가 당기는 것이 없소 그려! キザナ〔마음에 걸리게도〕표피적인 서구적 악취의 말하자면 그나마도 그저 분자식分子式이 수입이 되어서 ホンモノ〔진짜〕행세를 하는 꼴이란 참 구역질이 날 일이오.[19]

도쿄가 전혀 희망의 땅이 아니라는 사실을 실감하는 데 그리 많은 시간이 필요하지 않았던 것이다. 그러자 그는 변덕을 부리기 시작했다. 한 달 만에 서울로 도로 돌아갈 생각을 했다. 또 무엇보다 몸이 안 좋았다. 오후가 되면 견딜 수 없게 열이 났고 머리도 아프고 혼란스러웠다. 때로 발광할 것 같이 써늘한 몸서리가 가슴 깊은 데로부터 머리로 치밀었다. 곧잘 자살 충동에 휩싸이기도 했다. 살기 위해서 도쿄에 왔지만 감당하기 어려운 병과 가난과 우울은 그를 점점 지옥 가까운 데로 데려가고 있었다.

1937년 2월 10일, 이상은 이웃에 살던 일본인 대학생과 함께 카페에서 커피를 마시고 바이올린 음악을 듣다가 집으로 들어왔다. 방은 싸늘했다. 그날은 음력 제야였다. 고소하게 기름에 부친 빈대떡, 너비아니 그리고 수정과, 약주 따위의 설음식이 저절로 눈앞에 떠올랐다. 배가 저리게 고파왔다. 머리가 땡할 만큼 향수가 밀려들고, 목울대가 꼬르륵대며 회한이 치밀어 올랐다. 도쿄로 떠나온 것은 결국 도피 이상도 이하도 아니라는 생각이 들었다.

그는 손에 입김을 불며 편지지를 꺼냈다. 소설가 안회남에게 보낼 답장을 쓰기 위해서였다.[20] 안회남은 친구로서 진심어린 걱정을 편지에 써 보냈었다. 그는 서울에 남겨진 이상의 아내까지 걱정해주면서 서울로 돌아올 것을 권했다.

편지의 첫 대목을 쓰며 이상은 한없이 부끄러워졌다. 사람 노릇 하지 못하면서 산다는 생각이 다시 가슴을 짓눌렀다. 나 같은 게 어찌 사람인가. 그 순간 이상은 솔직하고 격정적인 사람이었다. 위악도, 위선도 없이 자기 심정을 편지에 털어놓았다.

> 저는 지금 사람 노릇을 못하고 있습니다. 계집은 가두에다 방매放賣하고 부모로 하여금 기갈飢渴케 하고 있으니 어찌 족히 사람이라 일컬으리까. 그러나 저는 지식의 걸인은 아닙니다. 7개 국어 운운도 원래가 허풍이었습니다.(……)
> 과거를 돌아보니 회한뿐입니다. 저는 제 자신을 속여왔나 봅니다. 정직하게 살아왔거니 하던 제 생활이 지금 와보니 비겁한 회피의 생활이었나 봅니다.(……)[21]

어리광 피우는 것 같아 더 부끄러웠지만, 고독하다고도 썼다. 결론적

으로 무한히 반성하고 희미하나마 희망이라 부를 만한 것을 가져본다,
고 쓰는 것이 걱정해주는 친구에 대한 예의였으리라. 그러나 그러지 못
했다. 그저 부끄럽고 외롭고 절망적이었다.

저는 건강치 못합니다. 건강하신 형이 부럽습니다.

그렇게 쓸 수밖에 없었다. 편지를 겨우 맺고 나자 미친 듯 기침 발작
이 일었다. 편지지에 피가 튈까 수건으로 입을 막았다. 몸은 격렬히 저
항하며 결핵균을 뱉어냈다. 선홍색 피가 섞인 가래가 밀려 나왔다. 아직
젊은 몸은 머릿속과 달리 살아가고 싶어했다. 기침이 나는 동안 차라리
머리는 맑았다. 기침이 멎고 이상은 자리에 누웠다. 눈물이 맺혔고 가슴
이 저렸다. 이상은 자살에 대해서 생각했다.

이틀 뒤 몸이 좀 나아진 이상은 오뎅 파는 술집에서 혼자 정종을 마셨
다. 그러다가 어이없게 경찰에 끌려갔다. 불령선인不逞鮮人이 있다는 터
무니없는 신고 때문이었다. 차가운 경찰서 유치장 바닥은 이상의 몸에
치명타를 안겼다. 이상은 그날 이후 무려 34일간 늦겨울의 감방에 갇혀
있어야 했다. 그는 다시 일어나지 못했다.

종말의 풍경들

정치의 종말

새해 벽두부터 일본 정국은 매우 불안정했다. 이미 1936년 2·26사건 이래, 내각은 빈껍데기가 되었고 군부의 힘은 커질 대로 커졌지만 군부 파시스트들은 만족하지 못했다. 그들은 마치 암처럼 모든 것을 집어 삼키고 파괴하려 들었다. 스스로를 파괴하고 숙주조차 절멸시킬 때까지 멈추지 않을 예정이었다. 파시스트들은 교수대에 올라 미제 밧줄을 목에 걸 때까지 결코 뒤돌아보지도 않을 것이었다.

군부의 온건파나 정상적인 의미의 정당정치 출신의 '자유주의자'들은 더 이상 설 땅이 없었다. '자유주의자'는 민간인 출신의 정치인으로서, 다이쇼 이래의 민주주의적 정당정치를 신봉하는 사람들을 뜻하는 말이었다. 그러다가 어느 땐가부터 자유주의자는 다른 '주의자'보나 특별히 나을 게 없는 말일 뿐 아니라, 친서방적인 돈 많은 엘리트층을 가리키는 부정적 뉘앙스를 갖게 되었다.

1936년 11월 제국의회 의사당이 새로 세워지고, 1937년 1월 21일 이 의사당에서 처음으로 의회가 개최되었다. 그날 하마다 구니마츠浜田國松 의원은 대정부 질문자의 한 사람으로서 육군대신 데라우치 히사이치寺內壽一를 상대했다. 하마다는 1904년 처음 의회에 입성한 일본 의회의 대원로였고, 데라우치는 초대 조선 총독이었던 데라우치 마사타케의 장남인 군벌의 엘리트였다. 30년을 넘게 일본 의회를 지켜본 원로로서 하마다는 정당정치에 대한 사명감을 갖고 있었다.

일흔이 넘는 그는 그날 작정을 하고 나와서 군부를 비판했다. 한마디로 '군인은 정치에 관여해서는 안 된다. 군이 정치에 개입하면 나라가 위험해진다'는 것이 발언의 요지였다. 발언을 듣던 데라우치 육군상의 얼굴이 시뻘게졌다. "당신의 발언은 군을 모욕하는 것이다!" 하지만 늙은 하마다의 안색은 조금도 안 바뀌었다. 노인은 카랑카랑한 목소리로 바로 되받아쳤다. "내 발언에 어디 군부를 모욕하는 게 있었나? 사실을 대봐라. 만약 속기록을 뒤져 내 발언에 군을 모욕하는 말이 있었다면 할복해서 당신에게 사죄하겠다. 대신 그런 사실이 없으면, 육상 당신이 할복해야 한다."22

'할복 문답'으로 기록된 이날의 일은 큰 파장을 몰고 왔다. 하마다는 양심적 지식인과 일부 민간의 갈채를 받았지만 군부는 분개했다. 이는 최소한의 양심과 대의제 민주주의에 대한 믿음을 가진 '자유주의자'들이 광기어린 군국 파시즘으로 달려가는 자신의 국가에 건 거의 마지막 브레이크였다.

의회는 마비상태에 빠졌다. 분이 풀리지 않은 데라우치는 히로다廣田 총리대신에게 내각 해산을 종용했다. 이틀 뒤, 총리는 사퇴했다. 히로히토로부터 조각의 '대명'을 받은 인물은 전 조선 총독이며 예비역 육군대장 우가키 가즈시게였다. 우가키는 일본 수상이 되려는 꿈 때문에 조선 총독 자리도 자진 사임했지만, 꿈을 이루기 직전에 좌절했다. 우가키의 발목을 잡은 것은 히로다가 어쩔 수 없이 부활시켜놓은 '군부대신 현역 무관제'였다. 전 같으면 예비역인 우가키 자신이 수상 겸 군부대신을 맡으면 될 것이지만, 지금은 반드시 육군 현역 장성을 육군대신으로 임명해야 했다. 후배들은 단결해서 군벌의 선배인 우가키가 수상이 되는 것을 막았다. 히로히토도 도움이 되지 못했다. 육군대신을 임명하는 데 실패한 우가키는 결국 수상이 되는 것을 단념했다.

아시아 이웃 국가들의 인민에게, 그리고 그들 자신의 '신민'에게 천황과 일본군은 역사상 유례없는 파국적 재앙이 될 것이었다. 그러나 그들을 제어할 힘은 아무 데도 없었다. 또 다른 인류의 재앙, 미국이 만든 죽음의 낙진이 일본 땅에 뿌려질 때까지 그랬다.

'민족의 표현 기관'의 부활, 혹은 죽음

도쿄 경찰은 이상을 34일간 영장 없이 가뒀다가 1937년 3월 16일에 풀어줬다. 폐가 급격히 쪼그라들어 죽음의 징후를 보이자, 유치장 안에서 사람이 죽는 것을 꺼려 이상을 갖다 버리다시피 한 것이다. 이상이 풀려

난 것을 안 도쿄의 유학생들이 그를 찾았다. 그는 죽어가고 있었다. 호흡이 매우 거칠었으나 이상의 폐는 기능을 상실한 채 거의 형식적인 운동을 하고 있었다. 동공은 벌써 반 넘게 풀려 있었다. 눈동자에는 희미한 백태가 끼어 있었다. 피골이 딱 붙은 그의 몸에서는 이미 희미한 시취가 나는 듯했다. 마음에 다급해서 그들은 이상의 몸을 일본 최고라는 도쿄제국대학 의과대학 병원으로 옮겼다. 그러나 의사들이 손을 쓸 수 있는 데가 더 이상 없었다. 그래도 젊디 젊은 몸뚱이는 한 달을 넘게 버텼다.[23]

1937년 4월 17일 새벽 4시 이상은 생애 마지막 말을 남겼다. "레몬 향기를 맡고 싶소. 참, 레몬을 사다 주면 좋겠소마는 …… 참 …… 참 ……" 그리고는 거칠던 숨이 거짓말처럼 잦아들었고 다시 돌아오지 않았다. 그렇게, 1910년 '한일병합'이 되던 해 서울에서 태어난 한 젊은이는 요절했다. 만 스물일곱의 나이였다.

1937년 6월 3일. 〈동아일보〉는 되살아났다. 소식을 먼저 알린 것은 이날 아침에 뿌려진 한 장의 호외였다. 호외의 내용은 매우 간단했다.

今日 本報 解停 今日 夕刊부터 發行

작년 8월 27일 총독부 당국으로부터 무기 발행 정지 처분을 받은 본보는 이래 달로 열한 달, 날로 279일을 기다려오던 중 금일(6월 2일) 해정의 지령을 받고 금일 석간(6월 3일부)부터 발행을 계속하게 되엿다.

무려 279일. 어찌 소회가 없었으랴. 6월 3일자 석간은 "본보는 금일로써 속간케 되었습니다"라 시작하는 장문의 〈속간에 임하야〉를 1면 우측 상단에 싣고 있었다. 글은 독자 제위께 기다리느라 얼마나 지루하셨는지를 묻고 "당국의 관대한 양해에 의하여 다시 발행하게 되"었으며, 돌아보면 "우리에게 자성하여야 할 점이 많다는 것을 깊이 깨"달았다고 했다. 〈동아일보〉가 자성할 점이 무엇인지는 구체적으로 말하지 않았다. 단지 신문이 "만천하 형제자매의 것이 되게 하는 임무를 충실히 이행"하겠다고 했다.[24]

그러고는 아무 일도 없다는 듯, 도쿄 정가 소식을 톱뉴스로 해서 모든 면을 꽉 짜놓고 있었다. 그러나 아무 일이 없지 않았다. 〈동아일보〉는 많은 것을 잃은 뒤, 혹은 많은 것을 버리고 제 목숨을 부지했다.

1937년 초까지도 총독부는 정간을 해제할 뜻이 없었다. 동아일보사 측은 총독부가 무단정치 시대로 돌아갈 것 같은 시대착오적인 정책을 편다고 공격해가며 여론 몰이를 했다. 자진 폐간을 불사할 듯한 포즈도 취했다. 그러나 총독부는 꿈적도 안 했다. 5월이 되자 총독부는 정말로 영구 폐간 쪽으로 가닥을 잡고 동아일보사에 폐간계를 제출하라고 통첩했다. 그러자 〈동아일보〉는 다급해졌다.[25] 총독부를 달래기 위해 마지막 카드를 던졌고, 그게 효과가 있었는지 총독부는 몇 가지 조건을 제시했다. 백관수를 사장으로 임명하고 서약서를 제출할 것, 송진우 전 사장의 지분 주식을 백관수에게 양도할 것, 김성수·송진우는 취체역을 사임할 것, 정간 해제의 변을 사고로 실을 것 등을 조건으로 내걸었다.[26] 모든 것이 받아들여졌다.

1937년 6월 1일 백관수는 경무국장 미츠하시를 만나 총독부의 '언문신문지면쇄신요령'을 받아들일 것을 약속하는 서약서를 제출했다.[27] 부활을 위한 모든 수속을 마무리한 것이다. 총독부가 새로 마련한 '언문신문지면쇄신요령'은 다음과 같이 시작되었다.

> 一. 황실 기사는 특히 그 취급을 정중히 하여 지면의 상단 중요한 장소에 근기謹記하고 또 오자·탈자 등 불경스러운 일이 없기를 기할 것.
> 一. 황실 및 국가·국기·군기·신사 등을 존중하여 국체명징 국위선양에 노력하며 국가의 경절慶節 그 연중 행사·의식·제례 등의 기사는 정중히 취급, 이를 크게 보도할 것. 또 될 수 있는 대로 그 사진을 게재할 것.[28]

이처럼 '요령'은 '황실'에 관한 것부터 시작해서 어떤 경우도 '강요당했다'는 변명이 가능할 만큼 상세하고 집요한 항목들을 품고 있었다. 예컨대, "주의적 색채를 유하는 논문·소설 등은 배격할 것", "사회주의자, 민족주의자의 범죄에 관한 기사 및 국외 불령운동의 기사에 관하여 과대하게 취급한다든가 깊은 호의적 명칭을 쓴다든가 혹은 상휼적賞恤的 문자를 사용치 말 것", "함부로 조선 민족의 궁핍을 곡설하고 또는 민중생활의 비참한 상황을 나열함과 같은 폐가 없기를 기할 것", "조선의 역사적 인물, 산악, 고적 등에 관한 기사로서 민족의식을 자극하거나 배일 사상을 고조할 혐의가 있는 기사는 게재하지 말 것".

이는 그제까지 시행된 검열 지침보다 더 강한 것이었다. 이념적 민족해방운동뿐 아니라 문화적 민족주의의 우회적인 표현조차 인정하지 못하겠다는 것이었다. 총독부의 요구 사항을 모두 지킬 경우 언론으로서의 기능을 수행하기란 불가능했다. 여운형은 신문을 만들지 않기로 했다. 그러나 결국 생명을 부지한 〈동아일보〉나 〈조선일보〉는 총독부를 대변하는 〈매일신보〉와 다를 바가 없게 되었다.[29] 일장기 말소사건을 계기로 총독부는 식민지의 언론을 철저히 장악하게 됐다. 총독부가 완승을 거두고, '언론'은 완전한 굴종을 택한 것이다.

어쨌든 이를 대가로 〈동아일보〉는 재기했다. 1936~1937년 회계 연도의 적자액은 1년 만에 모두 회복되었고 매출은 비약적으로 신장했다. 1937년 10월 1일부터 1938년 9월 30일 사이에는 다시 1935~1936년 규모로 성장하여 62만 1천 원의 수익을 올렸다.[30] 그러자 상승가도를 달리던 〈조선일보〉가 타격을 입었다.

전귀戰鬼에 들리다

1937년 7월 7일, 베이징 근처 노구교에 있던 일본군과 중국 국민당군이 충돌했다. 현지의 일본군 사령관은 별로 싸울 뜻이 없었다. 그러나 이토 히로부미 이래의 첫 청년 재상이라는 47세의 고노에 후미마로近衛文麿 수상은 전귀에 들린 듯, 곧 전면전을 각오했다. 국민당군의 전폭기가 상하이의 일본 조계(19세기 후반 이후 중국의 개항 도시에 있던 외국인 거주지)를 공격하자 타협의 가능성은 제로가 되었다. 일본군은 기다렸다는 듯, 압도적인 위력으로 전면에서 장제스蔣介石 군대를 몰아붙였다.

개전 초에는 일본 군부 내에서조차 군사적 모험주의를 경계하는 목소리가 남아 있었다. 대륙 전체를 전선으로 만든다는 것은 일본의 국력으로도 감당하기 어려운 일이라는 현실을 알고 있었기 때문이다. 하지만 그런 우려와 달리 일본군은 힘이 펄펄 넘쳤다. 일본군은 국민당 정부의 수도인 난징까지 파죽지세로 밀고 들어갔다.

1937년 12월 8일, 장제스와 국민당 지도부는 함락 직전 중경으로 달아났고 12월 12일 밤 일본군은 난징에 입성했다. 수없이 많은 중국 병사가 포로로 잡혔고, 오합지졸이 된 패잔병들은 군복을 벗어던진 채 시내로 숨어들었다. 그 상태로 난징의 70만 시민은 일본군을 맞아야 했다. 상하이의 전투를 피해 온 피난민들 때문에 난징의 인구는 엄청나게 불어나 있었다.

12월 18일에만 중국군 포로와 비무장 시민 약 5만 명이 학살당했다. 그리고 1938년 3월까지, 일본군은 30만 이상의 중국군 포로와 민간인을 떼죽음시켰다. 그 학살은 최첨단의 살인 과학이 동원된 아우슈비츠와 히로시마의 학살과는 다른 종류의 것이었다. 그것은 개별적인 군인들 각각의 손노동으로 저질러졌다. 그야말로 가장 차갑게 질척대는 인종 혐오가 불러일으킨 인간 사냥이었다. 학살에는 총과 환도, 휘발유와 삽이 도구로 널리 쓰였으며 무차별 사격, 생매장, 참수, 교살이 그 방법이었다. 물론 그에 부수되는 반인간적 행위, 약탈과 강간, 사체 유기도 수 없이 그리고 주저 없이 실행되었다.

아리랑 가다

1937년 8월 9일. 손기정이 베를린에서 우승 테이프를 끊은 그날로부터 꼭 1년이 지난 날. 식민지 조선이 낳은 또 다른 예술적 천재 하나가 폐결핵으로 목숨을 잃었다. 〈아리랑〉의 감독 나운규였다. 서른 여섯의 나이였다.

나운규는 민족적인 것을 대중적으로 표현하는 데 있어 독보적인 존재였다. 그는 1930년에 〈아리랑〉의 대히트를 이렇게 회고했다. "이 한 편에는 자랑할 만한 우리의 조선 정서를 가득 담아놓은 동시에 '동무들아 결코 실망하지 말자'하는 것을 암시로라도 표현하려 애썼고 (……) 또 한 가지는 '우리의 고유한 기상은 남성적이었다.' 민족성이라 할까, 그 집단의 정신은 의협하였고 용맹하였던 것이니 나는 그 패기를 영화 위에 살리려고 하였던 것이외다."[31]

20세기 초의 민족주의에 대한 의식은 곧 인종주의적 색채를 띠는 민족성의 문제로 인식되기도 했다. 나운규의 '민족적인 것'에도 '민족성'의 문제가 핵심을 차지했던 것이다. 조선 민족 고유의 심성이 무엇인가 하는 점은 당대의 논쟁거리였다. 눈물과 한恨을 중심축으로 한 나약함이 조선의 정조라는 생각이 지배적이었다. 이에 대한 반론도 1930년대에 본격적으로 제기됐다. 집단 정서 또한 사회·경제의 산물일 뿐, 조선 민족성도 얼마든지 명랑·건강할 수 있다는 것이었다.

　나운규는 〈아리랑〉 이후에도 많은 영화를 만들었으나 부침을 거듭했다. 나운규 영화 특유의 메시지 전달 방식과 정조가 늘 환영받았던 것만은 아니었다. 〈들쥐〉와 〈옥녀〉는 흥행에 크게 실패했고, 〈금붕어〉와 〈임자 없는 나룻배〉는 성공했다.

　1931년작 〈개화당 이문〉은 김옥균을 실패한 영웅으로 해석하여 "조선의 혼"[32]을 표현하고자 했으나 실패했다. 비록 김옥균이 '친일'적이었음에도 그의 일파가 폭력으로 정부를 전복하고 정권 장악에 성공한다는 이야기를 일제 검열 당국이 참지 못했다.

　나운규가 마지막으로 만든 영화는 유성영화 〈아리랑 3편〉이었다. 이 영화는 무성영화 〈아리랑〉과 속편 〈아리랑 후편〉을 유성영화화하고 에피소드를 덧붙인 것이었다. 이 영화에서 나운규는 주인공 영진이 광인이라는 우회의 전략을 더 밀고 나갔다. 영진을 시켜서 순사의 뺨을 때리게 하고는 순사에게 "네가 미쳤지! 이놈!" 하고 외치게 했던 것이다. 순식간에 당한 봉변에 놀란 순사가 미처 대응하지 못하는 사이에 광인은 제 갈 길로 가버렸다.[33] 현실에서는 상상하기 어려운 장면이었다. 〈아리랑 3편〉은 1936년 5월 14일에 단성사에서 개봉했으나 흥행에 실패했다. 나운규의 인생도 급강하하기 시작했고 그는 뚜렷한 족적을 남겼지만 재기하지는 못했다. '아리랑'도 당분간 그럴 것이었다.

파시즘, 스포츠를 '민족'의 손에서 압수하다

'조선' 대신 '국민'

모든 존재의 적敵 군국주의 파시즘은 스포츠도 서서히 목졸랐다. 애초 국가의 손에 무武와 결부되어 키워지다가, 가난한 민중의 벗이 되어 대중의 엔터테인먼트로 꽃 피었던 스포츠. 스포츠는 파시즘 국가에 의해 회수되고 통제되어 다시 '군軍'과 결합되었다.

1937년 10월 27일, '대일본제국' 학무국은 '무사정신'을 고취한다는 명목으로 '황국신민체조'라는 것을 새로 만들었다. 1938년에는 유도계 인사들이 '제2황국신민체조'를 만들었으며, 후생성은 따로 "국민체위의 향상과 국민정신의 진흥"을 도모할 목적으로 대일본국민체조, 대일본청년체조, 대일본여자청년체조, 국민보건체조 따위를 잇달아 내놓았다. 이런 체조들은 조선에도 보급되어 학교와 각급 단체에서 시범적으로 실시됐다. 이와는 별도로 한 주일에 한 번 초등학교를 비롯한 각급 학교 학생들은 열병과 분열을 위주로 하는 교련조회를 시행해야만 했

교복에 각반을 차고 아령체조를 하는 모습에서 군국주의
의 망령에 사로잡힌 일본 군인들의 모습이 겹쳐진다.

일제의 군국화 교육은 여학생들도 예외일
수 없었다. 여학생들이 수업의 일환으로 목
검을 연습하고 있다.

일제의 파시즘은 조선 스포츠계에도 검은 손을 뻗쳐왔다. 조선총독부는 각종 야구대회의 우승팀에게 신사참배를 강요하고 야구경기에서 천황이 있는 쪽을 향해 인사를 하도록 하였다.

식민지시기 10년간 조선체육회 회장이었던 윤치호. 일제가 전쟁을 확대하면서 윤치호와 같은 친미파 기독교계의 인사들과 기관들도 일제히 억압과 통제 아래 놓이게 되었다.

다. 매년 11월 12일은 '황국신민체조일'로 선포되었다.[34]

1939년 5월 일본 정부는 민간 주도의 '메이지신궁체육대회'를 정부 주최로 이관하고 '메이지신궁국민체육대회'라 개칭했다. 또한 소학교 5~6학년 남학생에게 유도·검도 같은 무술을 의무적으로 배우게 했다. 그해 8월 16일부터는 학생들의 운동경기 시간을 휴일과 토요일만으로 제한했다. 이제 식민지 조선을 포함한 전 일본의 스포츠는 국가의 통제 아래 집단적·군사적 목적으로 시행되어야 할 파시즘의 도구가 되었다.

그리고 일제는 조선 스포츠계를 재편하기 시작했다. 스포츠가 '민족'에 대한 관념과 정서를 환기하고 재생산하는 매개가 되지 못하게 여러 조치가 강구되었다.

중일전쟁이 발발하기 사흘 전인 1937년 7월 3일, 조선체육회는 총회를 소집했다. 이날 윤치호는 고령과 건강을 이유로 10년째 유지해오던 회장직을 사임했다. 대신 연희전문 법학과 교수이며 흥업구락부 회원인 유억겸이 그 자리를 이었다. 그는 윤치호의 최측근이기도 했다.

유억겸이 회장으로 취임한 지 딱 1년 뒤인 1938년 7월 4일, 조선체육회는 조선일보사 회의실에서 긴급 이사회를 열었다. 총독부 관변이며 일본인들로 구성된 조선체육협회와의 통합을 결정하기 위해서였다. 조선체육회는 사실상 압력에 못 이겨 '자진 해산'할 셈이었다.

조선체육회가 해산을 결정하던 날 회장 유억겸은 회의에 참석할 수 없었다. 그는 6월 25일 일본 경찰에 흥업구락부사건과 관련되어 연행된 상태였다. 조선체육회 7대 회장이자 역시 YMCA 총무를 지냈던 신흥우는 6월 7일에 연행되었고, 윤치호의 사촌동생이자 전 YMCA 야구팀 주장이었으며 훗날 대한민국 부통령이 될 윤치영은 5월 말에 이미 체포된 상태였다. 부르주아민족주의자들과 이들의 일부가 주축인 친미파 기독교에 대한 일제의 압박은 전 방위적인 것이었다. 그 빌미는 '경제연구회사건'이었다. 총독부는 1938년 2월 사회주의 사상에 호의를 가진 연희전문의 백남운·이순탁·노동규 교수를 체포하고 사건을 확대해나갔다. 5월 8일에는 경성기독교연합회가 출범했다. 총독부가 기획한 이 기독교 단체는 조선의 대부분 기독교 교회가 '우상을 섬기지 마라'는 계율을 어기고, 예수보다 천황에게 먼저 경배하게 만든 출발점이 되었다. 6월 7일에는 조선 YMCA도 일본 YMCA와 합칠 것을 결의했다.

조선 기독교계의 거두이며 부르주아민족주의자의 대표격인 윤치호에게 총독은 국민총력연맹의 이사장이 될 것과 중추원 참의직을 수락할 것을 요구했다. 그는 5월 23일 월요일 미나미 총독을 방문해서 중추원 참의직을 고사했다. 그러나 경성기독교연합회가 출범한 마당에 조선의 기독교인들이 '전국민총력운동'에 협조할 것이라 약속했다. 미나미는 '그렇다면 지난 일은 모두 불문에 부치겠다'며 너그러운 척했다.[35]

1938년 6월 15일, 윤치호는 늙은 몸을 이끌고 조선인 대학생들을 만나기 위해 경성제대로 갔다. 조선인 '육군특별지원병령(1938. 2. 26)'에 따라 '자진' 입대한 202명의 조선인 청년들이 있었다. 그날 훈련소 입소식이 있었는데 그들 중 전라남도 출신은 47명, 함경북도 출신은 겨우 6명이었다.

7월 1일 국민정신총력연맹 조선연맹이 발족했고 윤치호는 상무이사에 선임되었다. 그러나 미나미 총독은 한 번 더 윤치호를 죄기로 했다. 약속과 달리 8월 16일에 윤치호도 서대문경찰서에 가서 흥업구락부와 관련된 조사를 받았다. 9월 3일 흥업구락부 관계자들 모두가 기소유예로 풀려난 이틀 뒤, 윤치호는 다시 미나미를 만났다. 총독은 그 어느 때보다 한결 부드러운 표정이었다.

총독은 상냥하게 지나간 일들은 모두 잊자며 조선 청년들을 지도할 때 다음 세 가지를 명심해 달라고 했다.

"첫째, 언행일치를 가르쳐주시오. 생각과 행동이 달라서는 안 된다고 말씀해주시오. 둘째, '동양인들의 동양'을 만들기 위해 제일 중요한 것이 내선일체임을 잊지 마시오. 셋째, 내선일체의 뿌리이자 원천은 일본의 충량한 신민이 되는 것임을 기억하시오."

이제 윤치호는 총독의 충량한 신하이며 뭐든 알아서 행동하는 똑똑한 친구였다. 윤치호는 총독이 그런 내용을 메모해놓은 카드를 달라고 했다. 그러자 미나미는 종이 쪽지에 직접 그 내용을 붓으로 써 윤치호에게 건네주었다. 그것이 이른바 '희망삼요강希望三要綱'이었다. 자리를 뜨기 전 윤치호는 "1919년에 독립운동을 반대했던 제가 조선 독립을 도모하려는 단체에 참여했을 만큼 어리석지는 않습니다"라고 말해서 다시 한 번 친구를 안심시키려 했다.

그로부터 일주일 뒤 윤치호는 국일관에서 자신의 옛 동지들이자 친구들인 흥업구락부 전 회원들을 모아놓고, 감옥살이하느라 수고했다고 저녁을 대접했다. 그 자리에서 윤치호는 미리 준비해뒀던 '희망삼요강'의 복사본을 한 장씩 친구들에게 나누어주었다.

개화파의 선구자, 친미 성향의 기독교인이었으며, 부르주아민족주의자이자 조선 스포츠계의 대부인 윤치호는 그렇게 돌이킬 수 없는 친일분자가 되어갔다.[36] 그들의 주도로 민족의 '실력 양성'과 '서구 문명'을 위해 키워진 1920~1930년대의 조선 '민족'의 스포츠도 서서히 죽어갔다.

일본의 올림픽 반납

총독부는 그 관에 못질을 하고자 했다. 1938년 9월 3일 총독부 학무국은 각 도지사에게 조선의 사회체육 운동단체를 지도하기 위한 '기준'을 마련해 통첩했다.[37] 이 기준은 스포츠라는 인간 행위가 불가피하게 환기하는 '우리'에 적극적으로 '대일본제국'을 대입하여, 스포츠가 '내선일체'를 앞당기게 할 방책이었다. 앞으로 합동체조·체조대회·단체행진·무도경기 등 단체운동은 엄히 실행케 하고, 각종 운동경기와 체육대회가 개최될 때에는 궁성요배(일본 천황이 사는 동쪽을 향해 절하는 의식)·일장기 게양, 기미가요 제창은 물론 황군의 무운장구를 기원하게 하기로 됐다. 모두들 "황국 신민의식의 앙양에 철저히 노력할 것"이며 운동경기의 용어도 일어만을 사용해야 했다.

한편, 1940년 도쿄올림픽에 국운을 걸 것처럼 보이던 일본은 태도가 급변해 올림픽 개최를 포기하기로 결정했다. 1938년 7월 15일이었다.

각의가 결정하고 후생상이 발표했는데, 거두절미한 채 '시국 때문에'라고 간단히 토를 달았다. 이유는 간단했다. 진짜 전쟁 속에 있었기 때문이다.

베를린올림픽의 여운이 채 가시지 않은 1936년 11월 11일 도쿄의 상황은 전혀 달랐었다. 올림픽 유치를 환영하고 평화의 메시지를 세계에 울려 퍼지게 한다는 명목으로 3만 명으로 구성된 소년·소녀 합창단이 신궁의 숲 속에서 합창회를 열기도 했다.[38] 국가주의 색채가 물씬한 〈국기 게양의 창가〉, 〈자라가는 일본〉 같은 노래도 울려 퍼지기는 했었지만, 그럼에도 이 합창대회는 나름 세계 평화·인간의 보편성·인류의 우애 같은 고상한 가치를 생각하며 계획한 행사였다. 아니라면 왜 어린이들과 여학생을 주로 내세우고, 영국 음악가 헨델의 곡을 부르게 했겠는가.

그러나 일본은 이미 뱀파이어가 되었다. 남의 피를 빨아 마시지 않고는 한걸음도 앞으로 나아갈 수 없었다. 난징에서 무고한 중국 인민을 수십만 명씩이나 학살했으니 그런 피칠갑이 된 입으로 '평화'를 노래할 수는 없는 일이었다. 실상 유럽 각국이 올림픽 보이콧을 선언했기 때문에 일본이 원한다 해도 올림픽을 개최할 수 없는 상황이었다.[39]

올림픽 포기가 결정되자 〈조선일보〉가 이 일에 대해 사설을 썼다. 사설은 먼저, 동양에서 처음 개최되기로 한 올림픽이 중지된 것은 "섭섭을 불금不禁"하는 일이라 했다. 이어서 〈조선일보〉는 제가 일본 각의를 대신하는 양, 시국의 급박함과 올림픽 중지 결정의 불가피함을 설명했다.

그러나 심찰深察하면 현재 시국은 그같이 평온한 것이 아니다. 이미 사변〔중일전쟁을 가리킴〕이 발발한 지 만 1년, 그간 생명과 재산을 던지기 불가승수不可乘數, 장차 사변이 종결되기까지 어떤 난관에 봉착할지 모른다. 지나〔중국〕는 그 영토의 주요 부분이 점령되고 군대의 대부분이 사상되었지만, 영미불소 등 열국을 교묘히 농락하여 재정상·군사상 막대한 원조를 받고 있고 초토 작전에도 불구 끝까지 항복을 하지 않으니[40]

중국이 마땅히 해야 할 항복을 하고 있지 않아 시국이 이렇듯 어렵다며 '적반하장' 하고, 우리가 참아야 한다고 썼다. "이것을 기회로 직접 간접 관민 간 올림픽 개최를 위해 준비가 많았던 모양이나 이것은 부득이한 사정에 의한 것이니 또한 감내하지 않을 수 없는 바이다." 〈조선일보〉는 도쿄올림픽에 기대를 건 사람들이 많았다는 점을 인정하면서도 '대일본제국'의 시정 방침에 적극 '협력'하는 자세를 보여줬다.

식민지 근대성의 전회

민족 없는 대중사회로

'국민'이라는 괴물이 모든 것을 집어삼키기 시작했으나 아직 스포츠는 장려되고 있었다. '민족'과 '문명'의 이름을 압수당하거나, 혹은 그것을 일부 조선인들은 자진해서 포기하고 있었지만 그래도 스포츠는 살아 있었다. 손기정의 올림픽 우승을 계기로 조선의 스포츠는 한편으로는 더 발전하고 있었고, '세계화'에 대한 꿈도 더욱 크게 부풀어 올랐다. 제도로서 스포츠는 1930년대 말과 1940년대의 첫 두 해는 저절로 잘 굴러갔다.

몇몇 종목에서 조선인들은 두드러진 약진을 보였다. 1938년 5월에는 전조선역도대회도 새로 시작됐는데 첫날부터 세계 타이 기록이 작성되어서 관계자들을 놀라게 했다. 조선역기연맹이 조직된 것은 다른 어떤 종목보다 늦은 1936년이었으나, 조선인들은 역도에도 소질이 있는지 금방 세계 기록에 육박하는 유망주들이 나타났다. 김용성·김성집이 일본선수권대회에서 1위를 차지했고, 1938년 10월에 열린 제3회 일본선수권대회에서 남수일이 60킬로그램급에서 합계 315킬로그램을 들어올려 세계 신기록을 세웠다. 이 대회에서는 조선인들은 무려 6체급에서 1위를 차지했다.[41]

1938년 1월에는 조선학생아이스하키연맹전이 창설되었고, 〈조선일보〉는 새로 '전조선도시대항축구대회'를 4월에 열었다. 7월에는 일본 릿쿄대 탁구부가, 8월에는 도쿄 유학생 축구단과 게이오대 축구부가 내한했다. 10월에는 최초로 축구 선수 등록제가 실시되었다. 아이스하키와 겨울 스포츠도 점점 인기를 얻어서 1939년 1~2월에는 전조선빙구氷球선수권대회, 조선중등빙상경기대회, 조선여자빙상경기대회가 각각 새로 시작됐다.

〈동아일보〉 1940년 1월 1일 신년호는 스포츠 특집을 마련하면서 제목을 "세계 제패에로 약진하는 조선의 스포츠"라 뽑았다. 이 특집은 "진취와 자부심 가질 수 있는 획기적 출발점"이 되었던 마라톤을 위시한 조선의 세계 스포츠 진출 역사를 돌아보고 각 종목별 업적과 현황을 살폈다. 조선 스포츠에 대한 자부심은 대단했다.

축구와 농구의 인기와 위세는 여전했다. 짧은 역사에 비해 "너무도 찬연한" 업적을 가진 축구는 수년 이래 '전국'에서 가장 강한 실력으로 군림하고 있었다. 즉 전 일본제국 영토에서 가장 강한 전력을 갖고 있었으며 따라서 "세계적인 실력"을 조선팀들이 보유하고 있있다는 것이다.

1939년 4월에 도쿄제대 농구팀과 교토고녀 농구팀이 내한해서 연희전문·보성전문 등의 조선팀과 맞붙어 전배를 맛보았다.[42] 빙상·사이클

대동강에서 경기하는 여자 빙상 선수들(1935). 한복 치마저고리 복장으로 스케이트를 타는 모습이 이색적이다. 1930년대에는 겨울 스포츠가 인기를 얻어 빙상 경기가 많이 개최되었다.

조선에서 농구의 인기는 날로 높아져갔고, 그런 만큼 선수들의 기량도 향상돼 일본팀과 맞붙어도 지지 않았다. 1929년 3월 일본으로 원정을 떠나는 YMCA농구팀.

· 육상에서도 조선인은 일본인보다 나은 기록을 세우거나 대등했다. 빙상의 장우식이 전 일본 신기록을 세우며 혜성같이 나타났다. 선수층이 두터워진 마라톤에서도 오동우 같은 기대주가 새로 등장했으며 삼단뛰기 일본 대표가 된 김원권은 세계 2위 기록을 세웠다.

손기정은 올림픽 우승 2주년 기념일인 1938년 8월 9일, 만주체육협회의 초청으로 용천에 와서 한 인터뷰에서 다음과 같이 말했다.

> 조선의 운동계는 매우 놀날만한 발전을 하였다고 볼 수 있어 이제는 농촌 부녀까지라도 「오림픽 대회」라는 것을 알게된 것은 「체육 조선」의 일면을 보여주는 것이라고 할 수 있읍니다. 그러나 아직 체육이 여자계에 보급되지 않은 것은 유감입니다. 제 2세의 어머니들이 튼튼하지 않아서야 되겠읍니까?
>
> 다만 오림픽 대회가 외국에서 개최되고 아국我國이 시국 관계로 전 종목을 출장하지 못하고 우승할 종목만을 출장한다면 우右 조선측으로는 역기와 마라손 3단조段跳가 출장케 되겠지오. 이러한 것을 보면 조선의 운동계는 수영, 요트 등의 특별한 종목을 제하고는 거의 약진하고 있다고 할 수 있으며 이러한 경기의 향상으로 보아 조선인의 자질이 결코 외국인에 못하지 않다는 것을 증명할 수 있읍니다.[43]

식민지 근대성의 완수 혹은 종말

개화와 발전은 스포츠에만 국한된 것이 아니었다. 1930년대 말 조선의 문학과 출판 시장도 유례없는 호황을 맞아 번성을 누렸다. 1938~1939년에 문고본과 조선문학전집 출판이 붐을 이루고, 대중적인 소설뿐 아니라 '순문학' 권역에 속하는 문학작품의 소비도 크게 늘어났다.[44]

영화는 그보다 더 놀라운 속도로 발전했다. 최초의 유성영화 〈춘향전〉이 개봉된 것은 1935년이었는데, 그해 연간 영화 관람자 수는 이미 880만 명이나 되었다.

영화는 가장 대중적 영향력이 큰 매체였기에 일제의 강력한 견제와 검열을 감수해야 했다. 당국이 영화에서 '민족'이라는 코드를 지우고 난 다음에도 영화 관객은 늘어만 갔다. 1939년에는 경기도에서만도 700만 명, 조선 전체로는 1,722만 명에 달했다. 1942년에는 무려 2,639만에 이르렀다. 당시 조선에서 만들어진 유성영화는 일본과 만주로 수출되어 흥행에 성공할 정도였다. 물론 이때 제작된 영화들의 상당수는 일본의 신체제와 전쟁을 찬미하는 내용으로 되어 있었다.[45]

식민지 시기 대중문화와 예술의 성쇠를 어떻게 설명해야 할까? 아이러니컬하게도 식민지 문화의 생산과 소비는 전시 동원·통제 정책이 실시되고 '민족 말살' 정책이 전면에 부상되기 직전에 최고조에 이른다. 손기정은 어느 날 갑자기 하늘에서 뚝 떨어진 존재가 아니었다. 조선에서 구현되고 있던 '식민지 근대성'은 세계 무대에서 금메달을 만들어냈고, 다시 새로운 단계에 진입하고 있었던 것이다. 따지고 보면 손기정 하나만

1937년 이후 일본제국이 전귀戰鬼에 들리자, 식민지 조선은 온 나라가 총동원 전시체제에 휩싸였다. 심지어 은단 광고에까지 전시 파시즘이 노골적으로 표출되었다.

이 아니었다. 식민지의 문화는 왕성한 소화력으로 구미와 식민지 본국의 문화를 흡수·변용하여, 1930년대 후반 높은 단계에 다다랐던 것이다.

1930년대 중반까지 식민지의 대중문화는 '민족'과 '저항'을 한 동력으로 삼아 발전했다. 1919년 이래 줄곧 민족주의는 가장 유력한 대중적 이데올로기였고, 대중의 정서와 표상을 반영하고 생산하는 기반이었던 것이다. 1937~1940년 사이에도 대중문화의 성장은 멈추지 않았다. 그러나 1937년 이후 등장한 전시 총동원 억압 체제는 대중문화에 작동하는 '민족'의 작용을 멈추게 했다. 이 시기 식민지의 문화는 민족 없는 대중 문화로 재편된다. 제국주의자와 그 추종자들에 의해 '조선'은 제국 속의 '지역'의 이름으로 코드전환한다.

일제 파시즘은 형성된 '대중'을 전취하고자 광분했다. 1938년 9월 3일자 〈동아일보〉 석간 6면에 실린 한 광고는 '총동원' 체제 아래서 자본과 전시 파시즘이 대중의 소비문화와 스포츠를 어떻게 점령해가고 있었는지를 상징적으로 보여준다.

한갓 조그만 소비재일 뿐인 이 은단 광고는 거창하게도 상단에 히노마루와 나치의 철십자기, 파시스트 이탈리아기를 나란히 두고 "전국민이 순간도 잊어서는 아니되는 방공防共의 정신적 강화, 체육의 철저적 단련"이라는 문구를 크게 뽑았다.

광고는 은단을 "방공 용기容器"와 "체육 용기"에 담아 다니라고 했다. '방공 용기'는 겉면이 세계지도로 치장되었는데 "일본 국민이 중대 국책을 명기하여 잊지 않게 하는 일본인 필유必有의 시국 용기"라 했다. 그런가 하면 '체육 용기'는 "청신 예리한 감각 중에 체육정신이 횡일橫溢하는, 총동원하의 인단 활용에 제일 마땅한 신용기"였다. 순종 인산과 손기정의 우승 당시에 자본이 '민족'과 결합하고자 했던 양상을 상기하면 이 변화는 두드러진 것이다.

식민지 근대 '문화'의 잠재적 독자성과 높은 생산력은 미증유의 경험이었으나, 궁극적으로는 취약했다. 그 취약함은 종주국 일본이 후발 자본주의 국가라서 갖는 한계와 '군국'이라서 지닌 극단성에 의해 주어졌다. 특히 식민지 조선의 마지막 8년은, 그 전 30년 동안 이루어진 모든 것이 부정될 만큼 비극적인 참경이었다. 이때 일본의 통치는 통치가 아니라 반인륜적 집단 범죄였다. 20세기의 인간이 만들어낸 가장 치사하고 위험한 폭력이 이 시기에 저질러졌다.

문화민족주의의 죽음

손기정이 우승한 날로부터 만 4년이 지난 1940년 8월 10일, 〈동아일보〉와 〈조선일보〉가 폐간됐다. 식민통치의 비대칭 파트너이자 식민지 민중을 과잉대표하던 정치 이념으로서의 문화민족주의, 부르주아민족주의의 생은 거기까지였다.

1940~1941년부터 스포츠는 전쟁에게 자리를 빼앗겼다. 체육난체늘이 해산되고, 구기 종목으로부터 시작해서 각종 경기대회가 중단되어 갔다. 조선체육회를 흡수했던 조선체육협회도 1941년에 해체되었고,

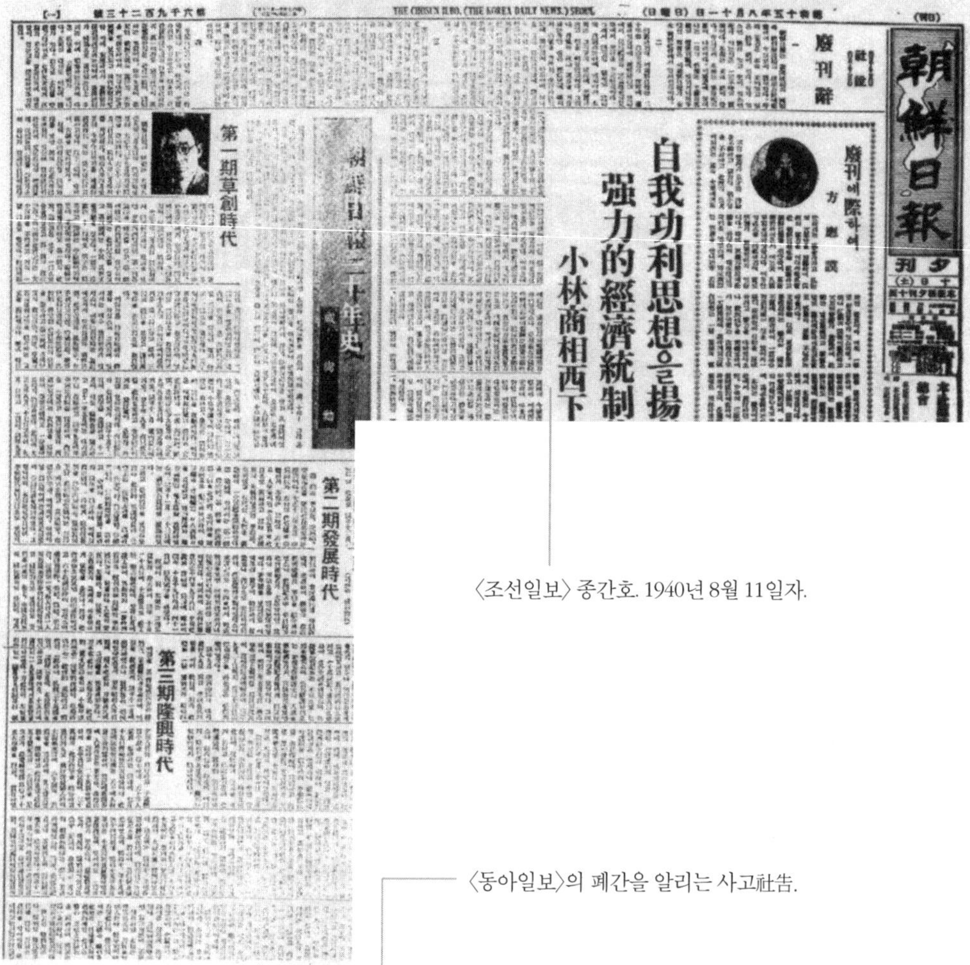

朝鮮日報

社說 廢刊辭

廢刊에際하야 方應謨

自我功利思想을揚
强力的經濟統制
小林商相西下

第一期草創時代

第二期發展時代

第三期隆興時代

〈조선일보〉 종간호. 1940년 8월 11일자.

〈동아일보〉의 폐간을 알리는 사고社告.

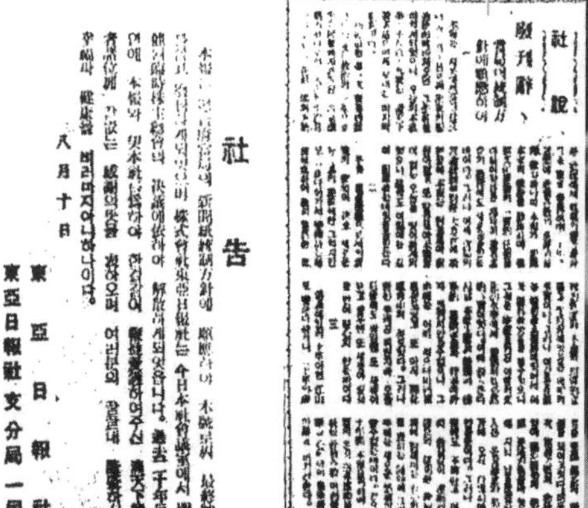

社告

八月十日

東亞日報社

東亞日報社 支分局 一同

社說 廢刊辭

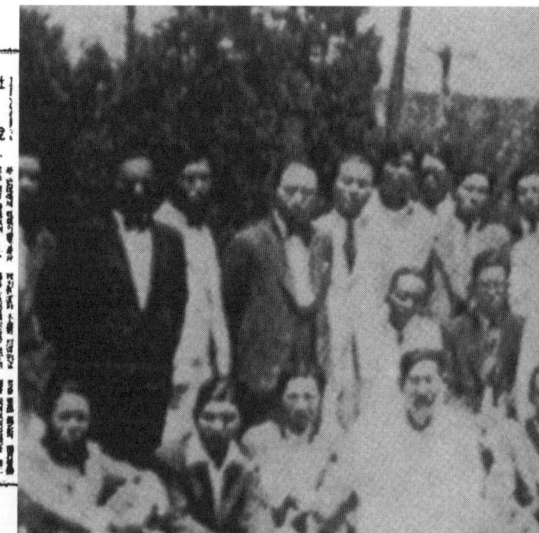

〈조선일보〉도 폐간의 운명을 맞았다. 같은 해 8월 10일 폐간호를 찍고 난 후 공무국 직원들이 윤전기 앞에서 고별 촬영을 했다.

〈동아일보〉 강제 폐간 즈음 〈동아일보〉 사원들이 사옥 앞에서 찍은 사진. 일장기 말소사건으로 한 번 정간을 당하고 난 후 다시 발행되면서 살아나는 듯했으나, 1940년 8월 10일 지령 제6,819호로써 최종호를 발행하고 결국 폐간 당했다.

조선축구협회는 이듬해 2월에 해산했다. 그로써 조선의 양대 체육단체가 없어진 셈이었다.

1942년 4월 23일 전국 대학·전문학교 회의가 이른바 '학교체육쇄신 지도방침'을 협의했는데, 대학, 전문학교의 구기 종목을 폐지하고 중등학교의 구기 경기도 제한을 가한다고 결정했다. '기초 체력의 연마를 위해 국방 및 훈련적인 면에 중점을 두어 다수의 사람에게 실시될 수 있는 종목을 선택'하자는 것이 그 명목이었다.

이는 조선 청년에 대한 일본의 총동원, 강제 연행 방침에 발맞춘 것이었다. 1942년 5월 8일 드디어 조선 청년에 대한 징병제가 실시되었고, 그해 10월에는 '조선청년특별연성령朝鮮靑年特別鍊成令'이 공포되었다. 조선 민족은 말살됨으로써만 일본인과 평등해질 것이었다. 군국 파시즘은 모든 존재를 전쟁 동원을 위한 부속품으로 간주했다. 1943년경에는 모든 구기 종목의 대회가 중단되었다. 스포츠는 더 이상 개인의 취미와 오락이 아니었다. 총동원의 도구로 전락해가고 있었다.

전쟁과 함께 이미 한 세대 이상의 역사를 지닌 부르주아민족주의, 그리고 그 표현 형식이었던 점진주의와 문화민족주의도 최후를 맞았다. 새로운 전쟁의 시대는 극단의 시대였고, 따라서 극단주의를 피해 선택된 타협적인 노선으로서의 문화민족주의는 현실성을 잃고 설 땅을 빼앗겼다. 중일전쟁을 고비로 윤치호와 이광수 등은 완전히 길을 잃고 미망에 들렸다.

물론 그 종말은 다른 부활을 위한 잠재적 종말이었다. 대한민국 건국 이념 속으로 점진주의와 우익 민족주의는 되살아난다.

죽은 '개구리'를 애도함

근대 일본의 종착지

김교신은 1940년 10년 동안 재직하던 양정고보를 사직했다. 그리고 이해 4월 함석헌과 함께 《우치무라 간조와 조선》을 펴냈다. 1942년부터 김교신의 삶도 크게 바뀌었다. 《성서조선》 1942년 4월호의 권두언 〈조와弔蛙〉가 문제되어 김교신은 함석헌·송태용 등과 함께 경찰에 끌려갔다.

죽은 개구리를 애도한다는 〈조와〉는 짧고 함축적인 글이었다.

> 봄비 쏟아지던 날 새벽 이 바위틈의 빙괴[얼음덩어리]도 드디어 풀리는 날이 왔다. 오래간만에 친구 와군들[개구리들]의 안부를 살피고자 담 속을 구부려 찾았더니 오호라, 개구리의 시체 두세 마리 남 꼬리에 부유하고 있지 않은가!
> 짐작컨대 지난 겨울의 비상한 혹한에 작은 담수의 밑바닥까지 얼어서

이 참사가 생긴 모양이다. 예년에는 얼지 않았던 데까지 얼어붙은 까닭인 듯 동사한 개구리 시체를 모아 매장하여 주고 보니 담저에 아직 두어 마리 기어다닌다. 아, 전멸은 면했나보다!

전멸은 면했나보다! 김교신과 《성서조선》을 마뜩찮게 생각하던 검열 관리가 아니더라도, '겨울'이 일제의 가혹한 지배고, 겨우 두어 마리 살아남은 '개구리'가 조선 민중임을 쉽게 짐작해낼 수 있었다. 이 기사 때문에 겨우 300부를 찍는 《성서조선》도 이제는 살아남을 수 없었다.

1942년의 상황은 가히 묵시록적이었다. 일본은 '전멸'을 향한 발걸음을 재촉하고 있었다. 그러나 그 발걸음은 외견상 화려해 보였다. 그 해 1월 2일 필리핀을 공격한 일본군은 미군을 몰아내고 마닐라를 점령했고, 2월 15일에는 영국의 식민지였던 싱가포르에 입성했다. 아시아인의 고혈을 빨던 '미영귀축米英鬼畜'은 이제 대일본제국군의 힘 앞에 패퇴하고 있었다.

'15억 아시아인이 바라마지 않던' 전승은 눈앞에 있는 신기루였다. '대동아공영'과 '근대의 초극超克'이라는 환상이 실현되는 듯했다. 수상 도조 히데키東條英機는 그러한 승전 상황에 대한 자신감을 바탕으로 '대동아경륜經綸'의 성명을 발표했다(2. 6). 그리고 이틀 뒤, '대동아전쟁 전첩 제1차 축하 국민대회'가 도쿄에서 개최되었다. 천황은 승리를 자축하기 위해 국민들에게 술과 고무공을 하사했다.

하지만 딱 거기까지가 메이지 유신에서 시작해 쉼 없이 달려온 근대

일본의 '광영'이었다. 패퇴한 듯 보이던 미군은 일본이 생각했던 것보다 훨씬 강했고 벌떼보다 많았다. 승전의 환각이 보이던 그 시점부터, 엄청난 힘으로 자라나던 또다른 제국주의 국가 미국은 가장 강한 카운터펀치를 적에게 돌려주기 시작했다.

1942년 4월 18일, 대규모 B25 전폭기 편대가 열도 상공을 습격하여 도쿄와 나고야, 고베를 폭격했다. 일본 공군은 이를 막을 힘이 없었다. 일본 국민은 경악했다. 그리고 6월 5일부터 2박 3일간, 맥아더 함대와 일본 육·해군이 총력을 기울여 미드웨이에서 명운을 건 전투를 벌였다. 결과는 일본군의 참패였다. 이 패배는 너무 결정적이어서 남태평양에 진을 친 일본 해군의 기동 전력이 다시는 회복되지 못할 정도였다.

그러나 6월 10일 대일본제국 '대본영大本營'의 전투 결과 발표는 황당하게도 사실과는 정반대였다. 일본군이 대승을 거뒀다는 것이었다. 종말은 그렇게 미망과 함께 왔다. 이제 3년간, 대일본제국 앞에 남은 것은 전멸과 무고한 민중의 떼죽음뿐이었다.

물론 이 떼죽음과 공도동망共倒同亡은 조선에도 강요되었다. 1941년부터 1942년 사이에 16만 명의 조선인이 강제로 징용되었다. 1944년까지 약 20만 명의 조선 여성이 정신대로 '공출'되었고, 그중에 일부는 일본군의 성노예가 되었다. 그렇게 강제연행된 조선인은 1939년부터 1945년까지 약 72만여 명에 달했다. 그리고 22만 명 이상이 조선인이 '일본군'으로 전쟁에 나섰다.

미망

전 YMCA 총무이며 전조선체육회장인 윤치호는 그즈음 부쩍 미나미 총독과 가깝게 지냈다. 1943년 1월 1일, 새해 아침. 총독을 만나고 온 윤치호는 일기에다 이렇게 썼다.

최근 1년 동안 일본 육·해군이 눈부신 연승을 거둠으로써 앵글로색슨족의 위신과 오만이 땅에 떨어졌다. 영국인들과 네덜란드인들이 3백 년 동안 철권을 휘둘러왔던 섬들의 성곽과 정부청사 위로 일장기가 자랑스럽게 나부끼고 있다. 일본인들이 기적을 일궈냈다. 그들의 오랜 야망은 이제 거의 충족되었다. 그러니 정복할 새 땅을 찾는 대신 여기서 그만 멈추는 것이 좋지 않을까?

과연 그는 세계사적 시야를 가진 지식인이었고, 현실주의자였다. 또한 그는 자신 같은 특권층조차 살기 어렵게 만드는 일제의 수탈과 징발 정책을 비판하고 민중의 삶을 걱정했다.

우리가 먹고 쓰는 모든 것에 대한 통제나 사회화나 독점화가 사람들에게 쓸데없는 고통을 안겨주고 있다. 우리는 경성부윤의 허가 없이는 한 줌의 생강이나 땅콩조차 살 수 없다. 쩨쩨한 공무원들은 모든 철도역과 버스 정류장에서 승객들의 보따리와 몸을 수색할 수 있는 권한을 휘두르며 고기와 달걀을 포함한 모든 종류의 농작물을 압수하고 있다.

그러나 조선이라는 변방의 지식인일 뿐이었던 그는 사태를 총체적으로 볼 수 없었고, 서민의 관점을 가지고자 했음에도 어설펐다. 천황과 총독의 결정이 무식한 일선 하급관료가 조선인들에게 저지르는 행위와 유기적임을 윤치호가 모를 리 없었다. 그럼에도 그는 다음과 같은 헛소리를 했다. 그가 총독에게 받는 특별 대접이 그의 눈을 가렸는지도 모른다.

> 이 모든 게 애국심과 충성심이라는 허울 좋은 미명하에 이루어지고 있다. 내 생각엔 천황이 이런 불법행위들을 잘 모르는 것 같다. 만일 그가 알고 있다면, 이런 행위들을 두고 보지는 않을 거라고 확신한다.[45]

1943년이 되자 추축국의 주요 전선은 다 무너졌다. 파시즘의 패배는 돌이킬 수 없는 일이 되고 있었다. 독일군은 그해 1월에 대소련 전선에서 결정적으로 타격을 입은 이래 힘을 잃고 있었다. 히틀러에 대한 독일 군부의 불신도 커졌다. 7월에 미군이 시실리 섬에 상륙하자 무솔리니는 일개 반란군으로 전락했다.

그로부터 1년 가량 지난 1944년 6월 미군이 로마에 입성하여 남유럽이 파시즘으로부터 완전히 해방되었다. 그리고 그 6월에 노르망디에 미군이 상륙했다. 7월 20일에 히틀러에 반대하는 독일 군부의 쿠데타 기도가 있었고, 8월에 사회주의자 레지스탕스가 주축이 된 파리 시민들이 봉기하여 나치와 그 앞잡이들로부터 파리가 해방됐다. 동유럽 지역도 일제히 반파시즘 전선에 나서 독일군의 배후를 타격했다. 루마니아는

1944년 9월에, 불가리아는 10월에 독일에 선전포고했고, 민족적 사회주의자 티토가 지도하던 유고슬라비아 인민해방군은 이미 자력으로 자국 지역 내의 독일군을 궤멸시켰다.

일본도 판판이 깨지고 있었다. 1944년 7월에 사이판에서 일본군과 민간인들이 떼죽음당했다. 이제 미군 폭격기가 언제라도 일본 열도를 유린할 수 있게 되었다. 도조 내각은 총사퇴했고 패전은 피할 수 없는 사실이 되어가고 있었다. 당장이라도 전쟁을 멈추는 것만이 재앙을 줄이는 길이었다.

일본의 진주만 기습. 아시아의 주인이 되려 한 일본의 화려한 행진이 사실은 멸망을 향하고 있었음을 일본은 모르지 않았다. 그러나 끝없는 팽창에의 충동이 죽음 앞에 내몬 것이다.

일본이 처절하게 패배하고 말 것이라는 것을 알고 있는 일본인도 적지 않았다. 특히 사이판 함락 이후 미군이 일본의 코앞에 닥치자 일본 고위 정치인들 중에 일부는 미국과의 강화를 추진했다.

당연히 이는 군부의 반발을 사, 강화를 계속 주장하던 요시다 시게루는 군부에 의해 투옥되기도 했다. 고노에 후미마루는 1945년 2월에 천황

1945년 8월 14일 미얀마의 미이토키나에서 연합군에게 포로로 잡힌 한국인 위안부들.

을 알현하고, 천황제의 폐절을 의미하는 공산주의 혁명을 막기 위해서라도 속히 종전해야 한다는 것을 건의하기도 했다. 일본군 내에서조차 패배를 기정사실로 받아들이는 사람들이 많았으나 일본 군부의 강경파는 끝내 전쟁을 계속하고자 했다. 가미카제 자살 특공대 같은 것은 절망의 극단적 표현이었다.

애초에 미국과의 개전 자체가 자살적 행위였다. 1941년 개전 당시 미국은 일본보다 경제 규모가 12배가 컸고, 철강 생산은 일본보다 20배, 석탄은 10배, 석유 비축량은 무려 700배가 많았다. 게임이 안 되는 게임을 일본은 벌인 것이었다. 미국과의 개전이 죽음이라는 것을 아는 일본인들도 있었지만, '팽창'을 멈출 수는 없었기에 전쟁이 수단으로 선택되었다.[47]

그렇게 세상은 자유주의와 사회주의에 의해 다시 크게 변해가고 있었다. 미국과 소련, 영국과 중국은 이미 전승 후를 내다보며 세계 질서의 전면적 재편을 저울질하고 있었다. 전쟁이 끝난 뒤 일본이 점령했던 영토를 어떻게 나눌까, 또는 전쟁 이전으로 어떻게 되돌릴 것인가 하는 문제도 카이로회담에서 논의되기 시작했다. 그 속에 조선의 독립 문제도 있었다.

하지만 제국의 종말이 다가올수록 부르주아민족주의자들의 미망은 오히려 깊어갔다. 세상이 어떻게 돌아가거나 말거나, 조선의 일부 지식인들과 식민지 부르주아는 한 치 앞을 내다보지 못했다. 또는 아예 보려 하지 않았다. 그들 스스로 이미 군국 파시즘의 일부가 되어 있었기 때문이었다.

경성제대를 수석 입학·졸업한 조선 최고의 지식인이며 일제시대 '3대 천재'의 하나라는 유진오는 1944년 8월에 '적국항복문인대강연회敵國降伏文人大講演會'에서 "我等必ず勝つ"라는 제목으로 열변을 토하며 '우리가 꼭 이긴다'고 강조했다.

> 전쟁의 귀추는 이미 명백한 것입니다. 침략자와 자기 방위자의, 부정자와 정의자의, 세계 제패의 야망에 붙들린 자와 인류 상애相愛의 이상에 불타는 자의, 일언이폐지하면 악마와 신의 싸움인 것입니다. (……) 우리는 정의이며 정의가 일어설 때 그 승리는 명백한 것입니다. (……) 생각하면 역사 발전의 법칙은 아이러니컬한 것입니다.

역사 발전의 법칙? 얼마나 가련한 헛소리인가. 미군은 일본의 전선을 다 무너뜨리고 코앞에 당도했는데. 주어와 목적어가 송두리째 뒤바뀌어야 하는, 그리고 실제로 1년 만에 완전히 뒤바뀌는, 제 말대로 '아이러니' 그 자체인 역사 앞에서 궁벽진 조선 땅의 최고 지식인이 할 수 있는 말이란 저런 것이었다.

> 요는 미영米英을 격멸하는 한 길이 있을 뿐입니다. 이 숭대한 시기를 당하여 고이소小磯 내각이 '대화일치大和一致'의 큰 깃발을 내 건 것은 실로 나의 하고 싶은 말을 대신한 것입니다. 필승의 요체는 천天의 시時가 아

니요. 지地의 이利가 아니며, 인화에 있음은 고래의 철칙으로 하는 바입니다. (……) 일억 대화大和, 최후의 돌격을 향하여 매진할 것입니다. (……) 전쟁은 이미 우리의 것입니다. 왜냐? 우리는 이 싸움에 반드시 이기지 않으면 안 되기 때문입니다.[48]

이겨야만 하는 '우리'란 일본과 그들의 '야마토大和' 안에 한 자리 끼고 싶은 조선인들이었다. 그래서 유진오는 조선군 사령관과 조선 총독을 지낸 고이소 쿠니아키가 수상이 된 것이 더욱 기뻤는지 모르겠다. 조선에서 잔뼈가 굵었고 우가키의 심복이었던 고이소의 별명이 '조오센노토라', 즉 '조선의 호랑이朝鮮の虎'였다. 그러나 도조 내각의 붕괴와 고이소 내각의 등장은 패망의 징후 자체였다. 고이소 내각은 8개월을 못 버티고 미군의 도쿄 대공습에 붕괴되었다. 고이소 자신, A급 전범으로 감옥에서 죽을 팔자였다.

그러나 민중의 움직임은 달랐다. 파시즘과 제국주의 체제가 강요하는 극한적 고통의 피해 당사자인 그들은, 많이 배우고 가진 조선인들의 미망이나 헛소리와 무관하게 은근히 끓어오르고 있었다. 직접적이며 조직적인 저항은 불가능했지만, 체제의 균열은 곳곳에서 감지되었기에 소규모 비밀결사가 늘어났다. 농민이나 덜 배운 민중들 사이에서는 《정감록》과 후천개벽사상이 다시 득세했다. 전쟁이 야기하는 혼란과 종말적 분위기가 밭이 되었던 것이다. 이승만이나 김일성, 김구 등이 벌이는 해외의 저항운동도 전설과 풍문에 실려 멀리 퍼져 나갔다. 징병을 피해 지

리산 등지로 숨어드는 청년들도 늘어났다.⁴⁹

김교신의 죽음

〈조와〉 필화로 서대문에서 수감 중이던 김교신은 딱 1년 만인 1944년 7월에 출감했다. 김교신은 고향인 함경남도 함흥으로 내려가기로 했다. 거기에는 조선 최대의 공장 가운데 하나인 일본질소비료회사가 있었고, 공장에는 징용되어 온 5,000명의 조선인 노동자가 집단생활을 하고 있었다.

김교신은 근로과勤勞課에 근무하며 조선인 노동자들의 복지와 교육을 위해서 애썼다. 김교신은 공장의 조선인 노동자들이 조선인으로서의 긍지나 자세를 잊지 않게 하기 위해 노력했고, 노동자들에 대한 훈화도 조선어로 했다. 공공장소에서 일본어만 사용해야 했던 당시로서는 드문 일이었다.

1945년 4월 18일은 김교신의 생일이었다. 감옥 안에서도 늘 팔굽혀펴기 같은 운동을 하며 체력 단련을 하던 타고난 강골, 김교신은 그날 부인이 만든 생일 음식을 하나도 먹지 못했다. 배탈이 심하게 난 듯 배가 아프고 열이 나서 꼼짝을 못했다.⁵⁰

의사 박츄서가 방문했을 때 체온은 38.3도, 맥박은 90. 그리 심각한 것 같지는 않았지만 김교신은 왠지 평소와 달랐다. 미국 대통령 루즈벨트가 뇌출혈로 재임 중에 갑자기 세상을 떠난 데 하느님의 섭리가 있을 것이듯 자신이 병상에 눕게 된 것은 뭔가 뜻이 있을 것이며, 묘향산 골짜기에서 낚시나 한 번 해봤으면 좋겠다고 쓸쓸한 표정도 지었다.

다음 날 김교신은 의사가 준 해열제를 먹고 정신을 차렸다. 체력에 자신이 있었던 그는 냉수마사지를 하고 단식으로 배탈을 진정시키겠노라 했다. 그러나 곧 병증은 한층 더 심해졌다. 엄청난 오한이 찾아오고 열이 39~40도를 오락가락하며 아무 것도 먹지 못했다.

이렇게 닷새가 흐르자 강철 같던 김교신도 쇠약해지기 시작했다. 함흥에서 온 의사가 그의 몸을 보더니 발진티푸스 같다고 진단했다. 과연 그의 온몸에는 붉은 좁쌀이 가득했다. 이 병은 1, 2차 세계대전 사이에 세계적으로 유행해 많은 사람들의 목숨을 앗았다. 주로 전쟁터나 형무소 같은 집단생활지에서 발생하여 치사율이 높았다. 아직 발진티푸스에 대한 항생제는 없었다. 발병한 지 1주일 만에 김교신의 눈동자가 흐려지고 기관지가 상하기 시작했다. 의사 박춘서는 하느님에게 맡길 수밖에 없다고 단념한 상태였다.

그날 저녁이 고비였다. 김교신이 잠시 정신을 차렸을 때, 부인과 간병하던 이들은 김교신에게 "주께로 나오라, 주 너를 부른다"로 시작되는 찬송가 322장을 불러주었다. 잠시 눈동자가 맑아졌다. 하지만 10분이 채 지나지 않아 백태가 그의 눈을 가렸다. 티푸스로 인한 뜨거운 체열에 그는 정신을 못 차렸다. 남들보다 훨씬 강하고 큰 그의 심장은 아직 힘차게 박동하려 했지만, 고열로 상해버린 기관지와 폐가 감당을 하지 못했다. 병실에는 김교신의 거친 숨소리만 가득했다.

4월 25일 새벽 4시 40분경, 온 방을 가득 채우던 김교신의 숨소리가 갑자기 가라앉아 조용해지기 시작했다. 그리고 어느 순간, 호흡이 느려지더니 거짓말처럼 호흡이 멈췄다. 큰 고통은 없는 최후였다.

발진티푸스는 법정 전염병이었기 때문에 시신을 안치해 둘 수도, 무덤을 만들 수도 없었다. 단단하던 그의 육신은 병석에 누운 지 딱 일주일 만에 불길 속에서 재가 되었다.

향년 44세. 이상보다는 8년 나중이었고, 천수를 누리다 해방이 된 이후 80세에 죽은 윤치호보다는 8개월 먼저였다.

■ 에필로그

2002년 6월 18일 저녁

친구·선후배들과 서울 봉천동 한 식당의 TV 앞에 앉아 있었다. 함께 2002 한일월드컵 16강전, 한국 대 이탈리아전 중계방송을 보기 위해서였다. 긴장 때문에 입이 말라와 경기 시작 전부터 연신 맥주를 들이켰다.

그 저녁 자리를 함께 했던 사람들은 평소 축구를 좋아한 남정네들이나, 함께 술 마실 온갖 핑계거리를 찾아내는 데 골몰하는 '꾼'들이 아니었다. 그해 6월 전까지는 태어나서 한번도 처음부터 끝까지 축구중계를 본 적 없는, 왜 드로인을 하는 건지, 오프사이드가 왜 있어야 되는 건지 이해하지 못하는(사실 별로 이해할 필요 없을지 모른다) 사람들도 그 자리에 함께 있었다. 축구경기의 흐름을 이해하고 즐기기 보다는 안정환이나 김남일의 외모를 분석·평가하는 데 더 깊은 조예와 관심이 있는 그런 여성들을 포함해서 말이다. 우리로서도 그렇게 많은 여성들과 축구경기를 보는 것은 난생 처음이었다. 그 6월에 우리는 왜 그랬던가?

패색이 짙던 후반 43분, 설기현의 동점골이 터졌다. 식당 안에 있던 모든 사람들은 모두 뛸 듯이, 가 아니라 정말 일어나 팔짝팔짝 뛰고 발을 구르고, 서로 껴안으며 기뻐했다. 식당 주변의 동네에도 비명과 환성이 메아리쳤다. '알딸딸'하게 술기운이 오르던 나는, 일어서지 않은 채 그대로 방바닥에 앉아서 사람들이 튀어오르는 광경을 지켜봤다. 그리고 연장전이 시작되기 전, 식당을 슬며시 빠져나왔다. 다시 복잡해지는 머릿속을 달래기 위해서였다. 경기가 그냥 1대0으로 끝났다면 훨씬 마음은 편했을 것 같았다. 그 6월에 나는 일종의 분열증에 시달리고 있었다.

서울에 억수 같은 비가 쏟아지던 6월 10일 미국전. 그날까지는 별로 갈등이 없었다. 내 속에 '자동화'되어 있는 '한국 축구팬'으로서의 자세를 그냥 동원하면 됐다. 그래서 첫 경기에서 폴란드에게 2대0으로 이기던 그날. 황선홍이 첫 골을 성공시켰을 때는 눈물이 나려 했다. 황선수는 94년 미국 월드컵 이후에 얼마나 마음고생이 심했던가. 그리고 미국과 1대1로 비긴 그날(의정부의 여중생 미선이·효순이가 미군 장갑차에 짧은 생을 끝낸 사흘 전이었다), 이길 수 있는 경기였고, 이겨야 했는데, 우리 옆 동네 과일가게 아들이었던 최용수는 안타깝게도 도무지 '결정'을 짓지 못했다. 그날 밤 술집에서 사람들은 싸움도 했다.

나는 오래된 '축구팬'이며 '한국' 축구팬이다. 유감스럽게도 타고난 소질이 나빠서 공을 잘 차지는 못했지만, 동네 축구팀 선수 겸 코치 역할을 맡아보기도 했고, 시간이 있을 때는 혼자 축구장을 찾아 K리그 경기를 보기도 했다. 물론 신새벽에 꼬박꼬박 깨어나 1983년과 1986년의 멕시코, 1990년의 이탈리아, 1994년의 미국, 1998년의 프랑스에서의 한국팀 전 경기를 지켜봤다. '한국' 축구팬이란 전생직업으로 인해 원하지 않았는데도 한반도에 태어나는 바람에, 평생 한국 대표팀을 응원해야만 하는 운명을 지고 태어나는 불행한 사람들(그중 90퍼센트는 남자였다)을 가리킨다. 그가 혹 프롤레타리아국제주의를 신봉하는 사회주의자이거나, '대한민국' 내부의 식민지였던 '전라도' 출신이라도 별 수 없다. 그래도 아마 '한국' 축구팬은 '태국' 축구팬이나 '중국' 축구팬보다는 훨씬 행복한 삶을 누리리라.

물론 대표팀 경기만 보는 류의 팬이 아니라, 국적國籍 수준을 넘는 '사커월드'의 시민이고자 노력도 했다. 위성방송의 프리메라·세리에아 경기도 좀 보고, 문제의 2002년의 6월에는 100달러가 넘는 입장권을 사서 수원경기장으로 가기도 했다. 한 세상 살면서 평생 몇 번 '실물'로 보기 어렵다는 브라질 대표팀 경기를 눈에 넣어두겠다는 일념에서였다. 그럼에도 불구하고 나는 '국민국가적' 축구팬이다. 내 한국 축구 '팬덤'은 내가 선택하지 않은 선천적인 '내셔널리티'가 반 결정해두었고, 나머지 반은 '국가대표팀'과 함께 오래 훈련한 결과이다.

내 분열증은 한국이 16강 진출을 확정하고 월드컵 열기가 바야흐로 전국민적 수준의 신드롬으로 변하면서 본격화되었다. 그 광화문에서 불붙은 엄청난 열기가 내 '순수한' 기쁨을 헤치기 시작했다. '승리'가 기쁘지 않은 것은 아니었지만. 그해 6월은 '신드롬'이었고, 그것은 분명 끔찍한 국가주의도 품고 있었다. 윤도현이 부르는 노래나 빌딩 크기의 태극기는 마음을 더 불편하게 만들었다. 어느새 '국호' 조차 '대한민국'

으로 바뀌어 있었다. 그전까지 '공식 국호'인 '대한민국'은 원래 긍정적인 의미로 사용된 말이 아니었다. 우익들만 사용하거나, 부정적인 자기 풍자의 뉘앙스를 갖고 있는 표상이었다.

나같이 소박한 '한국 축구팬'은 그 6월에 별로 서 있을 데가 없었다. 이탈리아전부터는 경기 시작 전의 '애국가 제창' 시간에 붉은악마들이 하는 퍼포먼스가 나오면 채널을 돌려버리고 싶었다.

한데 비판적 지식인이나 〈인권운동사랑방〉 같은 양심적인 단체에서 그 전일적으로 뵈는 국가주의적 신드롬을 경고하는 글을 잇달아 발표했다. 박노자 씨는 한국인들의 붉은 악마 신드롬이 나치의 뉘른베르크 횃불 행진을 연상시키는 것이라고까지 썼다. 날카로운 비판이었다.

그러나, 나는 그 진정성이 뭔지 짐작하면서도 거기에 대해서도 반발심부터 들었다. 울컥, 아, 그럼 우리가 나치란 말이냐. 비판에 녹아 있는 '인문학적 환원주의'나 엘리티즘이 싫었고, 오래도록 아주 복잡하게 스포츠에 얽힌 한국인의 정서에 대해 이해하지 못한다 싶어 불유쾌했다.

이도저도 아니니 '분열'이 깊었던 것이다. 또 내 분열증을 깊게 한 것은 있지도 않을 '타인의 시선'이었다. 즉 과연 우리가 4강 실력이 된다는 말이냐? 아무리 홈그라운드라도 너무 한 거 아니냐? 유럽 축구팬들이 어떻게 생각할까? 왜 상대 선수의 '퇴장'을 저리 등신처럼 기뻐한단 말이냐? 토티 퇴장이 과연 공정한 판정이냐? 등등. 그리하여 한국의 '4

강 진출'이 일종의 과식過食 같은 거라 여겨졌다. 우리가 저 자리에 가도 된다는 말이냐. 오래 쌓인 콤플렉스와 사커월드의 시민으로서 가진 '축구적 올바름'에 대한 판단이 함께 작동했던 것이다. 이는 기실 우리는 '삼류'인데 저런 호사를 누려도 되는 거냐는 소심한 자격지심이었던 것이다. 식민지인의 옥시렌탈리즘의 '거울'도 거기 있었던 것이다.

당시 내 입장은 2002년 6월의 '자발적 동원'의 무해성無害性을 주장하는 논리와 박노자류의 논리, 중간쯤에 있었다. 지금은 내 마음 불편했음의 본질이 '대~한민국'과 '오, 필승 코리아'와 무관하게 오랫동안 단련한 복잡한 콤플렉스로 뭉쳐진 사랑을 자본과 국가가 전유해버리거나, 그리고 그해 6월에 급조된 '뇌동성' 축구팬과 공유하는 것이 싫었던 탓이라 좋게 성찰할 수 있다.

그 6월의 무해함도 훗날 증명되었다. 그것은 딱 맞지는 않지만 누군가의 말마따나 '자발적인 동원'이었고 일종의 축제였다. 거기 전체주의가 추구하는 심각하고 신성하며 비장한 것은 거의 없었다. 무해함은 그 6월의 공허함이 증명하는 바이기도 하다. '월드컵 4강을 경제 4강으로' 같은 구호가 외쳐지고, 축구협회장이 유력한 대선후보가 되는 듯도 했지만 말이다.

신드롬은 공허해야 한다. 그리고 처음의 화두와 연결시켜 말하면 그 신드롬이 건강할 수 있었던 결정적인 원인도 바로 거기에 있었다. 즉,

'이번에는 무조건 16강 가야 되요'라는 정말 '축구 같은' '한국 축구 사랑'이나, 어울리지도 않는 빨간 티 입고 태어나서는 난생 처음 축구장에 나타나서는 어색하게 손 흔든 정치인들의 음험한 '정치적 전유'나, 나같은 자생적인 '한국 축구팬의 한恨' 같은 별로 질 안 좋은 것들만 축구를 향유했던 게 아니라서 다행인 것이다.

기본적으로 근대 스포츠는 국가주의와 남성중심주의를 재생산하는 역할을 해왔다. 그리고 축구는 그중에서도 가장 농도 진한 퍼포먼스다. 그러하기에, 예의 드로인을 왜 하는지 모르는, 김남일이 잘 생겼는지 안정환이 나은지를 따지는 그런 아줌마와 소녀들, 그리고 신성한 태극기로 미니스커트 해 입은 저 달동네 아가씨들과 함께 봤기 때문에 다행이다. 물론 그들도 그 축구 때문에 일시적으로나마 '국민'이 되어 '대한민국'을 응원했지만, 그런 '국가적·정치적 축구'의 타자들로 인해 그 신드롬은 얼마간 교정 받을 수 있었다. 그 신드롬은 '권력'과 '자본'에 의해 다 영토화되지 않은, 탈-근대적인 현상이었기 때문에 건강했다. 그 6월은 전쟁과 국가의 역사가 아로 새겨진 근대적 축구의 본연으로부터 훨씬 벗어난 '가족과 연인'의 카니발이기도 했다. 그 6월에 잉태된 아기도 많았다 한다.

그런 점에서는 2002년의 '월드컵 4강'은 모든 것을 새롭게 했다. 그것은 스포츠와 결부된 한국사의 기념비다. 나로서도 그 '4강' 이후 내 속의 '축구열'을 많이 가라앉힐 수 있었다. 아마 거의 다시 이루기 힘들 업적인 그 '4강'은 분명 한풀이이자, 위장 크기에 맞지 않는 대단한 포식飽食이었기 때문이었으리라. 이제 나는 좀 더 순수한 축구팬의 하나로 남거나, 훨씬 편안하고 냉정해진 마음으로 한국 대표팀의 'A매치'를 바라볼 수 있을 것이다. 물론 2006년 독일월드컵 때는 다시 곤두설 수밖에 없겠지만, 그래도 1998년처럼 심심深心히 좌절하거나, 2002년처럼 연일 과음하는 일은 없을 것 같다. 설사 '오대영(5:0)' 귀신이 되살아온다 해도 말이다.

식민지 시대 민족주의

이데올로기가 거느린 심성과 표상에 대한 관심이 자연스럽게 20세기 초의 스포츠에 착목하도록 해주었다. 스포츠는 근대성의 한 표현 양식이다. 그것은 전쟁하고 통치하는 모든 근대 국민국가의 중대 사업이다. 스포츠는 대단히 합리적인 게임의 논리와, 근대국가 간의 무자비하고 초법적인 정치적 수단으로서 전쟁 사이에 있는 무엇으로 디자인되고 발전해왔다.

그리고 스포츠는, 서양 철학자를 흉내내어 말하면, 개인들의 몸과 자아에 새겨지는 자연과의 교섭의 흔적이며 사회적인 것의 횡단줄이다. 우리의 기억 속에는 초등학교, 아니 그 이전부터 골목길이나 논두렁, 혹은 아파트 주차장에서 했던 공놀이와 달리기의 기억이 있다. 그때 맺기 시작했던 또래들과의 관계, 그들과 함께 경험한 경기의 룰과 승패. 그것은 우리에게 이미 경쟁과 협력의 환희·좌절·수치를 다 가르쳐 주었다. 그 시간들을 통해 우리는 몸으로부터 비롯되는, 또는 몸에 육박하는 자의식을 다 체득했다. 학교의 체육 시간은 그것을 확인·재확인하는 과정이었다.

운동장에서 우리 몸은 타인들의 몸보다 공기의 저항과 지구의 중력을 뚫고 버티는 데 강하거나 약했다. 늘 내놓고 다니는 얼굴처럼 몸도, 타인들의 것보다 아름답거나 아름답지 않고, 크거나 작고, 길거나 짧고, 느리거나 빠르고, 부드럽거나 무딘, 비교의 대상이었다. 그리고 운동회가 열리고 '시합'이 있었을 때, '나'는 타자와의 비교의 총화인 '우리'라는 존재의 힘에 복속되었다. 그 자아의 기억, 그리고 우리로의 '확장'이 스포츠의 본질이다. 그런데 우리와 우리의 가난했던 조상들은 불행하게도, 우리의 내용을 '우리 민족' 외에 다른 것으로 채운 경험이 별로 없다. 시민도, 계급도 그 앞에 무력했다.

한국의 스포츠민족주의는 1890년대부터 주조되고 그 내용을 바꾸어 가다가 1920년대에 온전히 꼴을 갖추기 시작했다. 일제 강점 이전, 황제가 있고 흉내에 불과한 것이나마 '제국'이 있던 짧은 시절에 처음 근대 스포츠가 시작되었다. 이때에도 물론 스포츠와 국가는 잘 결합했지만, 콤플렉스보다 중요한 것은 상무尙武나 국가(+황제)에 대한 충성 자체였다. 아직 열등감은 별로 없었다. 열등감에 기초한 민족의 집단적 무의식과 스포츠가 결합한 것은 국권 상실 이후이고, 부르주아민족주의, 혹은 실력양성론의 적극적인 주례에 의해서였다. 그리고 그것은 1930년대에 발전하고 완성되었고, 20세기를 관통해서 간단없이 이어졌다. 그 면면한 흐름 속에서 1936년 손기정의 베를린올림픽 마라톤 우승은 가장 높은 봉우리로 솟은 획기적인 일이었다. 그 우승은 근 40년간 자라나고 있던 문화민족주의의 극적인 완성이었다. 또한 열등감이 우월감으로 극적인 환치를 이룬 순간이기도 했다. 손기정은 인종적으로 일본인보다 낫고 결코 서구인에 못하지 않은 강인한 한국인의 완벽한 표상이었다.

그랬던 까닭에 우승을 계기로 1936년 여름에 조선 반도를 뜨겁게 달군 신드롬이 일어났다. 당시 식민지의 민중들은 충분히 훈련되고 준비된, 민족주의적 관중이었다. 저널리즘이 불을 지피고 자본주의가 그 열풍을 증폭시켰다. 그 대중적 붐 또는 신드롬은 오늘날 우리가 주체가 되거나 관찰할 수 있는 국가주의적 스포츠 열기와 본질적으로 다르지 않다. 그 신드롬은 아직도 끝나지 않았다.

민족주의적 대중사회

강의실과 술집 그리고 혼자 코 박고 앉아 있었던 '먼지의 방'들이 아니라, 아스팔트와 광장에서 호흡했던 뜨거운 공기가 지울 수 없이 많은 화인火印과 화두話頭를 남겼음을 알고 있다. 1987년의 부산 서면로터리, 1991년의 신촌로터리, 1992년의 사직야구장, 그리고 2002년의 서울 시청 앞 등의 시간-공간들은, 나로 하여금 민주주의와 연대의 깊고 높은 가치를, 그리고 나 자신 그대로 '대중'의 일부임을 깨닫게 하였다. 한편 민족은 공동의 표상과 기억을 가진 존재이다. 이 '공동'됨은 집단적인 경험을 통해서 얻어진다. 근대 이전의 사회에서 집단적 경험은 종교적 순례나 집회, 공동 노동과 자연재해와 같은 경험들에 의해 형성되었다. '근대'는 그런 경험 대신, 매스미디어와 대중문화, 보통교육과 대중정치 등의 힘으로 집단적 경험이 가능한 시대이다. 이들의 힘에 의해 공동의 표상을 지닌 존재는 '대중'이 된다. 광장은 그처럼 넓어지고 다양해졌다. 근대의 광장은 '그들'로 하여금 '대중'이 되게 한다. 그들은 민주주의와 대중문화라는 역사의 새 동력을 광장에서 만들어냈다.

물론 원론적으로 '대중'은 상당히 분열증적인 존재이고, 신경증적인 존재인 '민족'과 반대 방향으로 움직이기도 한다. 그러나 대체로 민족과 대중은 서로를 간절히 원한다. 서로가 서로의 성장의 원동력이었다.

근대 한국을 규정하는 이른바 '다이내믹 코리아'는 급격하게 변화하는 대중의 심리, 그에 근거한 정치 세력과 사회 세계의 급격한 변동의 양상을 의미한다. 이는 상업적 미디어, 유행 현상과 그것을 열심히 추종하는 개인들의 존재, 그리고 넘쳐나는 민족주의적 심성이 존재 가능하게 한다.

이 책은 본격적으로 민족주의적 대중사회 형성의 통사를 기술하고자 한 것은 아니다. 일단 계기적인 폭발을 통해 드러난 사실을 다루었고, 훗날을 또 기약하기로 한다.

1919년, 1926년, 1936년 등의 계기를 거쳐 형성된 20세기 한국의 민족주의적 대중사회nationalistic mass society는 현재에도 유지되고 있다. 오늘날 한국은 세계 10위권의 경제력과 군사력을 가진 국가이지만 그 정치지리학적 위치 때문에 여전히 '약소국'이다. 여전히 생존 자체를 위한 국가적 전략과 전술이 오늘 당장의 현안이다. 그러하기 때문에, 세계 경제체제의 상위에 위치해서 이미 아시아·아프리카 저개발국의 노동력을 뜯어먹는 위치에 놓여 있으면서도, 한국인의 '약소국' 콤플렉스와 배타적 민족주의는 재생산될 것이다.

그것은 애초에 외인外因에 의해 만들어졌고 또 지속되어왔다. 그리고 민족주의적 대중사회는 오늘날 새로운 조건하에서 재생산되고 있다. 일본의 우경화와 중국의 초강대국화는 한국의 탈민족·탈국가에 대한 가장 확실한 반작용력이며, 네오콘이 지배하는 미국은 한국의 민족주의가 자결自決과 자유라는 긍정적 가치와 결부되도록 작용한다.

　실로 민족주의는 민주주의의 문제와 연동된다. 아직도 '민중'과 같은 일견 시대착오적인 단어가 사용될 수 있는 것도 이 때문이다. 한국의 민족주의가 가난한 민중의 심성과 이념을 표현하는 매개였기 때문에, 분단체제가 와해되고 한반도의 긴장이 결정적으로 해소되는 것 뿐 아니라, 불평등한 사회구조가 완화되어야만 민족주의의 악령에서 우리가 놓여날 수 있다.

역사는 말로 표현 못 할,

　거대한 전체인 데 비하여 역사에 대한 '기억'은 참으로 '단선' 그 자체다. 어떻게 역사를 서술할 것인가 하는 문제는 역사가와 문학가의 영원한 과제다. 이 책은 서사, 즉 역사 서술에 대한 일종의 실험이다. 이 실험은 사실 낯선 것은 아니지만, 이 책에서 거시적인 것과 미시적인 것이 맺는 연관을 함께 서술하고자 시도해보았다. 예컨대 1936년 8월의 여름에 일어났던 일은 손기정 신드롬만이 아니었다. 그해 여름 장마는 최악이었다. 삼남 지방 곳곳의 민중들이 수해에 시달리고 있었고, 마포·서강 용강에서 하역 일을 하던 일용 노농자들은 일거리가 없어 배를 주리고 있었다. 조선 총독 우가키는 총독 자리를 내놓고 도쿄로 갔다.

수상이 될 기회를 봤기 때문이었는데, 우가키는 꿈을 이루지 못했다. 자기보다 더 강경한 군부 세력에 밀렸다. '군국' 일본은 더 심하게 미쳐가고 있었던 것이다. 한편 마포에 살던 한 가난한 노총각은 화류촌에 갔다가 성병에 걸렸다. 섬약했고 우울했던 그는 불어난 한강물에 몸을 던져 자살하고 말았다. 스물일곱의 이상은 소설 《날개》를 〈조광〉에 투고해놓고 9월호가 나오기를 기다리고 있었다. 평론가 김기림과 최재서가 이 소설을 문학사에 길이 남을 명작으로 만들 전야였다. 비가 오락가락 하던 가운데 8월 6일에는 서울 하늘에는 볕이 나고 더웠다. 정릉에 살던 기독교사상가이자 양정고보 선생 김교신은 북한산 약수암에 물맞이하러 갔다가 발을 다쳤다. 1936년 여름의 올림픽 우승 신드롬의 대미를 장식한 것은 〈동아일보〉의 일장기 말소사건이었다.

책에서는 1936년의 신드롬을 종결시킨 일장기 말소사건에 대해서도 다루었다. 이 사건의 엄청난 상징성 때문에 해석의 주체들은 저마다 자기에게 유리한 방향으로 사건의 의미를 전유하려 하기도 하고, 잘못 전해진 사건의 정황을 검토 없이 재생산하기도 하고 있다. 의외로 별로 널리 알려져 있지 않은 일장기 말소사건의 디테일한 '진실'에 다가가고자 했고, 또 이 사건이 갖고 있었던 정치적 의미를 재해석해보고자 했다.

그 당시에 일본은 걷잡을 수 없는 가속도로 군국주의 파시즘을 향해 달려가고 있었다. 그래서 1936~1937년에 '식민지 근대성'은 조선에서 고비를 넘고 있었다. 식민지의 '문화'는 1930년대 후반에 높은 수준에 올랐고, 독자적인 생산력과 왕성한 소화력을 갖췄다. 한 세대가 넘게 '실력 양성', '실력 양성' 외친 결과, 새로운 '실력'은 분명 쌓여 있었다. 그러나 정치와 '진짜' '실력' 없는 상황에서 그것은 헛방이었다.

부르주아민족주의의 한 형식이자 점진주의의 한 형태로서 문화민족주의는 식민지 조선인들에게 가장 오래, 가장 널리 영향력을 행사한 이념이었으나 1937년에서 1945년의 마지막 8년 사이에 군국주의 파시즘에 굴종하고 타락할 수밖에 없었다. 물론 그 종말은 다른 부활을 위한 잠재적 종말이기는 했다.

일본은 역사상 가장 질이 안 좋은 군국주의와 인종주의로 식민지를 통치했다. 특히 식민지의 마지막 8년간 저지른 일들은 어떤 합리화에도 불구하고, 어떤 정치적 이념을 추종하더라도 용서해서는 안 되는, 범죄 그 자체였다. 용서될 수 없는 그 범죄에 동조하여 일부 조선인 지식인과 엘리트는 '친일'하거나 '부역'했다.

다양한 변호론과 세련된 상황논리에도 불구하고 적극적인 부역 혹은 협력에 대해 면죄부를 발급해주어서는 안 된다. 결코 양보하기 어려운 소중한 가치의 문제, 즉 평화와 자유, 민주주의와 평등이 통째로 거기 걸려 있기 때문이다. 그런 타락에 대한 변호론이 가능하다면 언제든지 민주주의와 자유의 논리도 포기될 수 있으며 끝까지 옹호하고 지켜야

될 당위란 없어진다. 즉 이는 단선적인 민족-반민족의 문제가 아니다.

일제 말기의 경험을 통해 우리가 경계로 삼아야 할 점은 또 있다. 20세기 후반의 뛰어난 소설가 최인훈이 《소설가 구보 씨의 일일》 같은 소설에서 수차에 걸쳐 강조했듯, 제 운명을 강대국의 전략에 내맡기고 사는 한국인은 청맹과니가 되기 십상이다. 그러한 변방의 앎과 인식은 제 운명을 좌지우지하는 거대한 힘의 각축을 알지도 못하고 세계 정세에도 어둡다. 그들은 저보다 약하고 덜 가진 자들 위에 군림하면서도, 귀와 눈이 막힌 채로 그저 제 혼자 잘난 골목대장 노릇에 만족해 상황의 아이러니situational irony의 희생자가 된다. 일제 말기의 지식인·엘리트들이 보여준 것도 이런 한계다. 그 아둔함은 일신의 영달을 위해 '민족을 배반'한 죄보다 결코 가볍지 않다. 물론 그들의 귀와 눈을 막아놓은 것이 제국주의 파시즘 권력이기는 하지만.

■ 주석

1장 소화 11년(1936), 손기정 신드롬

[1] 광화문 앞거리는 조선시대에는 의정부와 6조가 자리하고 있어 육조거리라 불렸다. 육조거리는 일제도 감탄할 만큼 그 폭이 매우 넓은 제1의 거리였다. 일제가 1912년과 1936년에 도시계획의 일환으로 도로를 정비할 때 총독부가 그 폭을 30간(53미터)로 정하여 조선시대보다 폭이 좁아졌다. 1914년에 광화문통이라 명명했고 해방 후 세종로가 되었다.

[2] JODK는 국제 방송 호출부호이다. 이 호출부호를 당시 사람들이 경성방송국의 별칭으로 불렀다.

[3] 1936년 8월 10일 전후 신문들은 손기정의 마라톤 우승을 표현할 때 '성전'이라는 말을 썼다.

[4] 〈마라손 백림대회의 예상 순조로으면 손군 일 이착〉, 〈조선중앙일보〉 1936.6.10 ; 〈손군 제패는 확정적 남군도 역시 투지가 충천〉, 〈조선중앙일보〉 1936.7.28 등등을 참조.

[5] 일본인들의 올림픽 마라톤 우승에 대한 기대에 대해서는 鎌田忠良,《日章旗とマラソン》, 潮出版社, 昭和59年, 12〜20면 참조.

⁶ '민족의 제전 Fest der Völker'은 독일의 여성 감독 레니 리펜슈탈이 제작한 1936년 베를린올림픽 공식 기록영화의 제명이기도 했다.

⁷ 〈조선중앙일보〉, 1936.8.6, 1면.

⁸ 김교신의 일생과 손기정과의 관계에 대해서는 2001년에 발간된 《김교신 전집》(부키)를 주로 참고했다.

⁹ 일본의 최고 엘리트를 키우는 도쿄제일고등학교 교사였던 우치무라는 1890년에 도쿄제일고에서 거행된 〈교육칙어〉 공표 기념식에서 천황에 대한 불경죄를 범했다. 그는 국가주의 교육 선언이자 천황의 '말씀'인 칙어에 경의를 표하는 것을 거부했다. 교육자와 신앙인의 양심에 따른 소신이었다. 그는 정부의 권력, 자본가, 화족華族, 심지어 교육자로부터 자유로워야 조국을 사랑할 자격이 생기는 것이며, 또 그것이 신을 사랑하는 방법이 될 수도 있다고 주장했다. 오오누키 에미코 / 이향철 역, 《사쿠라가 지다, 젊음도 지다》, 모멘토, 2004, 181면 등.

¹⁰ 이 대회에서 조선 대표 양정고보 농구부는 3회전에서 관동학원에 24대29로 져서 탈락했다.

¹¹ 전후 단락의 내용은 김연창, 〈선생의 이모저모〉, 《김교신 전집》 6권, 324~5면 ; 김교신 / 노평구 편, 《김교신 전집 5 - 일기 1》, 413면 등 참조. 몇몇 기록에는 이 시상식 이후에 손기정이 김연창 등에게 달려와 '우리 국가는 왜 없냐'고 울먹였다 한다.

¹² 1935년 11월 4일자 〈도쿄호치신문東京報知新聞〉에 의한 것이다. 앞 가마타鎌田의 책, 41면에서 인용.

¹³ 이후 내용은 김윤식 편, 《이상 전집-수필》에 수록된 〈사신七〉, 〈사신八〉 등을 참조한 것이다.

¹⁴ 〈조선일보 대 동아일보 상쟁 사건 진상 급 비판〉, 《삼천리》 1935. 7 참조. 동아와 조선은 지금과 달리, 1990년대까지는 늘 경쟁관계에 있었다. 1990년대 이후 동아일보가 영향력을 잃고 2류로 전락하면서 두 신문의 사이는 외려 밀착됐다.

¹⁵ 김경재, 〈양대 재벌의 제패전 전모〉, 《삼천리》, 1935.7.

¹⁶ 화가 배운성은 유럽에 유학간 최초의 조선인 미술 유학생이었다. 그는 나치 치하에

서 활동이 보장된 몇 안 되는 외국인 화가였으며 파리의 초특급 전시회장을 빌려 개인전을 열었을 정도로 유명했다. 히틀러의 배운성에 대한 우대는 유색인 예술가를 우대한다는 정치적인 배려의 차원으로 여겨진다.

17 〈베를린 가는 손기정 "조선일보와 함께"〉,〈조선일보〉2004.7.28일자 ; 노평구 편,《김교신 전집》6권, 부키, 2001 등을 참조.

18 일본에서도 사진 무선 전송은 1936년이 처음이었다. www.c20.jp/20c 참조.

19 전후 내용은〈동아일보〉1936. 8.11일자 등을 참조.

20 강형구,《손기정이 달려온 길》, 서울 셀렉션, 2004, 8면의 서술에 따름.

21 이 방송은 한국과 일본에서 똑같아서, 일본에서도 중계방송이 중단되었다.

22 이길용에 관한 잘못된 기록이 많다. 상하이 임시정부의 격문을 들여와서 배포하려다가 잡혔다는 기록들이 있는데 이는 모두 잘못된 것이다.《韓民族獨立運動史資料集》47, 三·一運動一週年宣言文 配布事件·十字架黨 事件 檢事訊問調書 국가보훈처,《독립운동사》제8권, 168면 ;《독립운동사》제9권 679면을 보라.

23 이길용,〈운동기자열전〉, 한국체육기자연맹 편,《이길용》, 인물연구소, 1993 의 자서自書를 바탕으로 한 것이다.

24 이 대목은 당시의《동아일보》기사와 회고록 등을 바탕으로 재구성한 것이다.

25 이 시대에 마라톤 계측은 그리 정확하지 못해서, 공인된 코스에 열린 경기만 인정을 받았다. 조선의 마라톤 코스는 공식인정을 받은 코스가 아니었다.

26 〈동경잡신〉(〈매일신보〉, 1916.9.27~11.9),《이광수 전집》17, 삼중당, 1976, 485면.

27 신체적 오리엔탈리즘에 대해서는 이영아,《육체의 탄생》2008, 민음사 등을 보라.

28 〈동아일보〉1932.8.6.

29 鎌田忠良, 앞의 책, 209~211면 참조.

30 전후 내용은 鎌田忠良, 209~211면 ; 손기정,《나의 조국, 나의 마라톤—손기정 자서전》, 한국일보사, 1983, 113면 등을 참조.

31 〈京城 順天間 392마일을 南昇龍 選手가 走破成功〉,〈동아일보〉1931년 7월 23일.

32 손기정, 앞의 책 ; 鎌田忠良, 앞의 책 ; 고두현,《마라톤의 월계관》, 서울올림픽기념

국민체육진흥공단, 1997, 245면 등에 이같은 사실이 기술되어 있다.

33 〈동아일보〉 1936. 8. 10일자 호외 내용을 바탕으로 재구성한 것이다.

34 〈동아일보〉 1936. 8. 10일자 호외 및 〈동아일보〉 1936. 8. 11일자.

35 〈동아일보〉 1936. 8. 10.

36 김교신 / 노평구 편,《김교신 전집 6 : 일기 2》를 바탕으로 재구성한 것이다.

37 鎌田忠良의 책에 실린 일본어 원문은 다음과 같다. "腰を降ろしてこうしてマラソン第一着, わが孫君を待ち構えております。滿場に拍手が起こっております。"

38 鎌田忠良, 앞의 책 331면에 이때의 방송 내용이 나와 있다. 당시 아나운서 야마모토의 회고를 바탕으로 한 것이다.

39 김교신 / 노평구《김교신 전집 – 일기 2》를 바탕으로 재구성한 것이다.

40 〈동아일보〉 1936.8.10.

41 〈조선일보〉 1936.8.11.

42 〈환영!! 청추 10월에 손선수 귀래〉,《삼천리》, 1936. 11.

43 〈조선중앙일보〉 1936.8.11, 4면.

44 〈동아일보〉 1936.8.23, 8면.

45 〈조선중앙일보〉 1936.8.12.

46 〈조선중앙일보〉 1936.8.13, 2면.

47 〈조선중앙일보〉 1936.8.6, 7면.

48 〈동아일보〉 1936.8.15, 2면.

49 〈동아일보〉 1936.8.25, 8면 등.

50 〈동아일보〉 1936.8.25, 8면.

51 〈조선일보〉 1936.8.26, 6면.

52 〈매일신보〉, 1936.8.26, 2면.

53 〈매일신보〉 1936.8.17, 3면.

54 〈매일신보〉 1936.8.23.

55 〈동아일보〉 1936.8.25, 8.26을 참조.

56 〈동아일보〉 1936.8.14, 7면.

57 〈祝孫南兩君世界制覇! Congratulation Messrs Son and Nam〉, 《삼천리》 1936. 11, 137면.

58 이외에 〈조선중앙일보〉와 〈동아일보〉의 8월 11일자 사설과 여운홍, 〈손군의 승리는 우리의 등화〉, 〈조선중앙일보〉, 1936.8.12 ; 조용만, 〈마라톤 제패〉, 〈매일신보〉, 1936.8.12 등을 참고하라.

59 서항석은 〈손, 양 양군 승전사〉라는 제목의 시를 발표했는데, 이 또한 위의 사설이나 심훈의 축하시와 비슷했다.
"동해물 백두산이 길러준 이 피 이 뼈
오늘사 뽐내보니 두려울 것 전혀 없다
세계도 우리 억센 줄 알았는가 하노라."

60 이 사설의 내용과 〈횡설수설〉(〈동아일보〉 1936.8.14, 1면)도 비슷하다.

61 이 설문은 《삼천리》 1936년 11월호에 실렸는데, 그 조사 시점은 불명확하다. 일장기 말소사건의 여파로 《삼천리》 9, 10월호는 발간되지 않았다.

62 鎌田忠良, 앞의 책, 13면에서 재인용.

63 당시 〈요미우리신문〉의 보도, 鎌田忠良, 위의 책, 332면.

64 〈매일신보〉, 1936.8.11, 2면.

2장 운동장에서 민족을 만나다

1 훈련원은 현재 서울 중구 방산동 18번지, 을지로 5가에서 동대문 가는 사이에 있는 동대문운동장 터다.

2 전후 내용은 〈독립신문〉 1897년 6월 19일 2~3면의 기사를 재구성한 것이다.

3 〈독립신문〉 1897.6.19, 3면. "학교 선싱들과 온 손님들을 위ᄒᆞ야 갓들을 벗고 천셰를 불으더라."

4 〈독립신문〉 1897.6.2, 3면.
5 〈독립신문〉 1897년 6월 17일자에 상세한 명단이 있다.
6 〈독립신문〉 1898년 5월 31일 2~3면의 기사를 참조.
7 〈대한매일신보〉 1906.12.13, 2면.
8 〈대한매일신보〉 1906.6.13, 3면.
9 吉見俊哉・白幡洋三郎・平田宗史・木村吉次・入江克己・紙透雅子,《運動會と日本近代》, 青弓史, 1999 참조.
10 Judis Swadling / 김병화 역,《올림픽 25년의 역사》, 효형출판, 2004.
11 〈대한매일신보〉 1907년 10월자들은 거의 매일 그달 26일에 열린 연합운동회 관련 뉴스를 싣고 있다. 그 기사들을 재구성한 것이다.
12 운동회와 더불어, 1907년 10월의 〈대한매일신보〉는 '의병활동'에 대해서도 자주 보도하고 있다.
13 〈대한매일신보〉 1907년 11월 2일자 "시사평론" 등을 참조.
14 권보드래,《근대소설의 기원》, 소명출판, 2000, 2장 2절 참조.
15 김희선,〈체육의 필요〉,《서우》제4호, 1907년 3월.
16 김희선 자신의 표현이다.
17 김희선, 앞의 글.
18 박은식,〈文弱之弊는 必喪其國〉,《서우》제10호, 1907년 9월 등을 보라.
19 이인숙,〈대한제국기의 사회체육 전개과정과 그 역사적 의의에 관한 연구〉, 이화여대 박사논문, 1992 ; 이학래,《한국체육사연구》, 국학자료원, 2003, 294~5면에서 재인용.
20 〈대한매일신보〉 1909.6.8, 1면.
21 〈대한매일신보〉 1906.6.13, 3면.《서울 600년사》및 한국체육회백년사편찬회,《한국체육백년사》, 신원문화사, 1981 등을 참조.
22 〈대한매일신보〉 1908.5.12, 3면.
23 〈대한매일신보〉 1910.2.6, 2면.

24 〈대한매일신보〉 1910.5.3, 1면.

25 〈대한매일신보〉 1909, 3.28, 2면.

26 〈대한매일신보〉 1906.5.6, 3면.

27 이학래, 《한국체육사연구》, 국학자료원, 316면.

28 한국체육회백년사편찬회, 《한국체육백년사》, 신원문화사, 1981, 145면.

29 조선체육회가 그대로 대한체육회로 이어져있다. 해방 이후에는 신익희, 조병옥, 이기붕, 이철승 등 '대한민국'의 보수 우익들이 회장을 맡다가 박정희 집권 이후에는 그 측근들인 김택수, 조상호, 박종규 같은 군 출신이 체육회장을 맡았다.

30 大島勝太郎, 《朝鮮野球史》, 朝鮮野球史發行所, 昭和七年(1932년), 26면.

31 이 방문이 독립운동 자금을 모으려는 이승만의 계획에 의한 것이었다는 설도 있다. 유홍락·이종남, 《질레트에서 이영민까지－이야기 한국 체육사 4》, 서울올림픽기념 국민체육진흥공단, 1997, 329~330면.

32 유홍락·이종남, 위의 책 참조.

33 大島勝太郎, 앞의 책, 62면.

34 1925년 10월 15일에서 17일까지 동대문운동장 완공 기념 조선체육협회 주최. 이에 저항하여 조선체육회는 따로 대회를 열어.(……)

35 大島勝太郎, 앞의 책, 12면. 그런데 스포츠가 일, 조 양쪽의 이해와 융화를 증진시키는 매개가 될 것이라 생각한 오오시마의 책은 '조선야구사'를 철저히 일본인의 관점에서, 특히 조선에서의 일본인 야구사라는 식의 어조로 기술되어 있다.

36 〈매일신보〉 1913.4.10.

37 이 일을 두고 한국 체육회가 편찬한 《한국체육백년사》 같은 책은 일본인 응원단이 난동을 피워 심각한 민족 대결이 일어났다고 '적극적으로' 해석했다. 〈매일신보〉 기사 중에 해당 대목은 다음과 같다. "삼백의 응원군에 흔희도약欣喜跳躍하여 경파鯨波가 기起하니 철도鐵道는 불승기분하여 단장短杖을 휘揮하며 기중其中에 입入한 자가 유有하더라. 오후 5시 10분에 종료하다." 〈매일신보〉 1914.10.13.

38 〈동아일보〉 1920.5.6.

39 사태에 대한 〈동아일보〉의 보도는 여기까지라 경기장 소요가 어떻게 발전했는지 상세히 알 수가 없다. 그러나 뭔가 중대한 일이 있었음이 암시만 되고 있다. 기자는 "자세한 말은 추후 보도하겠으나 우선 이것만 보도하노라"고 기사를 마무리하였다.

40 이정은, 《3·1독립운동의 지방시위에 관한 연구》, 국학자료원, 2009; 박환, 《경기지역 3·1독립운동사》, 선인, 2007 등 참조.

41 박환, 위의 책.

42 《무화과》 같은 소설을 보라. 1930년대 초 식민지 최상층 부르주아조차 일제에 실질적으로 '포섭'되지 못했다는 것을 소설 작품은 드러낸다. 신문사와 유수의 기업을 운영하는 식민지 부르주아와 그 가족조차 시민적 형사소송법에 근거하지 않은 자의적인 수사와 법집행에 휘둘려 끌려 다니고, 새파란 고등계 형사에게 쩔쩔맨다.

43 당시 〈동아일보〉 기사의 표현이다.

44 이 일화는 〈동아일보〉 1920.6.16일자의 보도에 근거한 것이다.

45 〈동아일보〉 1920.8.25, 3면.

46 〈동아일보〉 1921.7.17, 3면.

47 〈동아일보〉 1921.8.4, 3면 ; 〈동아일보〉 1921.8.15, 3면 등을 참조.

48 〈동아일보〉 1920.8.19, 3면.

49 〈庭球戰中 日鮮學生間格鬪, 일본학생의 선손질, 조선청년과 대결투〉, 〈동아일보〉 1922.3.8 3면.

50 100여 명이라는 숫자는 4~5만이라는 관중 수에 비하면 믿기 어렵지만, 1923년 5월 8일자 〈동아일보〉 보도가 그러하다. 전후 내용은 이 기사를 참고.

51 전후의 내용은 앞의 책과 손기정 자서전 《나의 조국 나의 마라톤》 등 참조.

52 '민족성'이 아니다. 사건을 보도한 〈동아일보〉의 표현이다. 〈동아일보〉 1921.6.3.

53 '요보'의 용례는 염상섭의 1921년작 소설 〈만세전〉이 실감나게 보여주고 있다.

54 비숍은 조선인이 크고 잘 생겼다고 써놓기도 했다. Isabella Bishop / 이인화 역, 《한국과 그 이웃나라들》, 살림, 1994.

⁵⁵ 박지향,《일그러진 근대》, 푸른역사, 2003, 112, 179면 등.

⁵⁶ 고모리 요이치 / 송태욱 역,《포스트콜로니얼》, 삼인, 2002, 69면.

⁵⁷〈매일신보〉1936.8.11.

⁵⁸ visual.hp.infoseek.co.jp/2002nichibeiko.htm의 관련 페이지 및〈매일신보〉1922.11.22, 3면 ;〈조선일보〉1922.12.10 ;〈동아일보〉1922.12.9 ; 유홍락·이종남,《질레트에서 이영민까지 — 이야기 한국 체육사 4》, 서울올림픽 기념 국민체육진흥공단, 1997 등을 참조. 그 전에 1920년 7월 미군 군함 알바니함艦이 '친선 방문차' 인천항에 들어와서 일본인들로 구성된 용산 철도팀과 야구 시합을 한 적이 있었다.

⁵⁹ 이 단락의 내용은 大島勝太郞, 앞의 책을 참고하여 서술한 것이다.

⁶⁰〈全米野球團 東洋漫遊 一行의 京城 訪問을 歡迎함〉,〈동아일보〉1922.12.08, 1면.

⁶¹ 김상태 편역,《윤치호 일기》, 역사비평사, 2001

⁶² 페나크 관련 기록은 메이저리그 공식 홈페이지의 'history'(http://mlb.mlb.com)에서 참조.

⁶³ 전후 내용은〈조선일보〉1922.12.10 ;〈동아일보〉1922.12.9. 등을 보라.

⁶⁴〈동아일보〉1924. 6. 28.

⁶⁵〈동아일보〉1921. 5. 30.

⁶⁶〈동아일보〉1927. 8. 29.

⁶⁷〈동아일보〉1921. 5. 30.

3장 봉건의 썰물과 근대의 밀물이 해일을 일으키다

¹〈동아일보〉1926.3.4, 3면.

²〈동아일보〉1926.5.7 2면; 1926.5.14, 2면 ; 1926.5.21 5면과 6·10만세운동을 보도한 자료들을 참고.

³ 〈동아일보〉 1926.5.29, 2면. 충남 공주에서 이왕가에 대해 불경한 언행을 한 변호사 임창수에 대해 유생과 지역 노동단체가 연대하여 응징에 나섰다. 2차 조선공산당이 인산을 적극적으로 민족해방투쟁의 계기로 삼으려 했던 것 자체를 '연대'나 '통일전선'의 관점으로 볼 수 있다. 1925년 11월경 안동에서부터 전국으로 번져간 노동자들의 도산서원 철폐운동에서 보듯 원래 유림과 노동자계급은 사이가 좋을 수 없었다. 그러나 1926년 6월의 분위기는 좀 달랐다.

⁴ 이 소절의 내용은 주로 〈동아일보〉 1926년 4월 26일~4월 28일자의 관련 기사를 통해 재구성한 것이다.

⁵ 〈동아일보〉 1926.4.30.

⁶ 송학선 관련 내용은 〈동아일보〉 1926년 5월 2일자, 동 5월 3일자, 동 10월 10일자 등을 통해 재구성한 것이다.

⁷ 〈동아일보〉 1926.5.3, 4면.

⁸ 〈동아일보〉 1926.4.27.

⁹ 〈동아일보〉, 1926.5.2, 5면.

¹⁰ 〈동아일보〉 1926.5.4.

¹¹ 장석흥, 〈6·10만세운동의 격문檄文과 이념理念〉, 《독립운동사연구》, 1998, 참조.

¹² 송상도, 《기려수필騎驢隨筆》 송학선宋學善조 참조.

¹³ 조경달은 19세기~20세기 초 조선 민중이 가진 '국왕 환상'을 분석하여 동학농민전쟁과 3·1운동에 나타난 민중의 심성을 이해하고자 했다(조경달 / 허영란 역, 《민중과 유토피아—한국 근대 민중운동사》, 역사비평사, 2009년). 그런데 근대 초기 조선 민중에게 국왕이 어떤 존재였는지를 사회심리학이나 정신분석학에 기대어 설명한 연구는 거의 없다. .

¹⁴ 〈시대일보〉 1926.5.16, 4면.

¹⁵ 장석흥, 앞의 글에서 인용.

¹⁶ 〈매일신보〉 1926. 4. 27, 1면.

¹⁷ 〈동아일보〉 1926.5.5, 2면.

18 〈동아일보〉 1926.5.9, 2면.
19 〈동아일보〉 1926.5.2, 2면.
20 〈동아일보〉 1926.5.5, 2면.
21 〈동아일보〉 1926. 5.4, 2면.
22 〈동아일보〉 1926.5.30, 5면 ; 〈동아일보〉 1926.6.8, 5면 등을 참조.
23 〈동아일보〉 1926.5.9, 2면.
24 〈동아일보〉 1926.5.4, 5면.
25 〈동아일보〉 1926.5.18, 2면.
26 〈동아일보〉 1926.5.27.
27 〈동아일보〉 1926.5.5, 5면.
28 〈동아일보〉 1926.5.17.
29 〈동아일보〉 1926.5.28, 1면 등.
30 〈동아일보〉 1926.4.30, 5면.
31 〈동아일보〉 1926.5.10, 2면.
32 〈동아일보〉 1926.5.28, 2면 ; 1926.6.7, 2면.
33 전후 박람회 관련된 내용은 유광열有光熱, 〈조선박람회를 보고〉, 《개벽》 제70호, 1926년 6월호를 참조.
34 유광열, 위의 글.
35 유광열. 위의 글.
36 〈동아일보〉 1926.6.4, 2면.
37 전단의 내용은 장석홍, 앞의 논문.
38 일제의 검열 때문에 납활자를 거꾸로 돌린 채 인쇄된 문자를 일컫는 당시의 용어. 한만수, 〈검열, 복자, 그리고 원본 확정에 대하여〉, 성균관대 동아시아학술원, 《식민지 검열체제의 역사적 성격—동아시아학술원연례학술회의 자료집》, 2005년.
39 〈20세기근현대사연구 www.century20.ncafe.net "일제하 최고의 사회주의자 권오설(1897~1930)"; 김도형 외 《근대 대구, 경북 49인》, 혜안, 1999 ; 안동MBC 제작

〈안동MBC 창사 33주년 특집다큐멘타리 천년주초〉www. andong mbc.co.kr 속 "마을 이야기" 등 참조.

40 최수일, 《개벽연구》, 소명출판, 2008; 최수일, 〈《개벽》유통망의 역할과 위상〉, 성균관대 동아시아학술원 기초학문 육성과제 학술발표회, 2004년 10월 16일 등을 참조.

41 장석흥, 〈조선학생과학연구회의 초기 조직과 6·10만세운동〉, 《독립운동사연구》, 1994년 8월 참조.

42 일기자, 〈국장 전후의 유치장 생활 잡기〉, 《개벽》 제70호, 1926년 7월의 기사를 재구성한 것이다. 이 글의 말미에 '小春'이라는 집필자 이름이 붙어 있는데 이는 김기전의 필명이다.

43 사상사건, 공안사건을 가리킬 때 많이 쓴 시사 용어이자 신문 용어이다.

44 원문에는 이렇게 기술되어 있다. "그 모양은 한 층 더 敎授時間과 가름이 잇섯다. 이 때의 이 꼴을 과연 무엇이라 말햇스면 조흘가. 呵呵."

45 〈동아일보〉 1926.6.7, 2면.

46 원문에는 그냥 '편집의 차형', '영업의 민형'이라 표기되어 있다. 방정환·김기전·차상찬·박달성·민영순·허익환이 당시 《개벽》쪽 피검자였다.

47 〈동아일보〉 1926.6.22 등 참조.

48 〈시대일보〉 1926.6.8 ; 〈동아일보〉 1926.6.10 등.

49 이 사건을 통해서 신간회는 '민족 유일당'이 가능했다. 장석흥, 〈6·10만세운동의 격문檄文과 이념理念〉등을 보라.

50 레닌이 정초한 사회주의 조직론의 기본 개념. 노동자와 민중은 노동과 생활에서 겪는 억압 착취에서 자연스럽게 반자본주의 의식을 갖게 된다(자연발생성). 그러나 이런 의식은 사회주의 전위 조직과의 결합에 의해 고양되고 대자적인 것으로 전화되어야 한다(목적의식성).

51 김경일, 《일제하 노동운동사》, 창작과 비평사, 1986, 83면.

52 《개벽》의 배포망이 어떻게 천도교 계통의 사회운동과 연관되고, 〈신간회〉 활동에

53 장석흥, 〈조선학생 과학연구회의 초기 조직과 6·10만세운동〉,《독립운동사연구》, 1994년 8월 참조.
54 장석흥, 위의 글 참조.
55 〈동아일보〉1926.5.17.
56 〈양정고보사〉http://www.yangchung.hs.kr/menu2/90history.php 참조.
57 기록에 따라서 참가자가 30만, 혹은 40만, 때로는 50만이라 한 데도 있다.
58 〈동아일보〉1926.6.11의 표현이다.
59 〈동아일보〉1926.5.21, 5면.
60 '대한제국 독립만세'는 앞 〈양정고보사〉의 표현이다.
61 위 〈양정고보사〉 참조.
62 발기勃起.〈동아일보〉의 표현이다. 이후 기술한 상황은 〈동아일보〉 등을 참고한 것임.
63 〈조선일보〉1926.6.11 사설에서 민족 통일적 지도기관이 부재함을 운동 실패의 원인이라 지적하고 있다.
64 〈동아일보〉, 1926.6.15, 2면 ; 1926.6.17, 2면.
65 〈동아일보〉, 1926.6.17, 2면.
66 〈동아일보〉1926.11.11, 2면.
67 〈동아일보〉1927.5.21.
68 이 인용문과 번역은 김용직, 〈1926년 6·10만세운동 주도 權五卨의 옥중 편지 발굴〉,《월간조선》2001년 7월호를 따른 것이다.
69 최수일, 〈근대문학의 재생산 회로와 검열〉,《한국 근대문학, 재생산 구조의 제도적 연원》, 성균관대 동아시아학술원, 2005년, 86면.
70 현재 식민지 시대의 검열제도에 대한 연구는 상당히 진척되었다. 정근식·한기형·박헌호·한만수 등의 연구를 참고하라.
71 1926년 경무국 도서과의 신설을 전후한 정세와 사정에 대해서는 정근식, 〈일제하 검열의 실행과 검열관〉, 성균관대 동아시아학술원,《식민지 검열체제의 역사적 성

72 〈《개벽》의 정치와 당국의 언명〉, 〈조선일보〉 1925.8.4. 《개벽》의 폐간을 전후한 사정에 대해서는 최수일, 앞의 책 등의 연구를 보라.

73 안종화, 《한국영화측면사》, 김종욱 편저, 《한국영화실록》 상, 261면에서 재인용.

74 신일선, 〈남기고 싶은 이야기들〉, 김종욱 편저, 《한국영화실록》 상, 265면에서 재인용.

75 고한승, 〈신영화 '아리랑'을 보고〉, 〈매일신보〉, 1926.10.10.

76 심훈, 〈우리 민중은 어떠한 영화를 요구하는가를 논하여 만년설 군에게〉, 〈중외일보〉, 1928.7.25.

77 안동수, 〈영화수감〉, 《영화 연극》 제1호, 1939.11 김종욱 편저, 《한국영화실록》 상, 333면에서 재인용.

78 이는 임화의 평가이다. 임화, 〈조선영화발달소사〉, 《삼천리》 1941.6.

79 최창호·홍강성, 《한국 영화사―나운규와 수난기 영화》, 일월서각, 2003년(한국판), 129~134쪽.

4장 파시즘, 조선과 일본을 집어삼키다

1 이지원(《한국 근대 문화사상사 연구》, 혜안, 2007)은 1930년대 민족문화운동을 우파의 문화혁신론과 좌파 민족주의의 고전부흥론으로 대별하여 살핀 바 있다.

2 〈서적시장 조사기〉, 《삼천리》 1935년 10월.

3 김병구, 〈고전부흥의 기획과 '조선적인 것'의 형성〉, 민족문학사연구소 기초학문연구단, 《'조선적인 것'의 형성과 근대문화담론》, 소명출판, 2007.

4 책으로서의 〈춘향전〉의 근대적 재발견에 대해서는 천정환, 《근대의 책 읽기》, 푸른역사, 2003을 참조.

5 임화, 〈조선영화발달소사〉, 《삼천리》 1941년 6월.

6 이명우,〈'춘향전'을 제작할 때〉,《조선영화》제1호 1936.10.

7 인돌,〈조선 최초의 발성영화 '춘향전'을 보고〉,〈동아일보〉1935.10.11

8 이광수,〈스포오츠열〉,《이광수전집》13, 삼중당, 1976.

9 이길용,〈금년에 열릴 세계 올림픽 대회〉,《신동아》, 1932년 1월호.

10 전후 내용은〈무적 서정권 대승 광경—서반아의 강호를 격파〉,《삼천리》1935. 11 참조.

11 〈들은 풍월기〉,《삼천리》, 1936. 1.

12 안석영,〈필마를 타고—스포츠의 보편화 3〉,〈조선일보〉1933.11.19.

13 승일,〈라디오, 스폿트, 키네마〉,《별건곤》1926.1. 이 글은 스포츠를 장악하기 시작한 상업주의를 비판하고 있다.

14 本社後援 朝鮮體育會 創立十五週年記念 全朝鮮綜合競技大會 젊은 朝鮮......

15 朝鮮拳鬪會團體創立, 職業選手養成 統一을 劃策,〈동아일보〉1933.8.8; 朝鮮球界의 麒麟兒 李榮敏 職業選手로 轉換說? 日本職野球團이 交涉......,〈동아일보〉1934.7.1.

16 최승만,《나의 회고록》, 인하대 출판부, 1985, 302면.

17 이 사진의 원 출처에 대한 논란이 있었다. 이제까지의 다수 설은 아사히신문사가 발행하는 잡지〈아사히스포츠〉9월호에 실린 사진이라는 것이다. 이는 주로 이길용 기자의 부인 정선희 여사의 회고담을 근거로 한 것이다. 그러나 2004년 여름에 손기정 기념전과 책을 펴낸 강형구 화백은〈오사카아사히〉신문 8월 23일자에 실린 사진과 캡션이〈동아일보〉8월 25일자에 실린 사진과 캡션이 동일하다는 점을 입증했다(강형구, 앞의 책, 34면). 정황을 보건대 강형구 화백의 주장이 옳다. 오사카아사히사가 찍은 사진을 주간지와 일간지가 공유한 것이고,〈동아일보〉의 사진은〈오사카아사히〉의 사진을 전재한 것이다. 이 사진에 붙은 캡션도 거의 유사하다.

18 대검찰청이 1996년 8월에 찾아 공개한〈소화 11년 경찰정보철〉에 의하면 '이길용이 8월 23일에 영화 상영회 관련 기사를 내보낸 후 이날 치〈오사카아사히〉의 사진을 절취하여 이상범에게 일장기를 흐릿하게 해 줄 것을 부탁했고 이상범이 이를

실행했으나 일장기가 흐릿하게 남아 있자, 편집부원 장용서가 아예 안 보이게 해줄 것을 사진부원 신낙균과 서영호에게 24일 오후 2시반경 사진부실에 와서 요청했다'고 되어 있다(〈동아일보〉 1996.8.15).

19 조문호, 〈일장기 말소 사건〉, 〈서울신문〉 2004년 8월 25일자에서 주장했다. 유해붕과 이길용이 자주 만나 대화했을 가능성이 높다.

20 이길용과 이상범의 일장기 말소 경위에 대한 기록에는 오류가 많다. 이 책에서는 〈동아일보〉 1956. 8.17~8.21에 연재된 이상범의 회고와 〈소화11년 경찰정보철〉에 실린 사건 경위가 가장 객관적일 것이라 판단하여 이를 바탕으로 사건을 재구성했다.

21 이에 관해서는 한만수, 〈검열, 복자, 그리고 원본 확정에 대하여〉, 《식민지 검열체제의 역사적 성격》, 성균관대 동아시아학술원 연례 학술회의 자료집, 2004.12.17 참조.

22 강형구, 앞의 책, 33~34쪽.

23 전후는 이상범의 회고를 바탕으로 한 재구성된 사실이다.

24 이러한 관행도 이상범의 회고에 기술되어 있다.

25 이와 관련된 상황은 〈매일신보〉 1936.8.27일자에 상세하다.

26 〈동아일보〉. 1936.8.25. 3면에 《개조》 1936년 9월호에 실린 〈으가키와 미나미〉를 번역한 기사가 있다. 이를 참고한 것이다.

27 '불경'은 당시 사건을 보도한 〈동아일보〉와 〈조선일보〉의 표현이다.

28 관련된 이봉창의 행적은 홍인근, 《이봉창 평전》(나남출판, 2002)과 배경식, 《기노시타 쇼조, 천황에게 폭탄을 던지다》, 너머북스, 2009 등을 참고했다.

29 이하 단락의 기술은 Peter Duus / 김용덕 역, 《일본 근대사》, 지식산업사, 1983 ; 〈クリック20世紀〉http://www.c20.jp/ ; 〈昭和から平成まで日本史年表〉http://www.fuchu.or.jp/~stock/nobel/nobel.html 등 참조.

30 〈昭和11年(西曆1936年)〉www.fuchu.or.jp/~stock/chrono/year/1936.html

31 Peter Duus/김용덕 역, 앞의 책, 229~230면 등 참조.

32 〈2.26 事件〉 http://www.alpha-net.ne.jp/users2/knight9/226.htm 등 참조.

33 민간인 출신으로는 유일한 A급 전범이다.

34 미야타 세쓰코 감수, 정재정 해설, 《식민통치의 허상과 실상》, 혜안, 2002 참조.

35 〈동아일보〉, 1936.8.27.

36 이상범은 회고기에서 이날을 8월 25일이라 쓰고 있으나 26일이어야 맞다. 일장기 말소사건 관련 기록에는 착오가 많은데, 일장기가 말소된 신문이 게재된 것은 25일자 석간이다.

37 〈동아일보〉 1936.8.27. 이 영화의 감독, 내용에 대한 상세한 기록은 찾지 못했다. 아사히신문사가 독자적으로 찍어온 뉴스릴일 가능성이 가장 높다. 아니면 당시 나치가 제작한 주말 뉴스릴일 수도 있다.

38 레니 리펜슈탈이 만든 4시간짜리 올림픽 공식 기록영화 〈민족의 제전Fest der Völker〉이 완성된 것은 올림픽이 끝난 지 18개월 뒤인 1938년이었다. 일본에 이 영화가 개봉된 것은 1939년, 조선에는 1940년이었다. 1940년 레니 리펜슈탈 감독의 올림픽 공식 기록 영화 개봉에 대해서는 〈동아일보〉 1940.6.4, 4면 및 鎌田忠良, 《日章旗とマラソン》, 385면.

39 〈동아일보〉 사고에 이 줄거리가 설명되어 있다.

40 전후 내용은 한국체육기자연맹, 《일장기 말소 의거 기자 이길용》에 나와 있는 내용을 바탕으로 한 것이다.

41 당시 〈동아일보〉 최고 경영진의 태도를 보여주는 일화로 유명하다. 인촌기념회, 《인촌김성수전》, 동아일보사, 1976, 389면.

42 아래 기록은 이상범, 〈일장기 말소 사건―이십년 전의 회고기〉, 〈동아일보〉 1956.8.18~8.22를 통해 재구성한 것이다.

43 최승만, 《나의 회고록》, 인하대 출판부, 304면. 최승만이 잡혀가지 않고 자진출두 했다는 것도 일장기 말소사건을 다루는 후대의 문헌에서 무시된 경향이 많다.

44 임병철이 외모 때문에 많이 맞았다는 것도 이상범의 회고문에 기술되어 있다.

45 당시의 정황에 의거하여 추론, 재구성한 사실이다.

46 어느 선에서 언제 최초로 〈동아일보〉 정간 조치가 결정되었는지를 밝힐 수 있는 사료는 현재까지는 없다. 다나카가 이를 결정했다는 것은 총독과 정무총감 등이 교체되는 시점이라 결정권자가 자리에 없었다는 점, 다나카가 정간 이유를 담은 담화를 발표했다는 점을 근거로 했다는 추론에 의한 것이다.

47 미야타 세쓰코 감수, 정재정 해설, 《식민통치의 허상과 실상》, 혜안, 2002, 35면에 보면 다나카는 인터뷰어들 앞에서 스스로 "대범한 데가 없고 과격하며 (……) 덕망이 없는 것은 이러한 성장 과정 때문이"며, "조선에서의 나의 관리 생활을 돌이켜보면 정말 남이 싫어하는 일만 했"고 "탄압자의 역할을 한 셈"이라고 자평하고 있다. 다나카에 대한 서술은 주로 이 책의 인터뷰에 근거한 것이다.

48 이는 일선에서 뛰는 조선총독부 관리들의 평균적인 생각이었다. 〈제국의회 설명자료〉나 〈출판물경찰개요〉 등의 자료의 서술 태도에서 이를 읽을 수 있다. 또한 미야타 세쓰코 해설·감수, 정재정 역, 위의 책 참조.

49 미야타 세쓰코 해설·감수, 정재정 역, 《식민통치의 허상과 실상》 중에서 '2.고이소 총독 시대의 개관—다나카 다케오 정무총감에게 듣는다'를 통해 추론한 것이다. 이 글에서 다나카 다케오는 '민족 문제 연구자'를 자처하며 조선 민족주의에 대한 자신의 '번민'과 자치론 조선 언론에 대한 자신의 입장을 회고하고 있다.

50 이 담화는 《삼천리》 1936년 11월호의 특집 기사에서 인용한 것이다. 똑같은 내용을 〈매일신보〉 1936.8.29일자 1면에서도 확인할 수 있다.

51 〈조선중앙일보〉 기자들의 일장기 말소 경위에 대해서는 아직까지 밝혀진 바가 거의 없다.

52 〈조선중앙일보〉의 정간, 폐간 경위에 대해서는 정진석, 《역사와 언론인》, 커뮤니케이션북스, 2001 ; 장신, 〈1930년대 언론의 상업화와 조선·동아일보의 선택〉, 《역사비평》, 역사문제연구소, 2005년 봄.

53 《삼천리》 1936년 11월호에 관측 기사가 실렸다. 〈동아일보〉 정간 사건 후 동아일보사와 총독부 사이의 교섭에 대해서는 장신의 앞의 논문을 참고할 만하다. 5장에서 다시 서술한다.

54 《삼천리》 1936년 11월호 특집기사의 표현이다. 아랫 단락의 정세분석도 이 기사를 근거로 한 것이다.

55 〈매일신보〉 1936.8.11, 2면.

56 《삼천리》, 1936년 11월호.

57 鎌田忠良,《日章旗とマラソン》, 潮出版社, 昭和59年, 369면.

58 위 《삼천리》 기사의 표현이다.

59 〈조선일보〉 1936.9.2 등 참조.

60 이 단락은 〈一. 治安狀況〉, 朝鮮總督府 警務局, 〈昭和 十二年 第七十三回 帝國議會 說明資料〉(警務), 민족문제연구소 편, 《일제하 전시체제기 정책사료 총서》 제3권, 19~20면을 참조한 것이다.

61 총독부가 일본 제국의회에 제출하는 공식 보고서인 이 원문에는 "狂態"라 썼다. 전후 단락의 " " 속 어휘들은 모두 위 자료들에서 인용한 것이다.

62 〈十六. 朝鮮內 新聞雜紙 發行狀況〉, 朝鮮總督府 警務局, 〈昭和 十二年 第七十三回 帝國議會 說明資料〉(警務), 민족문제연구소 편, 〈일제하 전시체제기 정책사료 총서〉 제3권, 247~251면을 참조하여 기술한 내용이다.

63 〈동아일보〉 1936.8.11.

64 《삼천리》 1936년 11월호의 특집 기사의 표현이다.

65 고두현, 〈민족정신에 투철했던 언론인 이길용〉, 32면.

66 이상범은 이때 퇴사자에서 제외되어 1937년 5월에 퇴사했다. 《동아일보사사》 인명록을 참조.

67 《동아일보사사》 권1, 1975년판, 366면.

68 《삼천리》, 위의 기사. 동아일보 일장기 말소사건의 전후 사정과 일제의 대 조선인 언론정책의 변화를 추적한 의미 있는 성과를 남겼다.

69 장신, 앞의 논문.

70 〈十六. 朝鮮內 新聞雜紙 發行狀況〉, 朝鮮總督府 警務局, 〈昭和 十二年 第七十三回 帝國議會 說明資料〉(警務), 민족문제연구소 편, 〈일제하 전시체제기 정책사료 총서〉 제3권,

247면 등에 명확히 표시되어 있다.

71 위《삼천리》의 기사에 의함.

72 〈十六. 朝鮮內 新聞雜紙 發行狀況〉, 朝鮮總督府 警務局, 〈昭和 十二年 第七十三回 帝國議會 說明資料〉(警務), 민족문제연구소 편, 〈일제하 전시체제기 정책사료 총서〉제3권, 247면.

73 朝鮮總督府 警務局, 〈昭和 十二年 第七十三回 帝國議會 說明資料〉와 《삼천리》의 기사 및 장신 앞의 논문 참조.

74 손기정, 《나의 조국 나의 마라톤》, 한국일보사, 1983, 165면의 기록이다. 손기정의 자서전을 읽으면 손기정 스스로의 기억이 민족주의적으로 윤색된 부분이 있음을 알 수 있다. 손기정은 자신이 유럽에서부터 일본을 거쳐 귀국하는 동안 일본인들에 의해 홀대받았으며, 조선인들의 손기정 환영 행사가 거의 없다가 두 달이 지나서야 겨우 조촐하게 열렸다고 써놓고 있다. 이는 실체적 진실은 아니다. 두 달 만에 손기정 환영회가 열린 것은 그가 다른 일본 선수들과 두 달 동안 일제의 포상으로 세계 일주 여행을 했기 때문이다. 일본인들, 특히 경찰 관료들 가운데에서 손기정을 조선인이라고 냉정히 대한 자들도 물론 있었겠지만 보통의 일본인들은 그를 영웅시했다. 단적으로 손기정의 귀국이 도쿄에서의 이런저런 축하행사 때문에 늦어졌다거나, 〈아사히신문〉이 그에게 〈아사히상〉을 수여했다는 것만 보아도 알 수 있다.

75 〈우리들의 영웅 손기정, 공로 개선의 감격경〉, 〈매일신보〉1936.10.19, 2면.

76 조선신궁이 특히 이 두 귀신을 모신 신사이다.

77 김교신의 증언이다. 노평구 편, 《김교신 전집6 - 일기2》, 부키, 2001, 116면.

78 노평구 편, 《김교신 전집 6 - 일기 2》, 119면.

79 〈孫基禎君意氣軒昂〉〈매일신보〉1936.10.20, 2면.

80 노평구 편, 앞의 책, 123면.

81 〈조선일보사보〉제1호, 1936.6.10, 2면.

82 한홍구, 〈김구는 왜 손기정 때문에 세 번 울었는가〉, 《한겨레21》, 2002년 11월20일 제435호.

[83] 앞의 《삼천리》 특집기사.
[84] 전후 내용은 〈조선일보사보〉 1936년 10월 27일, 6면.
[85] 《삼천리》 1936년 11월호가 이를 보도하고 있다.
[86] 《조선일보 80년사》 해당 부분에도 이에 관한 글이 실려 있다.
[87] 〈조선일보사보〉 제3호, 1937년 3월 15일, 2면.
[88] 관련 통계 《동아일보사사》 참조.

5장 스포츠의 죽음, 민족의 일시 사망

[1] 전후 내용은 노평구 편, 《김교신 전집 6 - 일기 2》, 부키, 2000의 해당 김교신의 일기를 바탕으로 재구성한 것이다.
[2] 이미 1933년에 함석헌은 《성서적 입장에서 본 조선역사》를 펴냈다.
[3] 이광수의 내면과 생애에 대해서는 김윤식, 《이광수와 그의 시대》, 솔출판사, 1999를 넘어서는 이야기를 하기 어렵다.
[4] 1930년대 이순신 영웅화에 대해서는 천정환, 〈엽기적 카리스마에 매혹된 1930년대〉, 《신동아》 2004년 5월호; 노영구, 〈영웅 만들기 : 역사 속의 이순신 인식〉, 《역사비평》 69호, 2004년 겨울; 공임순, 《식민지의 적자들》, 푸른역사, 2005 등을 참고.
[5] 〈十六. 朝鮮內 新聞雜紙 發行狀況〉, 朝鮮總督府 警務局, 《昭和 十二年 第七十三回 帝國議會 說明資料》(警務), 민족문제연구소 편, 〈일제하 전시체제기 정책사료 총서〉 제3권.
[6] 류달영, 〈김교신과 조선〉, 노평구 엮음, 《김교신을 말한다》, 부키, 2001 참조.
[7] 역시 위의 《김교신 전집》의 일기에 이런 사실들이 기재되어 있다.
[8] 〈조선일보사보〉 제3호, 1937년 3월 15일, 1면,
[9] 장신, 〈1930년대 언론의 상업화와 조선·동아일보의 선택〉, 《역사비평》, 역사문제연구소, 2005년 봄, 184면.
[10] 이 말은 신임 경무국장 廣瀨四郎의 말이다. 장신, 위의 논문에서 인용.

[11] 〈조선일보〉 1937.1.1 전 지면을 참고한 것이다.
[12] 〈조선일보사보〉 제3호, 1937년 3월 15일, 1~2면에 기록된 사실들이다.
[13] 〈조선일보사보〉 제4호, 1937년 7월 12일, 1면.
[14] 1936년 12월~1937년 1월의 이상의 행적은 그가 남긴 서간문들에 남아 있다. 이를 기초로 재구성했다. 김연수,《꾿빠이 이상》, 문학동네, 1999는 정교하게 이상의 마지막 날들을 조립하여 소설화한 작품이다.
[15] 이때의 행적도 김기림에게 보내는 편지에 써놓았다.〈私信 八〉, 김윤식 엮음,《이상 문학 전집 3》문학사상사, 1993.
[16] 〈私信 八〉, 김윤식 엮음, 위의 책.
[17] 〈私信 一 : 동생 옥희 보아라, 세상 오빠들도 보시오〉, 위의 책, 220면.
[18] 이상은〈私信 一 : 동생 옥희 보아라, 세상 오빠들도 보시오〉김윤식 편, 위의 책, 1994.
[19] 〈私信 七〉, 김윤식 엮음, 위의 책.
[20] 이 편지는 이상이 죽은 뒤에 학자들에 의해 발견 정리된 '사신私信' 9번이다. 이 편지는 H에게 보내는 것으로 되어 있는데, 김윤식의 주석에서 H가 안회남이라 했고 고은은《이상평전》에서 다른 설을 제기했다.
[21] 〈私信 九〉, 김윤식 엮음, 위의 책, 242면.
[22] 〈浜田國松「割腹問答」〉 http://www.c20.jp/1937/01kappu.html ; Peter Duus, 앞의 책 등 참조.
[23] 고은,《이상 평전》, 향연, 2001, 372~3면 참조.
[24] 〈'東亞日報發行停止處分ノ解除=至ル經過' 及 '朝鮮中央日報休刊後ノ經緯' 送付=關スル件〉(1937.6.11)〉, 김경일 편,《한국민족해방운동사자료집》제3권, 1993, 269~271면, 장신, 앞의 논문 참조.
[25] 〈十六, 朝鮮內 新聞雜紙 發行狀況〉, 朝鮮總督府 警務局,〈昭和 十二年 第七十三回 帝國議會 說明資料〉(警務), 민족문제연구소 편,〈일제하 전시체제기 정책사료 총서〉제3권, 259면.

26 〈'東亞日報發行停止處分ノ解除ニ至ル經過' 及 '朝鮮中央日報休刊後ノ經緯' 送付ニ關スル件〉(1937.6.11)〉, 김경일 편, 《한국민족해방운동사자료집》 제3권, 1993, 269~271면, 장신, 앞의 논문 참조.

27 장신, 앞의 논문, 181~182면.

28 〈諺文新聞紙面刷新要項〉《동아일보사사》 1, 1976, 375면.

29 장신, 앞의 논문, 190면.

30 《동아일보사사》 부록 참조.

31 나운규, 〈'아리랑'과 사회와 나〉, 《삼천리》 1930년 7월호.

32 〈개화당 이문〉에 대한 회고가 실린 나운규의 글 〈나는 왜 무대에 서는가〉(《삼천리》 1933년 9월호)에서의 표현이다.

33 최창호·조강성 지음 / 조희문 해설, 《한국 영화사-나운규와 수난기 영화》, 일월서각, 2003, 204~5면.

34 〈경성일보〉 1937.10.28, 서울시사편찬위원회 〈서울 600년사〉 seoul600. visitseoul.net/seoul-history/sidaesa/txt/6-6-16-4.html 재인용.

35 전후는 모두 김상태 편역, 《윤치호 일기》, 역사비평사, 2002의 관련 부분에 바탕한 것이다.

36 윤해동은 《식민지의 회색지대》(역사비평사, 2004)에서 조선 민족부르주아가 '협력'의 길을 본격적으로 걷기 시작한 것이 1934~5년경부터라 했다. 자치론자들을 중심으로 한 관점의 해석이다.

37 〈동아일보〉 1938.9.3 ; 〈매일신보〉 1938.9.3.

38 〈매일신보〉 1936.8.20에 이 계획에 대한 보도가 실려 있다.

39 http://history1900s.about.com/library/weekly/aa081000m.htm

40 전후의 인용문은 〈올림픽대회중지〉, 〈조선일보〉 1938.7.16, 1면.

41 〈대한역도연맹〉 weightlifting.sports.or.kr/weight/subIndex.jsp 등 참조.

42 이상 〈동아일보〉 1938.5.7 ; 〈동아일보〉 1939.1.11 및 대한체육회, 《근대한국스포츠연표》.

43 손기정, 〈봉천에서〉, 《삼천리》 제10권 제10호, 1938. 10.

44 천정환, 《근대의 책 읽기》, 푸른역사, 2003.

45 최근 발굴된 '친일영화'에 대한 기사를 참조할 만하다. 〈빼앗긴 들에도 영화가 있었다—일제시대 한국어 영화 발굴〉, 《필름 2.0》, 2005.3.15자.

46 김상태 편역, 《윤치호 일기》, 491면.

47 이창위, 《우리의 눈으로 본 일본제국 흥망사》, 궁리, 2004, 90면, 273면 등.

48 유진오, 〈我等必ず勝つ〉, 《신시대》, 1944년 9월호 ; 임종국 편, 《친일문학론》 증보판, 민족문제연구소, 2003, 273~274면.

49 변은진, 〈일제 전시 파시즘기(1937~45) 조선 민중의 현실 인식과 저항〉, 고려대 박사 논문, 1999, 191면 등.

50 아래는 김교신의 최후를 지켜 본 의사 박춘서의 〈병상기 초〉, 노평구 편, 《김교신을 말한다》, 부키, 2001에 근거한 것이다.

찾아보기

1차 조선공산당사건 201
2·26사건 329
2차 조선공산당 214
3·1운동 114, 120, 124, 159
6·10만세운동 159, 182, 202, 213~215
6·10인산일 171
JODK(경성방송국) 29, 31
NHK(일본방송국) 29, 31

ㄱ

《개벽》 141, 204, 205, 211, 213, 217, 234~236, 285

경성기독교연합회 343
경성방직주식회사 189
경성부립 부민관 281
경성시민대운동회 120, 134
경성의학전문학교 138
〈경성일보〉 55, 118, 119, 302, 303
경성축구단 250
고원훈 112
고종 176, 185
〈고쿠민신보國民新報〉 117
고이소 쿠니아키 368
곽재형 214
관립학교 연합운동회 95
구보久保 138, 139

구자옥 70
국민국가 97, 99
국민총력연맹 343
국수회國粹會こくすいかい의 모독사건 166
권오설權五卨 201, 202, 206, 212, 214, 233
〈권태〉 321
권태하 54, 55, 247
극동올림픽대회 154
근대 민족국가 99
근대 민족주의 159
근대의 초극超克 360
근대적 대중사회 158
근대적 민족주의 142
금호문 사건 166
기테이 손 84
길례태 108
김교신金教臣 31, 34, 35, 47, 50, 65, 66, 302, 308~311, 313, 314, 359, 360, 369~371
김구 125, 196, 268
김규만 318
김기림 249, 322
김기전 204, 217, 234
김남수 202
김단야金丹冶 179, 201
김동진 67
김동환 70

김성수 41, 212, 299, 333
김성집 348
김옥균 338
김용성 348
김용식 42
김원권 351
김은배 44, 51~55, 247
김일성 125
김재문 214
김형원 317
김희선 104, 105

ㄴ

나운규 337, 338
나츠메 소세키夏目 金之助 142
남승룡南昇龍 29, 41, 42, 44, 51, 55~57, 59, 62, 67, 72, 78, 80, 87, 283, 293, 302
내선융화 88, 287
내선일체 88, 118, 287, 345
노동규 343

ㄷ

다나카 다케오田中武雄 235, 236, 284~288
단성사 173
대동아공영 360

대중문화 354
대한독립당 202
〈대한매일신보〉 105, 106
대한제국 94, 105, 108~110
대한체육구락부 97
데라우치 히사이치寺內壽一 330
도조 히데키東條英機 275, 360, 364
도쿄 유학생 야구팀 114
〈도쿄아사히신문〉 55, 87
도쿄올림픽 345, 347
〈도쿄호오치신문東京報知新聞〉 87
〈독립신문〉 96, 100
독립유보론 77
〈동아일보〉 38, 39, 41, 42, 44, 47, 48, 51, 52, 59, 69, 73, 75, 82, 85, 111, 140, 145, 146, 151~154, 159, 160, 169, 174, 180, 182, 189, 209, 219, 226, 229, 230, 237, 244, 252, 254, 255, 261~263, 277, 279, 285, 288~291, 294~299, 302, 303, 305, 312, 315, 317, 319, 324, 332, 333, 335, 349, 354, 355

ㄹ

로스앤젤레스올림픽 35, 44, 51, 86, 247
류영모 34, 309, 310
류하녕 213, 216, 226

ㅁ

마루야마 287
만주사변 293, 294
〈매일신보〉 50, 69, 118, 153, 182, 292, 295, 302, 303, 335
메이지 유신 275, 360
메이지신궁국민체육대회 342
명치신종대회 34
무단정치 333
무장 투쟁 105
문화민족주의 77, 111, 244, 312, 355, 358
문화민족주의운동 293
문화정치 287
미나미 총독 264, 276, 290, 344, 362
미노베 도시키치美濃部俊吉 119
민영휘 160
민족 말살 정책 352
민족 영화 238
민족 해방 통일 전선 213
민족 해방 투쟁 213, 228
민족개량주의 77, 212
〈민족개조론〉 52, 311
민족적 대중사회 158
민족적 비타협운동 293
민족주의 77, 126, 159, 162, 177, 212, 285, 354

ㅂ

박두종 225
박래원 206
박영효 160, 191, 277
박용규 214
박은식 105
박창하 112
박헌영 202
반제반봉건투쟁 162
반조선일보운동 41
방응모 39, 42, 304, 314, 319
방정환 205, 234
배운성 41
백관수 333, 334
백남운 343
백보환 80
백운선 280
법어학교 108
베를린올림픽 30, 36, 42, 44, 50, 55, 84, 87, 346
변영로 283
《별건곤》 236
봉도奉悼 161, 170, 186
봉도단 218
부르주아민족주의 111, 156, 179, 212, 244, 253, 294, 355, 358
부르주아민족주의자 112, 229, 250, 290,
295, 343, 345
브나로드운동(농촌계몽운동) 54

ㅅ

사이토 마코토齊藤實 166, 167, 169, 270
사카이 도시히코堺利彦 209
사회주의운동 202
사회진화론 52, 119
《삼천리》 70, 85, 244, 249, 290, 318
상상의 공동체 114
상하이극동올림픽 153
상하이동포학생축구단 114
서영호 259, 282, 283, 297
《서우》 104
서정국 54
서정권徐廷權 248, 249
《성서조선》 34, 65, 359, 360
소화유신昭和維新 271, 273
손기정孫基禎 29, 30, 35, 36, 41, 42, 44, 51, 53, 55~58, 62, 66~68, 72, 74, 76~78, 80, 82~84, 86~88, 136, 143, 253, 256, 258, 261, 281, 283, 284, 288, 291~293, 295, 301, 302, 317, 320, 337, 351, 352, 355
〈손기정 만세〉 75
손기정 신드롬 78, 81, 158

송상도 176
송진우 48, 54, 282, 296, 297, 299, 333
송학선 166~68, 170, 206, 231~233
순종 160, 163, 176, 180, 183, 185, 194, 215, 226
스포츠민족주의 81, 99, 100, 153
슬픔의 공동체 183, 185
시니시즘 36
〈시대일보〉 226
식민지 근대성 352
식민지 파시즘 127
《신가정》 283, 289
신간회 213
신낙균 297
《신동아》 247, 289
신문지 압수 명령서 262
신문지법 298
《신생활》 150
《신여성》 227, 228
신채호 105
신흥우 147
실력양성론 77
심훈 70, 72, 82, 177, 179, 181, 182

ㅇ

아라키 사다오荒木貞夫 273

아리랑 159, 237, 238, 240~242, 246, 337, 338
안재홍 54
안창남 122, 150
안창호 52, 147, 311
안회남 327
암스테르담올림픽 153~155
앤트워프올림픽 86
야마가와 히토시山川均 209
언문신문지면쇄신요령 334
엄복동 118, 120, 122, 134
여운형 112, 247~249, 289, 298
여자올림픽 151
연합운동회 100, 102, 103, 110
염은현 42
영국공사관 90, 91, 93
영어학교 90~92, 96, 100, 108
오노 로쿠이치로大野綠一郎 265, 276, 277
오동우 351
오리엔탈리즘 156
〈오사카마이니치大阪每日〉 43, 70, 292, 302, 303
〈오사카아사히大阪朝日〉 43, 70, 254~258, 261, 303
오성학교야구부 118, 119
오오시마大島勝太郎 118
요미우리신문 87, 88

요보 139, 140
요시다 시게루吉田茂 275, 365
우가키 가즈시게宇垣一成 264
우미관 173
우생학 52
우치무라 간조內村鑑三 31
《우치무라 간조와 조선》 359
우파 민족주의 146
운동회의 시대 94
윌리스 91, 98
유교적 세계관 104
유문상劉汶相 111
유억겸 112, 342
유원춘 53
유진상 48
유진오 367, 368
유한양행 80, 81
유해붕 258, 289
육군특별지원병령 343
윤기현 214
윤덕영 160
윤치영 115, 343
윤치호 50, 54, 63, 64, 110, 112, 115, 124, 125, 143, 147, 342~344, 345, 358, 362, 363, 371
윤희중 85
을사조약 105

을축년 대홍수 73
의열단 196
이강 160
이광수 34, 39, 52, 53, 247, 272, 310, 313, 314, 324, 358
이규환 42
이길용李吉用 48, 50, 247, 255, 257~259, 281~283, 296
이노우에 닛쇼井上日召 271
이누카이 츠요시犬養毅 269
이동규 199
이동욱 48
이동환 214, 215
이병립 214
이봉창 265~268
이사벨라 비숍Isabella Bishop 142
이상 36, 37, 320, 322, 324~326, 371
이상백 318
이상범 259, 262, 280, 282, 283
이선호 224
이성구 42
이순신 244
이순신 붐 312
이순탁 343
이승만 115
이원용李源容 111, 145, 149
이완용 185

이재곤李載崑 103
이토 히로부미伊藤博文 103
인류학 52
인산대습의因山大習儀 210
인종주의 이데올로기 138, 140, 143
일어학교 94
일장기 말소사건 253, 254, 284, 287, 293~295
임경재 145
임병철 262, 280, 283

ㅈ

자바라 44, 51, 58
자생적 민족주의자 233
자치론 212
자치운동 244
장덕수 111, 297
장두현 112
장병준 48
장용서 50, 256~259, 282, 283, 297
장우식 351
장이진 42
재조在朝 일본인 185
전조선육상경기대회 151
전조선자전거경기대회 118, 134
전조선정구대회 173

전조선종합육상대회 29
전조선축구대회 173
《정감록》 368
정상희 318
정세권 86
전시 동원·통제 정책 352
정신대 361
정치적 무의식political unconsciousness 130
〈제국의회 설명자료〉 293
조만식 318
조선공산당 162, 214
조선극장 173
조선물산장려회 86
조선박람회 162, 190, 191, 194
조선상민봉도단 161
조선신궁경기대회 52, 56
《조선야구사》 118
조선역기연맹 348
조선운동기자단 54
〈조선일보〉 39, 41, 42, 48, 50, 67, 69, 73, 85, 145, 150, 153, 169, 174, 252, 302~304, 311, 314, 315, 317~319, 335, 346, 347, 349, 355
〈조선중앙일보〉 38, 39, 41, 69, 73, 80, 85, 248, 257, 258, 285, 289, 290, 298, 302, 303, 305
조선청년특별연성령朝鮮青年特別鍊成令 358

조선체육협회 88, 119, 355
조선체육회 54, 63, 111, 114, 144, 145, 151, 173, 342
조선총독부령 제24호 사립학교 규칙 110
조선축구협회 358
조선학 운동 245
조선학생과학연구회 214, 215, 225
조선학생아이스하키연맹 349
〈조와〉 359, 369
조용만 295
〈종생기〉 321
좌파 민족주의 234
《중앙》 324
중앙YMCA야구단 115
〈중외일보〉 153
질레트 108, 110

ㅊ
차상찬 205
천도교 204
체육 담론 105
최린 112, 212
최승만 297
추도화秋桃花 187
축국蹴鞠 108
〈춘향전〉 159, 245, 246, 352

ㅌ
탈아입구 142
탑국 108
통동계 215
통제파統制派 273

ㅍ
파시즘 271, 284, 339, 354, 363

ㅎ
하마다 구니마츠浜田國松 330
하세가와長谷川 103
학교체육쇄신지도방침 358
학부령學部令 97
한성사범학교 94
한어(중국어)학교 94
한용운 70
한일합방 182
할복 문답 330
함상훈 39
함석헌 34, 76, 308~310, 313
현준호 78
현진건 283, 297
혈맹단血盟團 268~271, 273, 275
호외 시대 38

홍병욱 289
황국신민체조 339
황국신민체조일 342
황도파皇道派 272~274
황성기독교청년회(서울 YMCA) 96, 97, 108, 109, 115, 117
황정환 214
황지룡 54
후천개벽사상 368
후쿠자와 유키치福澤諭吉 99
훈련원 90, 91, 94, 95
흥업구락부 344
희망삼요강希望三要綱 344
히로히토 267, 273, 315

조선의 사나이거든 풋뽈을 차라

⊙ 2005년 7월 20일   초판 1쇄 발행
⊙ 2010년 6월 23일 개정판 1쇄 발행
⊙ 2018년 9월 28일 개정판 2쇄 발행
⊙ 글쓴이   천정환
⊙ 발행인   박혜숙
⊙ 펴낸곳   도서출판 푸른역사
　　　　우) 03044 서울시 종로구 자하문로8길 13
　　　　전화: 02)720-8921(편집부) 02)720-8920(영업부)
　　　　팩스: 02)720-9887
　　　　전자우편: 2013history@naver.com
　　　　등록: 1997년 2월 14일 제13-483호

ⓒ 천정환, 2018

ISBN 978-89-94079-21-9 03900

· 이 책은《끝나지 않는 신드롬》(2005년 발간)의 개정판입니다.
· 잘못 만들어진 책은 교환해드립니다.